1000名世界著名建筑师及作品

下 册

[澳] Images 出版集团　编

杨青娟　王　梅　译

中国建筑工业出版社

著作权合同登记图字：01-2005-3939 号

图书在版编目（CIP）数据

1000 名世界著名建筑师及作品　下册／（澳）Images 出版集团编；
杨青娟等译. —北京：中国建筑工业出版社，2006
ISBN 978-7-112-08700-6

Ⅰ.1... Ⅱ.①澳... ②杨... Ⅲ.①建筑师－简介－世界
②建筑设计－作品集－世界 Ⅳ.① K816.16 ② TU206

中国版本图书馆 CIP 数据核字（2006）第 133151 号

1000 Architects

本书由澳大利亚 Images 出版集团授权翻译出版

责任编辑：程素荣
责任设计：崔兰萍
责任校对：李志立　关　健

1000 名世界著名建筑师及作品
下册
[澳] Images 出版集团　编
　　杨青娟　王　梅　译
　　　　*
中国建筑工业出版社出版、发行（北京西郊百万庄）
各地新华书店、建筑书店经销
北京嘉泰利德公司制版
北京盛通印刷股份有限公司印刷厂印刷
　　　　*
开本：635 × 965 毫米　1/16　印张：17³/₄　字数：370 千字
2007 年 5 月第一版　2010 年 1 月第二次印刷
定价：80.00 元
ISBN 978-7-112-08700-6
　　　　（17790）

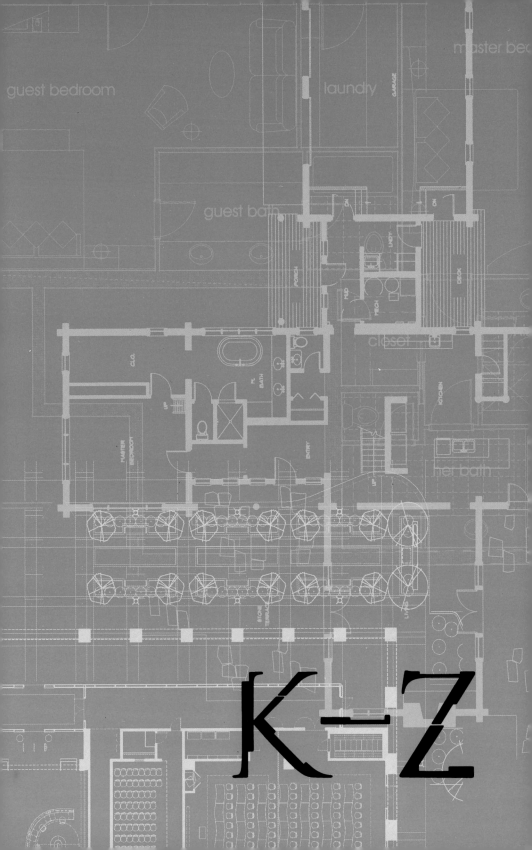

guest bedroom

laundry

master bed

guest bath

closet

her bath

MASTER BEDROOM

ENTRY

K-Z

卡尔曼－麦金尼尔和伍德建筑师事务所

info@kmwarch.com www.kmwarch.com

1   Robert Benson

卡尔曼－麦金尼尔和伍德建筑师事务所
（Kallmann Mckinnell & Wood Architects, Inc.）提供全
面的设计服务，包括可行性研究、建筑策划、总体规
划、建筑设计、室内设计以及景观设计等。1984年，
KMW在一些精选的、代表业界最高水准的设计公司
中脱颖而出，荣获美国建筑师学会年度公司大奖。这
一荣誉证明了KMW"在创造对人类有价值和永恒意
义的工作中，表现出色。他们致力于挖掘建筑设计为
公众服务的潜力，这必将使这家小事务所保持美国设
计界巨人的地位。"

在过去20年的实践中，事务所日渐成熟，它将新
的建筑师和设计主管群体接纳到事务所中，分享各自
对建筑的看法，以及对设计和构造标准的需求。他们
已经在各类型的建筑设计中取得了令人瞩目的成就：
为政府、商界、教育界和艺术界设计的建筑多次获奖。

2   Steve Rosenthal

3   Steve Rosenthal

4   P&G Morison

5   Richard Bryant/Arcaid

1 美国俄亥俄州，克利夫兰市，卡尔·B·斯托克斯（Carl B. Stokes）美
   国联邦法院办公楼，2002年，西南向透视
2 美国马萨诸塞州，波士顿，波士顿市政大厦，1969年；从新国会大街方
   向看
3 美国马萨诸塞州，剑桥，美国文理学院，1981年；整齐的拱廊和当地乡
   村的建造方式
4 荷兰海牙，禁止化学武器组织，1998年；从花园看过去
5 新加坡，南洋理工大学国家教育学院，图书馆和文学院，2001年

● 939 Boylston Street, Boston, Massachusetts 02115 USA Tel: +1 617 267 0808 Fax: +1 617 267 6999

坎纳建筑师事务所

kanner@kannerarch.com www.kannerarch.com

Kanner Architects

Kanner Architects

坎纳建筑师事务所（Kanner Architects）坚信：每一个项目都是一次特别的努力，优秀的作品产生于创新的计划和方案——"功夫在诗外"。

该事务的设计宗旨包含了这样的理念：建筑应该是使人愉悦的场所，应具有开放性、易识别性、观念的先进性、激励性等特征。设计应提升环境的质量。

坎纳建筑师事务所位于加利福尼亚的洛杉矶市，是一个有着国际声誉的设计公司，近年来，他们的作品获得了许多荣誉，其中包括20个由美国建筑师学会颁发的大奖。

该事务的作品已经被广泛地公开发表，并且很多刊物也刊登了介绍公司作品的专题，如《Abitare》（建筑、室内、家具、工业设计杂志）、《建筑实录》（Architectural Record）、《建筑文摘》（Architectural Digest）、《室内设计》、《洛杉矶建筑师》、《大都市》、《蓝图》、《洛杉矶时报》、《纽约时报》等。

1998年，Image出版集团出版了介绍坎纳建筑师事务所作品的专著。

Kanner Architects

Kanner Architects

Kanner Architects

1 美国加利福尼亚州，马利布海滩，锡克利夫住宅（Seacliff Homes）
2 位于纽约长岛 Sagaponac，由 30 位著名建筑师设计的建筑之一
3 美国加利福尼亚州，洛杉矶市，高层共管式独立产权公寓
4 美国加利福尼亚州，洛杉矶市，洛杉矶东部法院
5 美国加利福尼亚州，太平洋帕利塞兹（Pacific Palisades），511 住宅

5   John Linden

● 10924 Le Conte Avenue, Los Angeles, California 90024 USA Tel: +1 310 208 0028 Fax: +1 310 208 5756

尤哈尼·卡泰宁建筑师事务所

juhani.katainen@kolumbus.fi

1
Hannu Koivisto

尤哈尼·卡泰宁建筑师事务所（Juhani Katainen Architects）成立于1968年。自创立之日起，就致力于大型公共建筑的设计工作。

设计建立在对使用者的需求作精确分析的基础上，并且设计方案、建造成本、工程进度和技术措施等都是为了满足这些需求而精心考虑的。在工作中，开放、合作的氛围非常重要，公司鼓励将客户和同行的观点纳入交流探讨中。

自1988年起，尤哈尼·卡泰宁就在坦佩雷理工大学的建筑学院任教，2001—2004年间，被任命为该学院的院长。

1995年，尤哈尼·卡泰宁教授被教育部任命为芬兰EC教育培训委员会的建筑专业委员会委员。

1995—1997年，以及1998—1999年，芬兰建筑师协会推选他为欧洲建筑师学会的代表，并被任命为芬兰建筑师学会(SAFA)主席；2001年和2002年，分别担任欧洲建筑师学会的副会长和会长。

2
Jussi Tiainen

3
Jussi Tiainen

4
Jussi Tiainen

5
Hannu Koivisto

1 芬兰赫尔辛基，Amiedu；学生餐厅入口
2 克利（Koli），Kolinportti旅游接待中心；室内夜景
3 芬兰赫尔辛基，Rettig；旧仓库内的新建办公区域
4 芬兰米凯利（Mikkeli），赫尔辛基大学分校；主入口
5 芬兰伊斯普（Espoo），奥里翁（Orion）制药公司；外观

● Toolonkatu 12 A 14, FI 00100 Helsinki, Finland Tel: +358 9 440 231 Fax: +358 9 496 539

阿德南·卡茨矛格卢设计事务所

nisantas@miarmimarlik.com.tr www.adnankazmaoglu.com

阿德南·卡茨矛格卢(Adnan Kazmaoglu)1948年出生在土耳其马尼萨的阿克希萨尔(Akhisar)，1975年毕业于伊斯坦尔高等美术学院建筑系(现在的MSU)。在1975—1981年间，在伊斯坦布尔建筑工程学院(现在的YTU)的城市规划学院作助理研究员，并在学院循环基金的资助下，着手城市规划和城市设计等项目。1988年，他同穆特卢·奇林吉尔奥卢(Mutlu Cilingiroglu)合作，成立了MIAR建筑师事务所。

阿德南·卡茨矛格卢多次在伊兹米特(Izmit)，埃斯基谢希尔(Eskisehir)以及伊斯坦布尔等城市的休闲娱乐区和中心区的设计竞赛中获奖。

同团队一起，阿德南·卡茨矛格卢在伊斯坦布尔设计了许多高水准的住宅综合楼。除了擅长于居住项目的设计以外，土耳其伊斯坦布尔以及塞浦路斯北部的很多大型商场、办公建筑以及旅游综合楼也是他的作品。

1　　　　　　　　　　　　Adnan Kazmaoglu

2　　　　　　Adnan Kazmaoglu

3　　　　　　　　　　　　Adnan Kazmaoglu

4　　　　　　Adnan Kazmaoglu

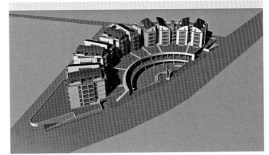

5　　　　　　　　　　　　Adnan Kazmaoglu

1　土耳其伊斯坦布尔，塞尔库克鲁 (Selcuklu)，Konaklan 住宅群
2　土耳其伊斯坦布尔，塞尔库克鲁 (Selcuklu)，Konaklan 住宅群；中央庭院
3　土耳其伊斯坦布尔，凯梅尔 (Kemer)，Atrium Evleri 公寓和别墅
4　土耳其伊斯坦布尔，塞尔库克鲁 (Selcuklu)，Konaklan 住宅群细部
5　土耳其伊斯坦布尔，市镇中心，公寓住宅及购物中心

● 173-5/4 Valikonagi Caddesi, Nisantasi 80200 Istanbul, Turkey Tel: +90 212 230 7795 Fax : +90 212 232 7234

科贝尔－戴西设计事务所

hello@kebbelldaish.co.nz www.kebbelldaish.co.nz

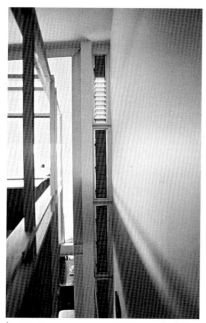

1   Daniel Watt

2   Sam Kebbell

约翰·戴西（John Daish）和萨姆·科贝尔（Sam Kebbell）自1996年以来，就一起合作，并在2002年初成立了科贝尔－戴西事务所（Kebbell Daish）。约翰·戴西和萨姆·科贝尔分别在加利福尼亚大学伯克利分校和哈佛大学设计学院获得硕士学位，两位合作者都在维多利亚大学设计学院任教并从事研究工作。该公司设计范围广泛，包括住宅、办公楼、公共建筑等，他们的作品被公认达到了地区和国家的较高水平。

该公司的作品已多次在新西兰和国际的展览会上展出并出版。

3   Sarah Connor

4   Kebbell Daish

1 新西兰荷鲁隧道(Te Horo)，科贝尔住宅；室内细部
2 新西兰荷鲁隧道(Te Horo)，科贝尔住宅；部分立面
3 埃及吉萨，大埃及博物馆设计竞赛入围方案，展览模型
4 新西兰马尔布罗(Marlborough)，威尔逊住宅，平面图

• PO Box 6356, Marion Square, Wellington, New Zealand Tel: +64 4 384 5866

基思·威廉斯建筑师事务所

studio@keithwilliamsarchitects.com   www.keithwilliamsarchitects.com

Richard Glover

基思·R·威廉斯(Keith R Williams)是英国皇家建筑师学会成员，1958年出生于伦敦，曾获荣誉学士学位和荣誉建筑学文凭，毕业于金斯顿和格林尼治的建筑学院，并因设计优秀获得了一流的成绩。在29岁成立波森·威廉斯（Pawson Williams）建筑师事务所之前，威廉斯先后在夏帕德·罗伯森（Sheppard Robson）和特里·法雷尔（Terry Farrell）的公司工作过，随后成为公司最具天赋和创造力的主创人员。

2001年，他创立了基思·威廉斯建筑师事务所（Keith Williams Architects），在获得许多类型多样，规模可规的项目委托的背景下，他更有效地集中力量来寻求建筑的独特设计方法。

2

Nathan Willock

威廉斯在建筑设计中，关注空间、光影、形状和材质，对尺度、历史、文脉等精确考虑，从而创作出充满当代性和前瞻性的建筑，并与现存建筑之间达到完美的平衡。

在遍及欧洲的许多国家里，他为剧院、音乐厅、博物馆、画廊、图书馆、民用建筑所作的设计，引发了广泛的关注。

他多次参与国家设计大赛的评标，自己也曾在国际国内许多重要的建筑竞赛中获奖。作为专家，他评审过许多重要的公共建设项目，他的作品也在全世界广泛出版。

3

Keith Williams Architects

5

Eamonn O'Mahony

1　英格兰伯明翰，伯明翰剧场
2　英国伦敦，英国自然博物馆，地球展馆
3　意大利都灵，都灵文化中心（Centro Culturale Di Torino）；4万平方米市民图书馆和表演艺术中心（国际竞赛决赛方案）
4　爱尔兰亚隆城（Athlone），市政厅和图书馆
5　英国伦敦，独角兽儿童影院（Unicorn Theatre）

4

Eamonn O'Mahony

● 19a Floral Street, Covent Garden, London WC2E 9HL UK Tel: +44 20 7240 5151 Fax: +44 20 7379 8394

肯·泰特建筑师事务所

tate@kentatearchitect.com www.kentatearchitect.com

1 Gordon Beall

2 Gordon Beall and Peter Howson

3 Carlos Studio

  1984年，肯·泰特建筑师事务所（Ken Tate Architect）在密西西比开业，实践方向侧重于传统建筑。该公司已经成长为该地区一支重要的实践队伍，并且赢得了无数荣誉，其作品被刊印出版了50多次。项目包括许多正在设计的项目和50多处已建居住项目，有田纳西州1000英亩的农舍，还有2000英亩的"诺曼底风格"的庄园等。

  1999年，该公司迁址到路易斯安那州的新奥尔良，其后，设计领域拓展，包括Adirodack俱乐部（Adirodack Clubhouse）、现代化的海滨别墅、佐治亚风格的大厦、意大利市政厅，以及法国殖民风格的折中建筑等。最近着手的项目，使该公司的业务拓展到很远的地区，包括波士顿、丹佛、北卡罗来纳州山区、纳什维尔等。

  出版物有：《古典主义者》（The Classicist）（由古典建筑协会出版）、《南方风格》、《时代家园》（Period Homes）、《走廊》（Veranda）、《传统家园》（Traditional Home）。

5 Dan Bibb

4 Gordon Beall and Howson

1 美国密西西比州，麦迪逊，诺顿住宅；法国风格湖滨住宅，下降到水面下30英尺

2 美国路易斯安那州，Baton Rouge，青年公寓；帕拉第奥风格别墅，槲树环绕，Bayou country

3 密西西比北部，私人住宅，2000英亩的石板屋顶的诺曼底风格的农场住房

4 密西西比中部，私人住宅；西班牙殖民风格的庄园，同周边地区的建筑风格统一

5 南卡皮特尔市（Capital City），私人住宅；湖边半围合的法国风格围墙

● 206 Covington Street, PO Box 550, Madisonville, Louisiana 70447 USA
Tel: +1 985 845 8181 Fax: +1 985 845 8182

隈研吾联合建筑事务所

kuma@ba2.so-net.ne.jp www02.so-net.ne.jp/~kuma/

隈研吾（Kengo Kuma）1954年出生于日本神奈川县，1979年在东京大学获硕士学位。1985年至1986年间，在哥伦比亚大学作访问学者。

1990年，他创立了隈研吾联合建筑事务所。2001年起，在庆应义塾大学（Keio University）科学技术学院任教。

他的主要作品有：龟老山展望台、"水/玻璃"（1995年，获AIA尼迪克塔斯奖）、威尼斯双年展"日本馆"（1995年）、森林舞台（译者注：宫城县登米町传统文艺保护馆）、Toyoma表演艺术中心（1997年，获日本建筑学会年度大奖）、那须石头博物馆（2000年，获国际石头建筑大奖）、马头町广重美术馆（Museum of Hiroshige Ando）（2000年获村野藤吾奖、林野厅长官奖）。因他在木建筑创作中的重要贡献，2002年荣获"芬兰自然木造建筑精神奖"。

Kengo Kuma & Associates

Kengo Kuma & Associates

Kengo Kuma & Associates

Kengo Kuma & Associates

Kengo Kuma & Associates

1 日本栃木县那须郡南那须町（Nasu-gun, Tochigi Prefecture），马头町广重美术馆
2 日本东京目黑区（Meguro-ku），塑性建筑
3 日本栃木县那须郡南那须町，石头博物馆
4 日本静冈县（Shizuoka），水/玻璃
5 中国北京,长城脚下的公社，竹屋

● 2-12-12-9F Minami Aoyama, Minato-ku, Tokyo 107-0062 Japan   el: +81 3 3401 7721 Fax: +81 3 3401 7778

克里斯蒂安·凯肯斯建筑师事务所

info@christiankieckens.be　www.christiankieckens.be

克里斯蒂安·凯肯斯（Christian Keickens）1951年出生于比利时的阿尔斯特（Aalst），1974年毕业。1981年获得了Godecharle建筑奖，1985年和1991年入选威尼斯双年展，1999年荣获佛兰德建筑文化奖。他的作品涉猎广泛，有规模很小的项目，也有艺术与建筑的展示设计，在比利时、法国、荷兰都有他的作品。

从1984年起，克里斯蒂安·凯肯斯在很多项目上与保罗·罗伯里奇（Paul Robbrecht）、阿尔瓦罗·西扎（Alvaro Siza）、于尔格·康策特（Jurg Conzett）等国际著名建筑师合作。

2000—2002年，他在伦敦AA建筑学院攻读硕士学位。

近期的出版物包括：《密度》（Densities）（1996）、《场所与建筑》（The Place and the Building）（1997）、《天窗风景》（Lantern View）（1998），以及《Zoeken Denken Bouwen——寻找有思想的建筑》（2001）。

自1980年起，他在比利时、法国、荷兰任教。目前，在安特卫普的凡·德·费尔德协会的国际工作室讲课。

1　Reiner Lautwein

2　Reiner Lautwein

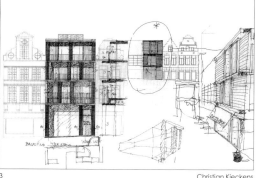

3　Christian Kieckens

4　Reiner Lautwein　　5　Reiner Lautwein

1　比利时巴尔德根姆（Baardegem），独幢住宅
2　比利时柯翠耶克（Kortrijk），XPO-hollen连接过厅，同建筑师Goddeeris合作
3　比利时布鲁塞尔，旅馆，同帕特里斯·勒欧恩（Patrice Leunen）合作
4　比利时佛来芒区的Oudenaarde，山德罗斯（Sanderus）印刷工厂
5　比利时瑞克姆（Rekem），萨尔托（Salto）印刷工厂

● Antoine Dansaertstraat 60/2, B-1000 Brussels, Belgium　Tel: +32 2 513 0170　Fax: +32 2 513 0370

KIM YOUNG-SUB+KUNCHOOK-MOONHWA
建筑师联合事务所

kunchook@hanmail.net　www.kimarch.com

1　　　　　　　　　　　　　　Kim Jae Kyeong

2　　　　　　　　　　　　　　Mun Jeong Sik

　　　Kim Young-Sub 1950 年出生于韩国，1974 年毕业于成均馆（Sungkyunkawan）大学建筑工程系，1982 年，Kim 先生创建了 Kim Young-Sub + Kunchook-Moonhwa 联合建筑师事务所。

　　　Kim Young-Sub的作品曾受邀四处展览，包括意大利举办的"罗马SIAC"（1986 年），1998 年印度班加罗尔和2002中国北京分别举办的IAA（亚洲的创新建筑）、东风2000以及日本东京举办的"环太平洋国家的建筑师"作品展等。

　　　除了最出名的教堂设计之外，事务所还承担了其他多种类型的建筑设计，包括办公建筑、教育机构、娱乐中心、居住建筑等，其中很多获得了设计大奖，如韩国注册建筑师协会年度大奖（1998）、韩国建筑文化年度大奖第一名(1992/1993/1996/1997)、首尔建筑奖(1992/1996/2002)、第七届金寿根（Kim Swoo-Geun）建筑奖（1996）、韩国建筑师协会奖(1997)、韩国环境设计和建筑设计年度大奖(1995/1999)、第五届天主教堂设计奖(2000)。

　　　Kim Young-Sub 近来参加了东京"ALJ 国际论坛"（2002）、俄罗斯喀山"历史城市的文化多样性"国际论坛（2002）、福岛举办的"日本新首都"研讨会（2001），并且在东京大学举办讲座。

3　　　　　　　　　　　　　　Kim Jae Kyeong

4　　　　　　　　　　　　　　Kim Jae Kyeong

1　韩国顺天市（Chungcheongnam-do）青阳郡（Cheongyang），青阳（Cheongyang）天主教堂
2　韩国江陵（Gangneung），江原道(Gangwon-do)，朝当（Chodang）天主教堂
3　韩国京畿道（Gyeonggi-do）安养市(Anyang)，钟安（Joong Ang）天主教堂
4　韩国首尔瑞草（Seochodong）江南区（Gangnam），韩国人寿保险公司
5　韩国 Buchon，Sire Gok 天主教堂修复

5　　　　　　　　　　　　　　Kim Jae Kyeong

● 287-3 Yangjae-dong Seocho-gu, Seoul 137-130 Republic of Korea Tel: +82 2 574 3842 Fax: +82 2 579 4172

KIMMERLE 建筑师事务所

kimmerle@kimmerle.com　www.kimmerle.com

Kimmerle 集团位于美国新泽西州，是综合型的集团公司。根据 Kimmerle 集团的商业需求，成立了不同的业务部门。

Kimmerle 建筑师事务所，成立于 1990 年，是主营建筑设计、城市规划、城市设计的公司，它与世界 500 强的许多公司保持了良好合作关系，为这些机构提供建筑设计和规划设计的服务，这使该公司事业发展顺利。项目类型领域宽泛，包括企业办公、学校、历史建筑保护、公共和私人的教育机构、法院等。公司为国家和地区的许多机构提供了专业的服务，同时，也同新泽西州北部许多重要的开发公司有着良好合作关系。

在过去四年里，公司赢得了三次国家设计大奖。《纽约时报》以及许多国家设计界和建筑行业的刊物都曾刊登过该公司的作品。

工作空间有限公司是公司的一个分支，致力于在办公设施、设备、家具、售卖管理等相关领域，为集团客户和公众机构提供服务。

南街联合有限公司（South Street Associates），是集团下属的开发公司，控制和管理着位于莫利斯顿（Morristown）的集团总部，最近规划并建设了 5500 平方英尺的办公楼，已全部对外租赁。公司正在寻求独资或合资方面的合作机会，以利更好地发展。

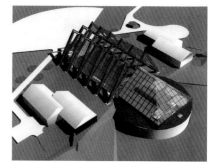

1　Kimmerle Architects

2　Grace Marotti

4　Paul S Newman

1 新泽西州哈丁（Harding），大沼泽环境科学中心，致力于公共教育的独特的环境中心
2 康涅狄格州诺沃克，特瑞勒吉安特公司，废弃的仓库及附属建筑改建为社区办公楼
3 新泽西州维帕里，市郊丙烷公司，公司设施、仓库和档案中心
4 新泽西州莫利斯顿，园区广场 10 号，莫利斯顿中央商务区（CBD）的历史建筑修复
5 新泽西州莫利斯顿，Deidre O'Brien 儿童援助组织，受虐待儿童的援助中心

3　Otto Baetz

5　Kimmerle Architects

● 264 South Street, Morristown, New Jersey 07960 USA Tel: +1 973 538 8885 Fax: +1 973 829 6270

金士兰 + 建筑师设计有限公司

C.Kingsland@kingslandplus.com   www.kingslandplus.com

金士兰 + 建筑师设计有限公司(Kingsland+ Archi-tects Inc.)的前身是一家 1910 年成立的事务所。后来，该公司的名称因合伙人的离去或退休而改变。

事务所的成立，是在 75 年的专业知识和实践经验的积累上，达到了巅峰。它提供完整而全面的服务，适应所有建筑设计和室内设计的需要。公司有幸接触了各类客户，他们的要求多种多样，甚至有特殊的要求。

该公司专业工种齐备，知识渊博并热情进取的员工们勇于接受挑战，努力追求成功。在中小学、私立院校、宗教建筑、图书馆、餐馆、商业和社区中心等项目的设计和建造上有丰富的经验，并且熟悉建筑改建扩建，以及造价达数百万美元的大型新建项目。

1   UFx -Productions Inc.

2   Gilles Deslisle Photographe

4   Gilles Deslisle Photographe

3   UFx Productions Inc.

5   Elaine Kilburn Photography

1 加拿大安大略省，多伦多市，Parkdale 初级和高级公立学校和社区中心
2&4 加拿大安大略省，马克姆市，美丽径学院（Middlefield Collegiate Institute）
3 加拿大安大略省，斯卡波罗市，斯卡波罗 Centennial 学院院区，选修研究中心
5 加拿大安大略省，多伦多市，约克·汉伯（York Humber）中学

• 2 Toronto Street, 4th Floor, Toronto, Ontario M5C 2B6 Canada Tel: +1 416 203 7799 Fax: +1 416 203 7763

柯克帕特里克联合建筑师事务所

brandieh@kaa-architects.com　www.kaa-architects.com

1　　Weldon Brewster

2　　Weldon Brewster

3　　Weldon Brewster

4　　Weldon Brewster

5　　Weldon Brewster

在1988年，柯克帕特里克联合建筑师事务所（Kirkpatrick Associates Architects）开业之初，格兰特·柯克帕特里克（Grant Kirkpatrick）和史蒂文·斯特劳恩（Steven Straughan）这两位合伙人就致力于在创作中将美学与功能结合为一体。从创立后的数年中，KAA由2人小组成长为35人的公司。

KAA的项目遍及景观设计、建筑设计、图像设计、室内设计等诸多领域，在努力适应客户需要的同时，尤其注重提升环境质量。

KAA的创作集中在零售商店、博物馆和民居等领域，并创造了鲜明的南加州风格。

KAA为许多知名公司所作的设计令人瞩目，如香蕉共和国（指中、南美洲发展中国家）、尼可·米勒有限公司（Nicole Miller, Inc.）、Hugo Boss时尚公司、贝弗利山的Geary商场、伦敦克利斯蒂拍卖行、洛杉矶艺术博物馆等，在建筑界赢得了广泛赞誉。尽管这些项目极具众所周知的挑战性，但拥有稳定的客户群是KAA实力的证明。

KAA的员工相信，他们的成功归功于和服务对象进行深入全面的沟通。他们的客户范围很广，有追求理想住居的个人，也有想提升企业竞争力的CEO。KAA已经帮助超过250位客户实现了他们的设想，"设计能提升人类的精神世界"，KAA对此坚定不移。

1　美国加利福尼亚州，曼哈顿海岸，18步行街住宅；海滨的单身家庭住宅
2　美国加利福尼亚州，洛杉矶，洛杉矶艺术博物馆；博物馆园区的分阶段改建
3　美国加利福尼亚州，贝弗利山，伦敦克里斯蒂拍卖行；国际拍卖行的西海岸总部
4　美国加利福尼亚州，贝弗利山，贝弗利公园住宅；独幢别墅的改建
5　美国加利福尼亚州，帕洛斯·瓦迪斯半岛（Palos Verdes），Via Arriba住宅；单身家庭山坡别墅

● 4201 Redwood Avenue, Los Angeles, California 90066 USA Tel: +1 310 821 1400 Fax: +1 310 821 1440

柯克西设计公司

info@kirksey.com　www.kirksey.com

　　柯克西（Kirksey）设计公司自1971年开业之后取得了稳固的成长，这得益于其创新的思考、独特的设计和无可匹敌的客户服务，该公司营造了良好的工作氛围，有利于提高员工职业素养、实现个人价值，并且加强团队稳定性和责任感。

　　从一个规模很小的建筑公司，已经发展成为超过100名专业设计人员的团队，这些设计人员分属于10个不同部门，分别专攻商业建筑、教育建筑、政府建筑、医疗建筑、接待中心、室内设计、建筑改建、居住建筑、零售建筑、特种建筑等。面对千差万别的项目类型，柯克西设计事物所组织最契合客户经营战略和目标的该领域专家，为客户提供尽善尽美的服务。

　　借助这种以团队为基础的工作方式，每一项目得益于个人专业技术的同时，也提升了整个公司的业务水平。

1　Hickey-Robertson Photography

2　Aker/Zvonkovic Photography

3　Kirksey

1　美国得克萨斯州，休斯敦，概念综合公司（Idea Integration）；为国家电子商务解决方案提供商设计的25000平方英尺扩建项目，获得2002年休斯顿美国建筑师学会大奖

2　美国得克萨斯州，休斯敦，万布瑞尔莱克（One BriarLake）广场；20层写字楼和7层停车场

3　阿拉巴马州，伯明翰，南方医学中心；拥有219个床位的"未来数字式医院"

4　美国得克萨斯州，休斯敦，瑞普勒（Ripley）邻里综合楼；非营利的社区中心，获得2002年休斯敦美国建筑师学会大奖

5　美国得克萨斯州，休斯敦，帕克塔楼（Park Towers）；2幢18层楼的写字楼及6层的停车场

4　Aker/Zvonkovic Photography

5　Aker/Zvonkovic Photography

● 6909 Portwest Drive, Houston, Texas 77024 USA　Tel: +1 713 850 9600　Fax: +1 713 850 7308

黑川纪章建筑师联合事务所

kurokawa@kisho.co.jp

黑川纪章建筑师联合事务所(KKAA)，在建筑设计、城市设计、区域和城镇规划、景观设计、社会经济计划、远期发展计划以及前期发展规划等领域，为国外和日本的公共及私人机构提供专业的服务。

每一个项目，建筑师、规划师和工程技术人员都坚持以"共生理论"来着手。他们认为，在建筑、城市和社会结构中应强化人类的复杂性和差异性。

在应用这些理念的时候，具体执行者在千变万化的环境里，整合考虑结构和其他制约因素，努力为社会的具体问题寻找最佳的解决方案。

以上述的理念和设计方法为基础，黑川纪章建筑师联合事务所在过去 40 年中，已经完成超过 100 个项目。

1　　　　　　　　　　　　　　　　　　Koji Kobayashi

2　　　　　　　　　　　Tomio Ohashi

3　　　　　　　　　　　Sels-Clerbout

5　　　　　　　　　　　Koji Kobayashi

4　　　　　　　　　　　Koji Kobayashi

1　大阪国际会议中心
2　马来西亚吉隆坡国际机场
3　荷兰阿姆斯特丹凡高博物馆，新馆
4　丰田体育馆
5　大分县巨瞳体育场

● 11F, Aoyama Building, 1-2-3 Kita Aoyama, Minato-ku, Tokyo 107-0061 Japan
Tel: +81 3 3404 3481 Fax: +81 3 3404 6222

日本一级建筑株式会社观光企画设计社

info@kkstokyo.co.jp　www.kkstokyo.co.jp/kks/english.html

　　40年以来，日本一级建筑株式会社观光企画设计社（KKS），已经成为旅游观光业的建筑及室内设计领域的行业领袖。在为客户提供出色的、影响深远的方案的同时，创造出独特的环境提升人们的生活质量，该公司因此而赢得了良好的声誉。

　　项目无论大小，KKS公司都同样地重视，对最不利场地的控制也同样驾轻就熟。从热带城市繁华的度假胜地，到日本北方高山风景优美的滑雪场，KKS都以其创造性的和一流的设计方案，向人们展示了作品的精髓。

　　公司重视总体环境设计，不仅提升参观者的感受，同时也为客户、管理者、员工创造便利和舒适的环境，提高他们的工作效率和工作质量。

1　　　　　　　　　　　　　　　KKS International

2　　　　　　　　　　　　　　　Kenchiku Gaho

3　　Shenzhen Our Space Digital Video Co., Ltd.

4　　　　　Studio Murai

5　　　Kenchiku Gaho

1　日本北海道，小樽[日本北海道西部
　港市] 希尔顿饭店，5星级饭店
2　马来西亚吉隆坡，泛太平洋酒店，吉
　隆坡国际机场的5星级酒店
3　中国福州，福州香格里拉酒店，5星级
4　日本东京涩谷区，东急圣罗伦饭店，
　仰视
5　中国大连，大连希尔顿饭店，5星级

● 17 Mori Building, 1-26-5 Toranomon, Minato-ku, Tokyo 105-0001 Japan
Tel: +81 3 3507 0374 Fax: +81 3 3507 0386

克莱胡斯 + 克莱胡斯建筑设计公司

berlin@kleihues.com   www.kleihues.com

克莱胡斯 + 克莱胡斯建筑设计公司（Kleihues +Kleihues）40年前成立于柏林，其前身是建筑师和城市规划教授约瑟夫·皮特·克莱胡斯教授(Josef P. Kleihues)的工作室。

自1996年转型为股份制公司以来，它有了三个股东：约瑟夫·皮特·克莱胡斯教授、扬·克莱胡斯 (Jan Kieihues) 和诺贝特·亨泽尔(Norbert Hensel)。

Kleihues + Kleihues的工作范围，包括建筑及室内空间的设计和建造、户外场所的概念性开发，以及设计文本的制作。

探索高质量的居住空间，是公司最根本的设计哲学。这种设计哲学使得Kleihues+Kleihues的作品卓尔不群，以永恒的现代设计尊重场所精神。建筑应注重功能，并可持续发展——这是对现有资源作经济性和生态学的考量后的基本要求。这一基本要求，也导致了实施中对细部的强调、对材料的精选和对质量的严格控制。

1   Hélène Binet

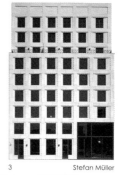

2   Hélène Binet   3   Stefan Müller

4   Stefan Müller   5   Stefan Müller

1　美国芝加哥现代艺术博物馆楼梯井透视
2　德国柏林莱比锡广场 (Leipziger Platz) 办公和居住建筑，入口处外观
3　从莱比锡广场方向看的外观
4　门厅
5　内庭院

● Helmholtzstrasse 42, Berlin D-10587 Germany Tel: +49 30 399 7790 Fax: +49 30 399 779 77

R·M·克里门特和弗朗西丝·哈尔斯班德建筑师事务所

greene@kliment-halsband.com www.kliment-halsband.com

　　1972年，美国建筑师学会资深会员罗伯特·克里门特（Robert Kliment）和弗朗西丝·哈尔斯班德（Frances Halsband）在纽约创立了R·M·克里门特和弗朗西丝·哈尔斯班德建筑师事务所（R.M.Kliment & Frances Halsband）。公司有30名员工，其中包括另外两个股东和四位合伙人。

　　事务所的作品有：为教育机构、政府、商业客户和公众客户做的设计和建造；历史建筑保护/适宜性的改造；私人住宅设计；室内设计、家具和照明设计等。

　　该事务所获得了40多个设计大奖，其中包括1997年美国建筑师学会颁发的建筑公司奖，1998年AIA纽约分部颁发的金奖。公司还4次获得由美国建筑师学会颁发的优秀设计奖。

　　200多类书籍杂志都曾刊登介绍过该公司的作品。作品在海内外广泛展览。1998年，Images出版集团出版了名为《R·M·克里门特-弗朗西丝·哈尔斯班德建筑公司：精选及近期作品》的专著。

1　　　　　　　　　　　　　　　　　　Brian Burr

2　　　　　　　　　　　　　　　　　　DBox

3　　　Photography: Jock Pottle/Esto
Model: Studio Associates of New York

4　　　　　　　　　　　　　　　　　　Brian Burr

5　　R.M.Kliment & Frances Halsband Architects

1　美国法院和邮政大楼，纽约，布鲁克林
2　宾夕法尼亚州格兰西特（Glenside），阿卡迪亚大学Landman图书馆
3　密西西比州格尔夫波特，美国法院大楼
4　宾夕法尼亚州兰开斯特，富兰克林与马歇尔大学，Roschel表演艺术中心
5　纽约海德公园，富兰克林·D·罗斯福总统图书馆和博物馆，亨利·A·华莱士（Henry A Wallace）观察和教育中心

● 255 West 26 Street, New York, New York 10001 USA Tel: +1 212 243 7400 Fax: +1 212 633 9769

克林设计公司

info@kling.us www.kling.us

1   Kling

2   Jeff Goldberg/Esto

克林（Kling）设计公司成立于宾夕法尼亚州的费城，是一家综合性、全方位服务的公司，其业务遍及建筑设计、工程建设、室内设计和规划等领域。1946年作为独资企业成立以来，公司不断发展壮大，目前已有超过400名员工和许多分公司，分别位于华盛顿特区、新泽西州艾斯林（Iselin）、北卡罗来那州罗利（北卡罗来纳州首府）。

公司的客户遍及美国和全世界，并且项目涉及诸多行业：金融服务公司、制药企业、信息科技公司、美国联邦政府机构以及高等院校等。

该公司的作品已经获得300多项的业界奖励，并且赢得了客户和社会的广泛赞誉。从公司成立之日起，公司始终坚持对社会责任和艺术性的追求。

3   Dennis Gilbert

5   David Sundberg/Esto

4   Kling

1 美国科罗拉多州，奥罗拉科罗拉多大学，健康科学中心
2 美国宾夕法尼亚州，牛顿广场（Newtown Square），SAP软件公司总部
3 英国斯蒂夫尼奇，葛兰素史克制药公司（Glaxo Smith Kline Medicines Research Centre）
4 宾夕法尼亚州费城，中心城市高层建筑研究
5 美国新泽西州，拉威市（Rahway），美国默克公司，建筑800号

● 2301 Chestnut Street, Philadelphia, Pennsylvania 19103 USA Tel: +1 215 569 2900 Fax: +1 215 569 5963

KMD 建筑事务所

edunne@kmd.ie www.kmd.ie

KMD 是一家爱尔兰建筑事务所，致力于提高设计和服务的质量以及效率。在每个项目中，不仅是功能和经济性上达到顾客预期，更重要的是，通过延续建筑的文脉、创造可持续发展的环境，对建筑的最终使用者以及社会公众履行其作为建筑师的职责。

事务所在开始项目之前，首先要通过召开会议制定方案，同时还要到现场勘察文脉，从而才能完成调研分析。运用设计评估、内部探讨以及其他项目成功经验的借鉴等方式，发挥40多名员工的能力。

KMD在总体规划上也有丰富的经验，并且同私人项目一样，在规划项目中也坚持创新之路。

1 Eamonn O'Mahony, Studioworks

3 Vincent Vidal

2 Eamonn O'Mahony, Studioworks

1 爱尔兰科克 (Cork)，爱尔兰天然气配送公司 (Bord Gais) 总部
2 爱尔兰邓多克，施乐工业园
3 爱尔兰都柏林，George's Quay 开发部
4 爱尔兰都柏林，Arnotts百货公司
5 爱尔兰都柏林，IBM SSD设备厂

4 Eamonn O'Mahony, Studioworks

5 Eamonn O'Mahony, Studioworks

● 4 Prince's Street South, City Quay, Dublin 2, Ireland Tel: + 353 1 677 0077 Fax: +353 1 677 1186

KPF 联合事务所

info@kpf.com   www.kpf.com

1   Timothy Hursley

2   H.G. Esch

3   H.G. Esch

4   Michael Moran

开业 26 年来,KPF 所坚持的理念是：追求优秀的设计,实行项目负责制,以出色的管理和杰出的客户服务受到了普遍认可。KPF 认同建筑在城市中的作用,也认同工程技术和可持续发展在塑造环境中的重要性。

公司为公众及私人客户提供建筑设计、规划设计、场地设计、建筑策划、建筑分析、室内设计等全面服务。公司业务遍及世界各地,为当地带去最新的设计资讯,并实现功能、美学和社会目标的完美统一。公司相信,与客户、场所和项目的对话中会涌现设计灵感。对于 KPF 而言,满足客户的期望是衡量工作成败与否的真正标准。

KPF 拥有力量强大的工作团队,使之成为世界上公认的最杰出的建筑设计事务所之一。因设计和技术上的广泛成就,公司赢得了很多的大奖。

5   Peter Cook

1 美国弗吉尼亚州,麦克林市,美国最大的报业集团甘尼特 (Gannett) /《今日美国》(USA Today) 总部, 南向全景
2 英国伦敦,泰晤士河证券市场交易大厅,高中庭和大跨度的构架,自动遮阳的装置
3 美国纽约,纽约第 7 大街 745 号, 东向夜景
4 美国纽约, 纽约市立大学新建学术综合楼, 东向鸟瞰
5 英国牛津,牛津大学罗斯米尔 (Rothermere) 美国研究学院;庭院内的南立面

● 111 West 57th Street, New York, New York 10019 USA Tel: +1 212 977 6500 Fax: +1 212 956 9526

柯尼希斯贝格尔和万努基（KV）联合建筑设计公司

kv@kvarch.com

1   Luis Gomes

2   Arnaldo Pappalardo

1971年，若热·柯尼希斯贝格尔和詹弗兰科·万努基（Gianfranco Vannucchi）在巴西圣保罗成立的Konigsberger & Vannucchi（KV）联合建筑设计公司，已经成为巴西最活跃的建筑实践者之一，并且在几乎所有的巴西各州完成了超过500个建筑设计和规划项目。

KV公司坚持的信念是，为环境和使用者提供高质量的设计方案，在每个项目中考虑相关的功能、空间和文化因素。

KV注重满足客户需要，将文化、环境与市场相结合，坚持高科技创作和高效率管理。

公司在30年的实践中持续发展，在建筑设计、规划和咨询服务领域以高水平的专业服务，发展了与国内、国际伙伴的合作与合资。在住宅、办公楼、商业和服务设施、接待中心、休闲娱乐建筑、文化建筑及综合性项目中积累了宝贵的经验，截止2002年，累计完成了超过430万平方米的建成项目。

3   Cláudia Hackmann

4   Roberto Stickel

5   Arnaldo Papallardo

1 巴西Alphaville，FAL住宅，1998年设计的居住区
2 巴西Alphaville，体育场，综合楼
3 巴西圣保罗商业中心；1980年代设计的办公建筑
4 巴西圣保罗，Amalfi，独立产权的公寓，正在建造的居住综合体
5 巴西圣保罗，Terra Brasilis 的办公楼，被认为是巴西上世纪90年代的代表建筑

● Eng. Luis Carlos Berrini Avenue, 1461. 5th floor, CEP 04571-903 São Paulo SP Brazil
Tel: +55 011 5505 7275 Fax: +55 011 5506 0952

329

科宁·艾森伯格建筑设计事务所

info@kearch.com www.kearch.com

自 1981 年成立之后，科宁·艾森伯格建筑设计事务所（Koning Eizenberg）已经因日常居住的建筑而闻名，包括经济适用房、社区中心、娱乐中心、学校、传统民居、旅馆、商店和工厂等。

该公司的设计获得了许多荣誉，并在美国和海外的建筑杂志和书籍上刊印发表。世界上的许多大学都曾邀请他们去讲座和授课，这也体现出科宁·艾森伯格建筑设计事务所的影响力。

在许多预算紧张的经济适用房和社区建筑的设计中，汉克·科宁（Hank Koning）和朱莉·艾森伯格（Julie Eizenberg）同样展示出优秀的设计能力，他们重新关注具有社会意义的项目，关注其价值和设计潜力。或许，他们的作品被描述为具有"强烈的社会意识"是最合适不过的。

在科宁·艾森伯格建筑设计事务所的作品中，通过构筑方式的引导、景观的布局、空间的序列以及尺度的变化，鼓励人们自己发现空间和建筑，创造出具有杰出人文主义思想的建筑。

1 Benny Chan, Fotoworks

3 Benny Chan, Fotoworks

5 Tim Griffith

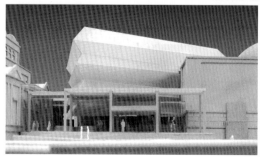

2 Grant Mudford

4 Koning Eizenberg Architecture

1 美国加利福尼亚州，圣莫尼卡，PS#1小学的校园扩建，获得加利福尼亚州 AIA 荣誉奖，洛杉矶 AIA 成就奖
2 美国加利福尼亚州，圣莫尼卡，第 5 大街 Family Housing，32 个单元的经济适用房，获得加州 AIA 成就奖，洛杉矶 AIA 成就奖
3 美国加利福尼亚州，圣莫尼卡，第 25 大街商务-办公综合工作室，获得设计效能奖
4 美国宾夕法尼亚州，匹兹堡儿童博物馆，毗邻两个历史建筑的儿童中心加建
5 美国加利福尼亚州，圣莫尼卡，第 31 大街独幢住宅，获得 AIA 国家奖

● 1454 25th Street, 2nd Floor, Santa Monica, California 90404 USA
Tel: +1 310 828 6131 Fax: +1 310 828 0719

克尼尔联合建筑公司

mail@konior.com   www.konior.com

1   Konior & Partners and Montois Partners Architects

2   Serge Brison

3   Konior & Partners

5   Konior & Partners

比利时建筑师卢德维克·克尼尔（Ludwik Konior）1944年出生在波兰的克拉科夫，1968年，他获得克拉科夫工艺技术学院工程师－建筑师文凭，此后便一直在该校建筑学院任助教，直到1973年他开始与比利时著名建筑师亨利·蒙图瓦（Henri Montois）合作。1983年，他成为公司股东，公司也更名为亨利·蒙图瓦建筑设计公司s.p.r.l（Bureau d'Architecture Henri Montois s.p.r.l）。

克尼尔现在活跃在他自己的公司——克尼尔联合建筑公司里。他曾设计许多大型项目，如重要的国际竞赛（特别要提及的是巴黎的拉·维莱特公园Parc de la Villette）；还有一些企业总部的设计，如康帕斯公司（Kompass）和太空研究总部（Space Research）设计；以及使馆项目，如欧共体和北约的波兰使馆设计。

卢德维克·克尼尔在比利时、喀麦隆、刚果、法国、意大利和波兰设计或联合设计了许多项目，包括位于布鲁塞尔的14万平方米的欧洲理事会、意大利大使馆、卢森堡大使馆、波兰大使馆，以及布鲁塞尔大使馆。他负责为花旗银行（Citibank）、辉瑞制药（Pfizer）和美国世界通信公司（Worldcom）设计公司总部，最近设计了华沙嘉士伯（Carlsberg），喜力啤酒（Heineken）、安防公司（Securitas）和壳牌（Shell）等公司的项目。

4   Ludwik Konior

1   波兰华沙，Crown Point，克尼尔公司与莫托斯公司合作设计
2   比利时布鲁塞尔，太空研究总部
3   比利时布鲁塞尔，波兰大使馆
4   波兰克拉科夫机场商务公园
5   波兰华沙，Bilwy Warszawskiej 商务中心，克尼尔公司与莫托斯公司合作设计

● Avenue Maurice 1, B-1050 Brussels, Belgium Tel: +32 2 647 9947 Fax: +32 2 647 9888

穆罕默德·科努拉尔普

konuralpm@superonline.com　www.mehmetkonuralp.com

穆罕默德·科努拉尔普（Mehmet Konuralp）1939年出生于伊斯坦布尔。1960—1965年间，在伦敦AA建筑学院学习建筑学，1966年在该校城市规划与城市设计勒伍豪(Leverhulme)学院完成学业。1968年他回到伊斯坦布尔，并且在建筑专业的所有领域实践，包括建筑设计、室内设计及项目管理等，并在伊斯坦布尔和布尔萨的不同学校中任教。

他已完成的主要作品有伊斯坦布尔公路的Zincirlikuyu设备厂、Ordu Sagra设备厂、A·布里斯托尔（A. Bristol）医院、沙巴媒体广场（Media Plaza）、ATV电视和新闻中心、以及ATK纺织工厂。他还完成了许多居住建筑设计和室内设计。

穆罕默德·科努拉尔普在1993—1995年期间是阿卡汗建筑奖的主要评审专家之一。他的作品、讲座以及他为建筑学发展的贡献，在国内和国际的出版物中被广泛地介绍。

1　　　　　　　　　　　Mehmet Konuralp

2　　　　　　　　　　　Mehmet Konuralp

5　　　　　　　　　　　Mehmet Konuralp

1　土耳其Cerkezkoy，ATK纺织工厂，生产车间
2　土耳其伊斯坦布尔，沙巴媒体广场（Media Plaza），入口大厅
3　土耳其伊斯坦布尔，ATV电视和新闻中心，立面细部
4　土耳其伊斯坦布尔，居住区立面细部
5　土耳其伊斯坦布尔，Sabah媒体广场，中庭

3　　　　Mehmet Konuralp　　4　　　　Mehmet Konuralp

● 9/4 Bostan Sokak, Tesvikiye 34367 Istanbul, Turkey Tel: +90 212 236 1681 Fax: +90 212 236 1680

库斯－拉涅利建筑师事务所

contact@kuthranieri.com www.kuthranieri.com

David Wakely Photography

库斯－拉涅利建筑师事务所(Kuth/ Ranieri Architects)位于加利福尼亚州旧金山，是一家提供全方位服务的建筑公司。1990 年，由 AIA 成员拜伦·库斯（Byron Kuth）和伊丽莎白·拉涅利（Elizabeth Ranieri）合作成立以来，库斯－拉涅利建筑师事务所将客户需要同当前的设计和技术创新结合起来，而赢得了国内和国际声誉。

库斯－拉涅利建筑师事务所已经获得许多美国建筑师学会颁发的地区、州和国家的大奖；美国国际设计杂志 I.D. Magazine 环境大奖；纽约的青年建筑师联盟和"浮现的声音"（Emerging Voices）大奖。该公司的作品经常被美国、日本和欧洲的杂志刊印，并在纽约、波士顿、休斯敦和旧金山的商业的、大学的及博物馆的展厅展出。拜伦·库斯和伊丽莎白·拉涅利在罗得岛学院获得艺术和建筑学的学位。他们在加利福尼亚大学艺术与工艺学院以及哈佛大学研究生院任教。

库斯－拉涅利建筑师事务所的作品符合建筑行业标准，努力创新，工作效率和主动解决问题的能动性较高，因此而获得广泛赞誉。

库斯－拉涅利建筑师事务所与客户、技术合作者、建造者和厂商的合作关系良好，力求项目各阶段的服务都尽善尽美。

2   Kuth/Ranieri

4   Kuth/Ranieri

3   Kuth/Ranieri   5   Cesar Rubio Photography

1   伊安·斯托茨(Iann Stoltz)住宅，正立面
2   罗迪(Lodi)农舍，外观
3   帕克·普瑞日迪奥 (Park Presidio)住宅，背立面
4   帕克·普瑞日迪奥 (Park Presidio)住宅，楼梯间
5   伊安·斯托茨(Iann Stoltz)住宅，餐厅

● 340 Bryant Street, Suite #300, San Francisco, California 94107 USA
Tel: +1 415 543 9235 Fax: +1 415 543 9237

库瓦巴拉－佩恩－麦肯纳－布卢姆伯格建筑师事务所

kpmb@kpmbarchitects.com   www.kpmbarchitects.com

库瓦巴拉－佩恩－麦肯纳－布卢姆伯格建筑师事务所(Kuwabara Payne McKenna Blumberg Architects) 由布鲁斯·库瓦巴拉 (Bruce Kuwabara)、托马斯·佩恩 (Thomas Payne)、玛丽安·麦肯纳 (Marianne McKenna) 和雪莉·布卢姆伯格 (Shirley Blumberg) 合作成立于1987年。KPMB是加拿大重要的设计实践力量，在多伦多和纽约都有分部，共有80名员工。

该公司因优秀的建筑设计、城市设计和室内设计而得到国际认可，在北美和欧洲设计了多种类型的项目。这些项目从小尺度的室内到大体量的城市重要场地的建筑，都坚持用综合的、专业的程序进行设计。

除了在许多竞赛中获胜之外，KPMB的作品已经获得超过60个大奖，包括八项总督建筑大奖——加拿大最有声望的建筑大奖。公司的作品已经在全世界被刊印推荐，也是Rockport出版社在《当代世界建筑师系列丛书》(Contemporary World Architects series) 中惟一被介绍的加拿大公司。

1

Martin Tessler

2

Peter A. Sellar/KLIK

3

Peter A. Sellar/KLIK

4

Steven Evans

5

Steven Evans

1 加拿大不列颠哥伦比亚省,里士满市政厅;荣获总督建筑大奖
2 加拿大安大略省,多伦多市,多伦多希尔顿酒店,大堂透视
3 加拿大安大略省,尼亚加拉湖市 (Niagara-on-the-Lake),尼亚加拉的杰克森酒厂 (Jackson-Triggs);获得过总督建筑大奖
4 加拿大安大略省,多伦多市,交易大厅设计;历史上著名的交易大厅,荣获总督大奖
5 加拿大安大略省,多伦多市,多伦多大学伍德沃思学院 (Woodsworth College);荣获总督建筑大奖

● 322 King Street West, 3rd Floor, Toronto, Ontario M5V 1J2 Canada Tel: +1 416 977 5104 Fax: +1 416 598 9840

LAB 建筑工作室

projects@labarchitecture.com www.labarchitecture.com

　　Lab 建筑工作室（Lab architecture studio）采取了批判性的设计方法，承认建筑和建设过程之间内在的复杂性，并利用这种复杂性设计出有活力的、适应性强的项目。无论项目规模大小，设计和计划都伴随着无数的局限性和不可预见性。不仅适应条件的变化，并且在新建和改建中利用这些变化，这对任何建筑创新来说都是重要的。

　　1994 年，建筑师彼得·戴维森（Peter Davidson）和唐纳德·L·贝茨（Donald L. Bates）在英国创办了 Lab 建筑工作室。1997 年，在联邦广场（Federation Square）项目的设计竞赛中获胜后，成立了墨尔本工作室。此后，二位负责人便不断来往于英国和澳洲之间。联邦广场被认为是澳大利亚历史上最具创新性的设计之一。

1　　Lab architecture studio

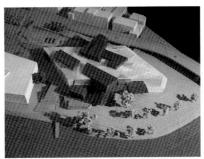

2　　Lab architecture studio

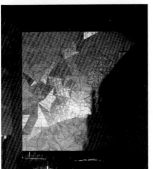

3　　Trevor Mein

4　　Matt Johnson

1　德国莱比锡,德国宝马公司的主要厂房;
　南向透视（方案）
2　澳大利亚昆士兰州,昆士兰现代艺术美术
　馆;模型南向透视（方案）
3　澳大利亚墨尔本,联邦广场（Federation
　Square）;维多利亚国家美术馆立面
4　澳大利亚墨尔本,联邦广场
5　澳大利亚墨尔本,联邦广场,南部中庭夜景

5　　Peter Clarke

● Level 4, 325 Flinders Lane, Melbourne, Victoria 3000 Australia Tel: +61 3 9612 1026 Fax: +61 3 9620 3088
Unit 6, Deane House, 27 Greenwood Place, London NWS 1LB Tel: +44 20 7424 0108 Fax: +44 20 7424 0109

李祖原联合建筑公司

webadmin@mail.cylee.com www.cylee.com

李祖原联合建筑公司（C.Y.Lee & Partners）是一家股份制有限公司，由李祖原（C.Y. Lee）和C.P. Wang以及4位下属合作成立。在1995—2001年，李祖原联合建筑公司的业务从台北扩展到上海、北京和沈阳。现在，有超过100名员工。台北的公司由 V.T. Wu 先生负责，而大陆的分公司则由总经理王振楣先生（James Wang）管理。

在过去的25年间，李祖原联合建筑公司在各种项目中积累了丰富的经验，公司在建筑计划、建筑设计和施工管理等领域迎接各种挑战。公司推崇东方文化的价值，相信这是创造伟大建筑的基础，并且把它作为目标来创造21世纪的现代中国建筑。

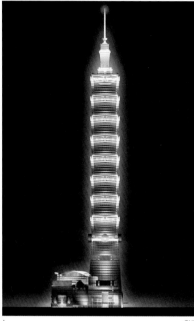

1 中国台湾，台北101大楼，2003年
2 中国沈阳，沈阳方圆大厦，2002年
3 中国郑州，郑州裕达国贸酒店，2000年
4 中国台湾，中台禅寺（Puli Chung-Tai Zen Temple），2001年
5 意大利，第7届威尼斯双年展，2000年

● 3/F, No.6 Tun-Hua N. Road, Taipei, Taiwan 105 Tel: +886 2 2781 1666 Fax: +886 2 2781 2002
9/F, Kerry Center, No.1515 Nanjing W. Road, Shanghai, PRC 200040
Tel: +86 21 5298 5501 Fax: +86 21 5298 5502

莱斯－魏因萨费尔联合建筑师事务所

marketing@lwa-architects.com　www.lwa-architects.com

1　　　　　　　　　　　　　　　　　　　　　　　　　　Peter Aaron/Esto

　　由安德烈亚·莱斯（Andrea Leers）和简·魏因萨费尔（Jane Weinzapfel）创建并领导的莱斯－魏因萨费尔联合建筑师事务所（LEERS WEINZAPFEL ASSOCIATES ARCHITECTS），坚持两个主要的理念：在复杂的城市环境中，建筑是公众/公共的艺术，也是一门工艺技术。

　　公司在全国有很多作品，尤其在市政、社区、教育和基础设施等领域。公司已经获得了很多地区和国家的大奖，其中包括因波士顿运输控制中心和宾夕法尼亚大学的冷冻厂项目获得的进步建筑奖。该公司作品在美国的《建筑设计》和《AR》、日本《A+U》、意大利《L'Architettura》等杂志上有专题报道。

　　在新英格兰建筑界非常保守的环境中，公司的作品被一些新兴公司高度评价——"为现代主义破冰"，也被国际评论家描述为具有"文化的易读性"和"城市布局的恰当性"。

　　今天，乔·普瑞斯（Joe Pryse）和约西亚·史蒂文森（Josiah Stevenson）也入股该公司，并领导了一个工作室。该工作室致力于提高技术含量、拓展公共建设领域，在人性化和建筑精致性等方面也有所加强。

2　　　　　　　　　　　　Chuck Choi

3　　　　　　　　　　　Steve Rosenthal

1　美国康涅狄格州，哈特福德三一大学Hillel House；新传统建筑，与东北的学院迥然不同
2　美国马萨诸塞州剑桥市，麻省理工学院建筑与规划学院；将分散的部门统一改建
3　美国马萨诸塞州，Fenton 司法中心；新建的有十个法庭的州立司法中心
4　美国马萨诸塞州波士顿，公共交通控制中心（Transit Operations Control Center）；获奖的建筑改建扩建，外立面改建
5　美国宾夕法尼亚州费城，冷冻水机房，宾夕法尼亚大学，为著名大学设计的获奖作品

4　　　　　　　　　　Steve Rosenthal

5　　　　　　　　　　Peter Aaron/Esto

● 280 Summer Street, Boston, Massachusetts 02210 USA Tel: +1 617 423 5711 Fax: +1 617 482 7257

利安建筑设计及工程开发顾问(中国)有限公司

info@leighorange.com.hk   www.leighorange.com

1   Leigh & Orange Ltd.

2   Leigh & Orange Ltd.

3   Leigh & Orange Ltd.

4   Leigh & Orange Ltd.

5   Leigh & Orange Ltd.

利安建筑设计及工程开发顾问(中国)有限公司 (Leigh & Orange) 1874年创建于香港,是大型的、声名显赫的国际建筑设计公司,主要在本地及海外提供高质量的设计和项目管理服务,服务范围宽泛,包括公共的和私人的各种建筑类型。

服务范围包括建筑设计、室内设计、城市设计和项目管理等。在中国、东亚和中东的实践已经通过ISO9001和ISO14001认证。利安建筑设计及工程开发顾问(中国)有限公司开创了一种综合质量管理体系,囊括了质量管理、环境保护和安全管理等方面。

公司在设计中采用了创新的设计方法,除了可持续发展的绿色观念、能源保护和最低限度的环境改造之外,还融合了最新的建筑创新理念。

最近完成的香港大学Kadoorie生物科学楼,获得《世界建筑》杂志颁发的亚洲优秀建筑奖,并且荣获香港建筑师协会颁发的优胜证书。

1 中国上海,世界金融中心
2 沙特阿拉伯利雅得,马术俱乐部
3 中国北京,UHN国际村
4 中国香港,中国国际信托投资公司香港百老汇中心
5 中国香港,香港大学,嘉道理生物科技楼

● 19/F East, Warwick House, TaiKoo Place, 979 King's Road, Hong Kong
Tel: +852 2899 9000 Fax: +852 2806 0343

伦哈特·洛利和罗杰斯建筑师事务所

www.LLRA.net

1   Ruhi Vargha Photography

2   Gregory Benson Photography

3   Gregory Benson Photography

4   Sabatino Architects

　　伦哈特·洛利和罗杰斯（Lenhardt Lolli & Rodgers）建筑师事务所(LLRA)提供全方位的设计服务，包括总体规划、建筑设计、建筑工程等领域，从可行性研究到施工管理。公司努力理解客户的目标和期望，用最新的技术和设计理论整合他们的需要。这种协作产生出既有良好功能又令人愉悦的建筑——并且在进度和预算上都符合预期。

　　公司由乔伊斯·伦哈特（Joyce Lenhardt）（美国建筑师学会会员），詹姆斯·C·洛利（James C. Lolli）（AIA）以及菲利普·J·罗杰斯（Philip J. Rodgers）（AIA）等人合作成立，每一项目确保至少一位成为项目负责人，并保证由项目负责人、建筑设计师以及工程技术人员等组成核心团队着手项目。

　　公司为每一次设计都组织了专家顾问团。与这些专家一起，LLRA 公司的建筑设计与工程技术人员达到了 40 多人的规模。

5   Gregory Benson Photography

1　美国宾夕法尼亚州德文市（Devon），圣卢克的路德教教堂
2　美国特拉华州，霍克森市，科克斯伯里（Cokesbury）社区
3　美国宾夕法尼亚州，伍斯特市，伍斯特市梅道伍德（Meadowood）度假村
4　美国宾夕法尼亚州，费城，宾夕法尼亚州圣约瑟大学；与 Sabatino 建筑师事务所合作完成
5　美国宾夕法尼亚州，费城，费城新教总部

● 550 Pinetown Road, Suite 490, Fort Washington, Pennsylvania 19034 USA
Tel: +1 215 653 0935　Fax: +1 215 653 0938

利奥·A·戴利建筑公司

info@leoadaly.com　www.leoadaly.com

1　Tom Kessler

2　Stuart Woods

利奥·A·戴利建筑公司（Leo A Daly）位于内布拉斯加州的奥马哈，是国际著名的规划、建筑、工程和室内设计公司。由利奥·A·戴利（Leo A. Daly）先生成立于1915年，在项目的多学科的协作方面，该公司取得国内领先地位，确保了工作的高效率和客户的最大满意度。这一理念是随着高科技通信手段的发展而演进的，可以同美国和国外的LAD各分公司通力合作。项目类型多样，从企业总部、数据研究中心、新建社区到大使馆；从航空枢纽到零售商店和娱乐设施；从小学到大学；从医疗诊所到大规模的医学中心。

利奥·A·戴利建筑公司以明尼阿波利斯为基地的建筑、建筑工程、室内设计公司，赢得了广泛认可，于2003年2月成立于Setter Leach & Lindstrom公司。利奥·A·戴利建筑公司已拥有1000多名设计师和工程技术人员，完成了50多个国家、50个州、以及哥伦比亚特区的项目。公司目前由利奥·A·戴利三世领导，他是美国建筑师学会、英国皇家建筑师学会以及澳大利亚建筑师学会资深会员，并担任主席和总裁。

3　Paul J. Brokering

4　Jim Christy Studio

5　Maxwell MacKenzie

1　美国内布拉斯加州奥马哈，国家第一塔楼；带冬日花园的40层标志性的企业办公楼
2　中国香港长江中心（Cheung Kong center）；70层塔楼、人行天桥和公共花园等的艺术化设计
3　美国内华达州，拉斯韦加斯，内华达大学Lied图书馆；高效的能源利用，高科技的设计，使图书馆成为校园一景
4　美国新墨西哥州中部大城Albuquerque，桑地亚印第安保留地的赌场（Pueblo of Sandia Casino），赌场同桑地亚（Sandia）山脉周围的印第安风格建筑协调
5　美国马里兰州，盖瑟斯堡（Gaithersburg），生命技术公司总部；公司研发部接待厅的当代风格设计

● 8600 Indian Hills Drive, Omaha, Nebraska 68114 USA Tel: +1 402 391 8111 Fax: +1 402 391 8564

莱文联合建筑师事物所

blevin@levinarch.com www.levinarch.com

1   Alex Vertikoff

2   Alex Vertikoff

莱文（Levin）联合建筑师事物所和洛杉矶建筑公司由哈佛大学毕业的建筑师布伦达·A·莱文（Brenda A. Levin）（FAIA）于 1980 年创立。洛杉矶许多为人们喜爱的地标建筑都是由该公司设计的，包括市政厅、Oviatt 和 Bradbury 的建筑、中央大市场以及著名的 WILTERN 剧院。

该公司的作品也包括城市设计和总体规划(Barnsdall 公园,Autry 博物馆,Oakwood 学校等)，以及新公共建筑、商业建筑和多子女家庭住宅的设计(Occidental and Scripps 学院建筑；圣巴巴拉和亨廷顿的加利福尼亚大学展览馆，以及商业区女性中心和亚当公寓设计)。

公司当前正在着手的工程有格里菲思天文台、位于 Barbsdall 公园的弗兰克·劳埃德·赖特建筑群，此外，还有维护民主的国家中心、法律图书馆等。

LEVIN 联合建筑师事务所已经获得许多荣誉，其中包罗美国建筑师学会、城市土地协会、洛杉矶市、加利福尼亚州和洛杉矶自然保护委员会等在内的许多相关单位的奖励和认可。

4   Grant Mudford

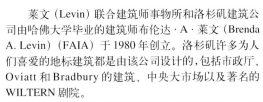

3   Lisa Romerein

5   Gary Krueger

1 美国加利福尼亚州，圣马力诺的亨廷顿，The MaryLou and George Boone 博物馆；重建的 carriage house 夜景。(译者注：Huntington Gallery 原先是亨廷顿的私家住宅，收藏了18-19世纪英法等欧洲国家的著名油画和雕塑，为世界著名收藏地之一，原名是"The MaryLou and George Boone Gallery")
2 美国加利福尼亚州，洛杉矶 Occidental 学院约翰逊学生中心；新建的长方形广场立面
3 美国加利福尼亚州，洛杉矶市政厅，市政厅的圆形大厅和修复的树状装饰灯
4 美国加利福尼亚州，洛杉矶，布拉德伯里大楼（Bradbury building）
5 美国加利福尼亚州，好莱坞北部，橡木学校（Oakwood School）音乐舞蹈和运动中心

● 811 West Seventh Street, Suite 900, Los Angeles, California 90017 USA
Tel: +1 213 623 8141 Fax: +1 213 623 9207

李普曼联合建筑师事务所

laa@lippmannassociates.com.au www.lippmannassociates.com.au

埃德·李普曼（Ed Lippmann）的作品与他执业的场所和时间有着内在的联系。他的建筑是自然文脉的反应——澳大利亚的悉尼，这个引人入胜的亚太城市，正是他出生和成长的地方。他的作品位居适宜性技术研究领域的前沿，体现了 21 世纪的时代精神。

埃德·李普曼承认现代主义大师们对自己的影响。然而，对他而言，现代主义不是一种固定的风格或静态的教条，而是一种由社会进步、经济发展和技术革新影响下的持续发展着的历史现象。

无论是郊区的住宅还是城市保护区的公共建筑，他们都坚持对场地进行评估和阐释，而这曾经被其他人认为仅仅是个梦想。

李普曼联合建筑师事务所已参与了澳大利亚、美国和东南亚的各种住宅建筑、商业、零售业、工业以及公共建筑的设计。通过对构造、结构和美学的推敲，始终满足甚至超越客户的预期，使埃德·李普曼成为当代建筑界的一支新兴力量。

公司致力于创新，关注新观念新技术，并寻求可行的、与环境和谐的解决方案。

1　　　　　　　　　　　　　　Ross Honeysett

2　　　　　　　　　　　　　　Ross Honeysett

3　　　　Ross Honeysett

4　　　　　　　　Ross Honeysett

5　　　　　　　　　　　　　　Farshid Assassi

1　费尔菲尔德（Fairfield），RTA 人行天桥
2　澳大利亚悉尼，室外游泳池（Andrew 'Boy' Charlton Pool）
3　澳大利亚悉尼，树屋
4　澳大利亚悉尼，亨利五世休闲中心
5　澳大利亚沃姆班瑞（Wombarra），Cashman/Pickes 住宅

● 570 Crown Street, Surry Hills, New South Wales 2010 Australia
Tel: +61 2 9318 0844 Fax: +61 2 9319 2230

洛汉建筑师事务所

www.lohan.com

1　Steinkamp-Ballogg

2　Hedrich-Blessing

3　Steinkamp-Ballogg

　　洛汉建筑师事务所(Lohan Caprile Goettsch Architects)，因在综合项目中创造出建筑解决之道而被客户认可。公司有70多名员工，他们是具有服务精神和职业素养的建筑师、规划师、室内设计师。该公司的项目遍及全世界，有大规模的商业开发区规划和设计、大型企业园区设计、文化场馆和公共设施设计、居住建筑设计，以及公众广场规划设计等。

4　Steinkamp-Ballogg

5　Hedrich-Blessing

1　美国伊利诺伊州，埃文斯顿市(Evanston)，西北大学玛丽和雷西·布罗克艺术博物馆(Mary and Leigh Block Museum of Art)；入口及广场

2　美国伊利诺伊州，芝加哥瑞士银行大楼(UBS Tower)；用独特的、超薄的电缆防火墙系统，形成大厅与广场之间穿透的连接系统

3　美国伊利诺伊州，芝加哥，(蓝盾与蓝十字)双蓝保险公司(Blue Cross Blue Shield)伊利诺伊总部；南立面

4　美国伊利诺伊州，芝加哥，(蓝盾与蓝十字)双蓝保险公司(Blue Cross Blue Shield)伊利诺伊总部；贯穿33层的中庭疏散空间，减少了电梯的使用

5　美国伊利诺伊州，芝加哥，芝加哥瑞士银行大楼(UBS Tower)；东南立面

● 224 South Michigan Avenue, 17th Floor, Chicago, Illinois 60604 USA
Tel: +1 312 356 0600　Fax: +1 312 356 0601

朗联合建筑公司

Lex@longandassociates.com   www.longandassociates.com

1   Red Kite Studios

朗联合建筑公司（Long & Associates, Inc.）成立于 1974 年,是提供全方位服务的公司。

公司伴随着越来越多的设计而日渐成熟，项目类型包括可行性研究、规划设计、概预算、室内设计、指导性规范、设备工程、机械工程、水电设计、结构设计、特种工程设计、合同管理、建设管理以及环境工程等。

公司最强大的力量来自团队的多样性。服务质量是公司生存的关键。公司致力于寻求与客户的长期合作，以在行业内提供无可匹敌的服务。团队的多样性也使顺利实现这一目标成为可能。

朗联合建筑公司给客户提供一站式服务，这是一般的咨询公司所不能相配的。该公司与客户密切合作，并且制定项目管理过程，以在每一阶段征询客户意见。

2   Long & Associates

3   Red Kite Studios

4   George Cott

1   佛罗里达州，新坦帕，自由中学
2   佛罗里达州布纳·维斯塔湖（Lake Buena Vista），布纳·维斯塔湖酒店（Lake Buena Vista Palace Hotel）
3   佛罗里达州，布拉丹顿(Bradenton)，贝肖(Bayshore)高级中学
4   佛罗里达州，盖内斯维勒（Gainesville），佛罗里达大学，运动休闲中心
5   佛罗里达州，克卢威斯顿，亨德利（Hendry）县公共健康服务中心

5   Red Kite Studios

● 4525 S. Manhattan Avenue, Tampa, Florida 33611-2305 USA Tel: +1 813 839 0506 Fax: +1 813 839 4616

路易斯·卡罗尔建筑师事务所

www.lka.co.za

1　Dave Southwood　　　　2　　　　　　　　De Kok & Kerkhoff

3　　　　　　　　　　　　　　　　　　　　LKA

4　　　　　　　　　　　　　　　　　Business Report

路易斯·卡罗尔建筑师事务所（Louis Karol Architects）1952年成立于好望角，分公司于1979年在约翰内斯堡开业。

该公司在南非主要与政府和公众客户合作，设计出与环境和谐、效果独特的、为项目投资提供有吸引力回报的建筑。

公司致力于创作优秀作品，促进了多领域结构的发展，并提供建筑、结构工程、项目管理、室内设计和空间设计等服务。

该公司的实力来自于对商业社会透彻的理解、切实可行的质量控制，以及在大型项目运用分段招标（fast-track）模式的处理能力。

最大的挑战之一是如何创造出逾越社会藩篱、根除陈规的建筑，以激发出人们已愚钝的感知力。公司坚信，建筑有到达这个目标的潜能。

1　阿尔弗雷德码头广场(V&A Waterfront) 的 BoE 总部，2002 年
2　开普敦中部，萨夫玛瑞（Safmarine）总部，1993 年
3　阿尔弗雷德码头广场(V&A Waterfront)，维多利亚码头（Victoria Wharf）购物中心，1991 年
4　南非约翰内斯堡，桑德顿国际会议中心（Sandton International Convention Centre），2001 年

● 2nd Floor The Palms, 145 Sir Lowry Road, Cape Town 8000 South Africa
Tel: +27 21 462 4500 Fax: +27 21 462 4550

LS3P 联合股份有限公司

johnmack@ls3p.com   www.ls3p.com

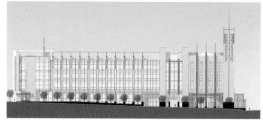

1　　　　　　　　　　　　LS3P ASSOCIATES LTD.

3　　　　　　　　　　　　LS3P ASSOCIATES LTD.

2　　　　　　　　　　　　Risden McElroy

4　　　　　　　　　　　　LS3P ASSOCIATES LTD.

在 LS3P 联合股份有限公司（LS3P Associates, Ltd.），客户是项目中不可或缺的一部分。

该公司的实践建构在三个原则之上：

1．"通过倾听来寻求解决之道"，LS3P 综合客户的构想、目标和计划，并将之融入设计理念中。

2．"通过设计来服务"，是实践和工程质量控制中的一贯方法，以确保LS3P的每一项服务被高效地、迅速地传递，也确保客户对建筑的预期能顺利实现。

3．"成功源于经验"，集中了 LS3P 公司的领导艺术、才能、专业技术、工作热情等，LS3P 公司全力投入，致力于为客户提供优秀的、真实的、人性化的、考虑周全和符合预算的服务。

通过交流互动的方法，负责人和员工们创造出许多令人骄傲的作品。设计中，能力与资源的整合也离不开客户的参与，客户在LS3P公司的项目运作过程中扮演了重要的角色。

5　　　　　　　　　　　　LS3P ASSOCIATES LTD.

美国北卡罗来纳州，夏洛特市，约翰逊和韦尔斯大学
（Johnson & Wales University）夏洛特分院校园建筑

1　北立面
2　从商业大街看的外观
3　从毗邻建筑方向看
4　内庭院外观
5　内庭院鸟瞰

● 205 1/2 King Street, Charleston, South Carolina 29401 USA
Tel: +1 843 577 4444 Fax: +1 843 722 4789
112 South Tryon Street, Suite 200, Charlotte, North Carolina 28284 USA
Tel: +1 704 333 6686 Fax: +1 704 333 2926

伦茨·普瑞波·福勒建筑师事务所

www.lunz.com

1　George Cott, Chroma, Inc.

2　George Cott, Chroma, Inc.

3　George Cott, Chroma, Inc.

4　George Cott, Chroma, Inc.

1&2　佛罗里达州，莱克兰市(Lakeland)，航空博物馆轻型屋顶；为飞行实验和纪念事件设计的运动航空博物馆

3　佛罗里达州，莱克兰市，佛罗里达南方大学，帕普利克斯 (Publix) 慈善机构的公共学生宿舍；三个新建校园学生宿舍

4　佛罗里达州，莱克兰市，佛罗里达南方大学，波尔克县(Polk County)科教建筑弗兰克·劳埃德·赖特设计的科教建筑的翻新

5　佛罗里达州，莱克兰市，设计工作室，将多间办公室改建为一个整体的设计工作室

伦茨·普瑞波·福勒建筑师事务所 (Lunz Prebor Fowler Architects) 总部设在佛罗里达州莱克兰市，获得过多项建筑大奖。该公司提供的专业服务有：总体规划、场地分析、建筑计划、制图、建筑设计、室内设计、空间设计、设备管理和施工阶段管理等。

爱德华·G·伦茨（AIA）（Edward G. Lunz）在结束了与史密斯－伦茨（Smith-Lunz）集团长达12年的成功合作后，于1987年创建了公司。现在的员工包括主要负责人伦茨先生、美国建筑师学会会员丹尼尔·福勒先生（Daniel Fowler）、维克托·普瑞波，AIA（Victor Prebor），以及其他的一些建筑师、一位CADD经理、CADD操作员/绘图员、行政管理人员、项目管理员和一位室内设计师。

Lunz Prebor Fowler建筑师事务所在过去5年里已经成功地设计并完成总投资超过2亿美元的项目。以客户为导向的设计理念、对细部和设计质量的关注，已经使90%的客户成为回头客。

公司有不同类型项目的设计经验：企业办公楼、政府项目、高等教育项目、总体规划、设计和改造项目、娱乐设施、博物馆、艺术中心、历史建筑的修复和更新、运输/物流设施、公寓和独幢别墅等。

5　George Cott, Chroma, Inc.

● 58 Lake Morton Drive, Lakeland, Florida 33801 USA Tel: +1 863 682 1882 Fax: +1 863 687 6346

麦克·斯考金－莫里尔·伊拉姆建筑师事务所

office@msmearch.com   www.msmearch.com

麦克·斯考金－莫里尔·埃拉姆建筑师事务所(Mack Scogin Merrill Elam Architects)的成立,是为了充分发挥两位主要负责人的天分及才能。麦克·斯考金(Mack Scogin)和莫里尔·伊拉姆（Merrill Elam）设计的项目获得过40多个大奖,其中包括5次荣获美国建筑师学会优秀建筑师奖。

他们共同获得了1995年美国文学艺术学院的学院大奖,1996年克莱斯勒创新建筑奖。

麦克·斯考金和莫里尔·伊拉姆与许多世界最有声望、最受尊敬的客户合作过。项目类型包括办公楼、工厂、体育场、机场、医疗设施、住宅、宿舍、教学楼、工作室、校园中心、图书馆、博物馆、画廊、展览馆、学校、仓库和监狱等等。

正在设计的项目有:马萨诸塞州的威士利学院建筑(包括Wang校园中心和戴维斯车库);位于得克萨斯州奥斯汀的美国联邦法院;位于哥伦布市的俄亥俄州立大学建筑学院;加利福尼亚大学伯克利分校音乐图书馆;以及位于佐治亚州坎顿市的美国家具制造巨头赫尔曼·米勒（Herman Miller）的切诺基（Cherokee）工厂。

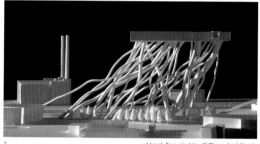

Mack Scogin Merrill Elam Architects
1

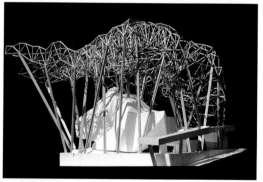

2

Mack Scogin Merrill Elam Architects

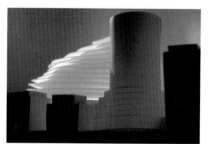

3

Mack Scogin Merrill Elam Architects

4   Mack Scogin Merrill Elam Architects

1   德国沃尔夫斯堡,沃尔夫斯堡
     (Wolfsburg)科技中心
2   美国佐治亚州,亚特兰大市,亚
     特兰大的大顶棚
3   瑞士巴塞尔,国际社区银行
4   英国伦敦,雷本（Laban）运动
     舞蹈中心
5   美国宾夕法尼亚州,匹兹堡,匹
     兹堡儿童博物馆

5

Mack Scogin Merrill Elam Architects

● 75 JW Dobbs Avenue, Atlanta, Georgia 30303 USA Tel: +1 404 525 6869 Fax: +1 404 525 7061

麦基·米切尔联合建筑师事务所

kathy_u@mackeymitchell.com www.mackeymitchell.com

1   Barclay Goeppner

2   Alise O'Brien

麦基·米切尔联合建筑师事务所 (Mackey Mitchell Associates)，是一家获得许多大奖的专业设计师事务所，提供规划、建筑和室内设计等服务。MMA 成立于 1968 年，以客户和使用者为导向的协作设计方式而闻名。公司的项目类型广泛，有沙特阿拉伯的项目、重要大学的设计和世界 500 强公司总部的设计等。

在连续的两年里，《圣路斯商业杂志》都将 MMA 评选为该地区的最佳设计公司；2001 年，获 Laclede 人类进步奖第一名；2000 年，获 Laclede 企业文化奖；1999 年，事务所被《建筑实录》杂志评为"美国最佳经营公司"。

麦基·米切尔联合建筑师事务所保持着高水准的专业水平，尊重、实际和诚挚地对待每一个项目。当表达客户的精神和意向时，公司将设计作为区域文化的延续。事务所坚信，今天之所为将是明天的铺垫。

3   Alise O'Brien

4   Sam Fentress

5   Sam Fentress

1   美国密苏里州，圣路易斯市，森林公园的高地
2   美国密苏里州，圣路易斯市，圣玛丽医院急诊中心扩建
3   美国密苏里州，圣路易斯市，麦克道尼尔 (McDonnell) 儿科研究中心
4   美国密苏里州，圣路易斯市，华盛顿大学小组团住宅
5   美国密苏里州，圣路易斯市，赫尔曼·斯泰莫 (Herman Stemme) 办公建筑

● 800 St. Louis Union Station, St. Louis, Missouri 63103-2257 USA
Tel: +1 314 421 1815 Fax: +1 314 421 5206

马多克斯-NBD建筑设计事务所

maddoxnbd@maddoxnbd.com　www.maddoxnbd.com

1　Jason Meyer (Brad Feinknopf studio)

2　Brad Feinknopf

3　Brad Feinknopf

5　Ed Knuff

4　Brad Feinknopf

"特定的客户需要特定的服务。"这个简单的自明之理，促使马多克斯-NBD建筑设计事务所（Maddox NBD Architecture）为客户提供高水准的服务。

马多克斯-NBD建筑设计事务所设计过多种类型的建筑。许多作品获奖，包括企业总部、公共设施、教育项目、高级居住建筑，以及室内设计等。

事务所关注目标客户市场，目的是给客户提供专业的服务，并满足客户的需求。

事务所给项目攻关队伍提出挑战，为满足并超越客户预期而寻找创新的方案。建筑师、规划师、室内设计师和景观设计师组成事务所最具创造力的核心。当市场发展愈加专业化时，Maddox NBD成功地引导了它的客户。

1　美国俄亥俄州，特拉华行政服务中心；拉塞福德·B·海斯（Rutherford B. Hayes）行政服务中心
2　美国俄亥俄州，哥伦布市，俄亥俄州交通运输局总部，俄亥俄州交通运输局新建办公楼
3　美国俄亥俄州，哥伦布市纪念堂；以前的科技展览厅改建为政府办公
4　美国俄亥俄州，哥伦布市，哥伦布社区大学科技知识中心；新建的三层实验楼／教学楼
5　美国俄亥俄州，扬斯敦市，利马北部受援助的居住建筑阿桑普新村（Assumption Village）；同餐厅毗邻的起居空间

● 4945 Bradenton Avenue, Dublin (Columbus), Ohio 43017 USA Tel: +1 614 764 3800 Fax: +1 614 764 4522

马亚联合建筑设计事务所

eolojo@acesso.com.br

1 Jaques Tinoco Rios

Maia Arquitetos Associados 位于巴西，由埃奥洛·马亚与乔·瓦斯康塞洛斯(Eolo Maia & Jo Vasconcellos)领导。

公司在南美和德国均有项目，并已赢得很多大奖，其中包括：2001 年，巴西 Alfenas 大学图书馆全国设计竞赛第一名；2002 年，由巴西建筑师协会组织的 Grupo Corpo(舞蹈团体) 建筑的全国竞赛第一名，项目由 Alexandre Brasil、Carlos Maciel 和 Belo Horizonte/MG 合作完成；2002 年，巴西 Pic Sul 俱乐部建筑设计竞赛第一名，由 Belo Horizonte MG 完成。

其他的项目包括：1992 年，巴西的 Praca da Liberdade 修复项目，Belo Horizonte MG；1997 年，德国柏林 Hellersdoff 旧城改造项目；1998 年，Belo Horizonte 的 Lagoa da Pampulha 复兴项目；1999 年，巴西的 Recife/PE 海港，"POKLO 项目"的城市规划、重建以及建筑设计项目。

公司的作品被国内外许多建筑杂志刊登介绍。

2 Maia Arquitetos

3 Maia Arquitetos

4 Maia Arquitetos

5 Maia Arquitetos

1 巴西 MG，Belo Horizonte,共管 (Condominium) 办公中心；主要立面
2 巴西 MG，Belo Horizonte,Wanda Bambirra Gym；主要立面
3 巴西 MG，Belo Horizonte,Pic Sul 俱乐部；主要立面
4 巴西伯南布哥州 (Pernambuco)，莱西腓港口，国际商业文化中心；主要立面
5 巴西 MG，Belo Horizonte,Grupo Corpo 艺术中心；主要立面

● Avenida dos Andradas, 2287, sala 407. Cep: 30.120-010. Bairro Santa Efigênia, Belo Horizonte, MG, Brazil
Tel: +55 31 3241 1056 Fax: +55 31 3241 4645

MAK 建筑师事务所

design@makarchitects.co.uk   www.makarchitects.co.uk

1   Niall Clutton

2   Chris Gascoigne

MAK 建筑师事务所，15 年来在室内设计和建筑设计领域成绩斐然，是当代设计界的佼佼者。

事务所的设计已日驱成熟，承担了越来越多的室内设计、新建筑设计和旧建筑改造工作，在项目实践中，公司有敏锐的商业意识和质量控制意识。

MAK 建筑师事务所的室内设计曾获过大奖，比如Valtech 公司办公空间设计，获得 2001 年 FX 最佳媒体办公奖。

事务所有着适当的教育和研究计划，包括 D&AD，英国皇家美术学院(RCA)的海伦·汉姆林 (Helen Hamlyn) 设计中心、圣马丁中央大学等。

随着设计领域的拓展和经验的积累，MAK建筑师事务所将一如既往地激励客户对设计的感知，并坚持将设计创新与商业意识结合，为客户利益的最大化而努力。

3   MAK Architects

4   Michael Frantzis

5   Todd Eberle

1 伦敦德勤咨询公司（Deloitte Consulting）；企业内部运用创造性和革新性的元素
2 英国伦敦广告公司 M&C Saatchi；获奖的充满生机的室内设计，沉静和平和的空间
3 伦敦腔体建筑（Lumina Building），典雅而灵活的综合办公楼开发
4 伦敦哥斯威尔路（Goswell Road）；在一个废弃的场地上创作出的获奖的住宅设计
5 伦敦圣马丁酒店（Lane Hotel）；与菲利普·斯塔克（Philippe Starck）合作的现代酒店改建

• 33-37 Charterhouse Square, London EC1M 6EA UK Tel: +44 20 7600 5151 Fax: +44 20 7600 1092

曼西尼－达菲建筑设计公司

info@manciniduffy.com www.manciniduffy.com

Cesar Rubio Photography

曼西尼－达菲建筑设计公司（Mancini·Duffy）已经执业80多年，1920年三位建筑师哈尔西（Halsey）、麦科马克（McCormack）和赫尔默（Helmer）合作创建了此公司，他们的代表作品有威廉斯堡储蓄银行等。

公司名为曼西尼－达菲建筑设计公司（Mancini·Duffy），因拉尔夫·曼西尼(Ralph Mancini)联合公司（成立于1981年）和达菲（Duffy）有限公司（成立于1955年）试图联手拓展室内设计领域而成立。公司由执行委员会领导，包括首席执行官、美国建筑师学会会员安东尼·P·斯基里伯（Anthony P. Schirripa），总经理、美国建筑师学会会员和IIDA成员迪娜·弗兰克（Dina Frank），以及大卫·C·汉纳福德（David C. Hannaford）（CPA成员）。

公司总部设在纽约，在华盛顿特区；新泽西州Mountain Lakes；康涅狄格州、斯坦福设有分部，在旧金山与理查德·波拉克（Richard Pollack）事务所合作，以拓展美国西海岸的业务。2001年，公司加入了伦敦当地主要的建筑设计公司TP Bennett，共同成立了建筑师和设计师国际联盟（ADIA），以便更好地为全欧洲的客户提供设计服务。

2　　　　　　　Peter Paige

3　　　　　　　Durston Saylor

4　　　　　　　Michael Moran

1　美国加利福尼亚州，旧金山西根集团；接待区
2　美国纽约州，康迪奈斯出版公司(Conde Nast Publications)，经理接待区
3　美国宾夕法尼亚州，费城林肯金融集团(Lincoln Financial Group)，会议室
4　美国弗吉尼亚州，赫登(Herndon)，空中巴士北美公司(Airbus North America)，接待中心
5　美国纽约州，康迪奈斯出版公司，《魅力》杂志(Allure Magazine)接待中心

5　　　　　　　Peter Paige

● 39 West 13th Street, New York, New York 10011 USA Tel: +1 212 938 1260 Fax: +1 212 938 1267

马布尔－费尔班克斯建筑师事务所

info@marblefairbanks.com　www.marblefairbanks.com

1　　　　　　　　　　Arch Photo/Eduard Hueber

3　　　　　　　　　　Gregory Goode

4　　　　　　　　Marble Fairbanks Architects

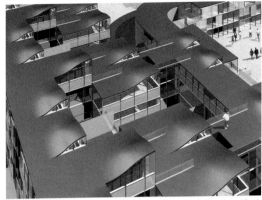

2　　　　　　　　Marble Fairbanks Architects

马布尔－费尔班克斯建筑师事务所（MFA Marble Fairbanks Architects）在纽约久负盛名。斯科特·马布尔（Scott Marble）和卡伦·费尔班克斯（Karen Fairbanks）从1990年开始合作，业务范围涉及到居住建筑、商业建筑、政府设施。从1989年起，就执教于哥伦比亚大学以及巴纳德（Barnard）学院，研究在他们的作品中呈现的理念和观点。

MFA获得的荣誉和奖项包括：《建筑杂志》主办的芝加哥公立学院设计竞赛的"PA奖"；现代艺术博物馆售票亭设计获"ar+d奖"；三个作品入选芝加哥文学协会颁发的"美国建筑奖"；以及美国建筑师学会纽约分会颁发的多个设计奖项。另外，在奈良议会厅设计竞赛中入围决赛，参赛的新兴建筑师和年轻建筑师数量是40比40，都是纽约建筑联盟和州立艺术基金会选送的。他们的作品在世界各地展览，而且被现代艺术博物馆和奈良地方艺术博物馆收藏。

5　　　　　Arch Photo/Eduard Hueber

1　纽约现代艺术博物馆；可移动的售票亭和入口大厅
2　纽约阿弗恩（Arverne）房屋生态学；延伸的屋顶
3　纽约滕里（Tenri）文化协会；教室处通透连贯的空间
4　芝加哥公立学校；建筑和景观模型
5　纽约开敞的LOFT住宅；在天窗下滑动玻璃墙

● 66 West Broadway, #600, New York, New York 10007 USA　Tel: +1 212 233 0653　Fax: +1 212 233 0654

阿基特克托－马里奥－罗伯托－阿尔瓦雷斯－ Y联合建筑设计公司

estudio@mraya.com   www.mraya.com

阿尔瓦雷斯－科皮洛夫－阿尔瓦雷斯－里瓦尼纳－贝尔纳博

公司开业近60年，在项目运作过程中，始终追求清晰的理念、可靠的质量。100多件作品曾经无数次中标、获奖，并赢得盛誉。其中最杰出的作品包括：圣马丁市剧院（1953/1960）、布宜诺斯艾利斯文化中心（1960/1970）、索米萨（Somisa）大楼（1966/1977）、布宜诺斯艾利斯商务大楼（1972/1977）、阿根廷ISM大楼（1979/1983）、美国新闻大楼（1985/1988）以及希尔顿大酒店（1998/2000）等。

1   Daniela MacAdden

2   Daniela MacAdden

3   Daniela MacAdden

4   Daniela MacAdden

5   Daniela MacAdden

1   阿根廷布宜诺斯艾利斯，洲际广场
2   阿根廷布宜诺斯艾利斯，勒·帕克（Le Parc）塔楼
3   乌拉圭埃斯特角城（Punta del Este），埃斯帕西欧（Espacio）住宅
4   阿根廷布宜诺斯艾利斯，希尔顿酒店
5   阿根廷布宜诺斯艾利斯，索米萨大楼

● Solis 370 1° D, CP 1078, Buenos Aires, Argentina Tel: +54 11 4372 5222 Fax: +54 11 4375 3796

马克·英格利希建筑师事务所

inglese@aol.com

1992年，马克·英格利希成立了马克·英格利希建筑师事务所（Mark English Architects）。

他在圣路易斯·奥比斯波（San Luis Obispo）获得了加利福尼亚理工大学的建筑学学位，在佛罗伦萨进修后，又在锡拉库扎大学获建筑学硕士学位。1987年他成为加利福尼亚州的注册建筑师，随后在著名的旧金山 House + House 公司继续他的建筑事业。

从马克·英格利希建筑师事务所成立之日起，它就致力于创造出提升使用者生活质量的空间、住宅和商业建筑。

在设计过程中，业主所关心和期望的是首要考虑的。作为所有项目的总设计师，马克·英格利希拓展客户对空间的要求并使之变为现实。他对项目全面负责，以至于在房屋入住前的每个细节他都要考虑到。

建成的项目包括：旧金山以及整个海滨区域许多的居住建筑，还有一些商业建筑，如酒店、办公楼、产品展览厅以及娱乐场所等。

2　　　　　　　　　　　　　　　　Alan Geller

3　　　　　　　　　　　　　　　　Alan Geller

1　　　　　　　　　Claudio Santini

4　　　　　　　　　　　　　　　Claudio Santini

1　美国加利福尼亚州，旧金山市，比尤纳维斯塔（Buena Vista）住宅，室内
2　美国加利福尼亚州，旧金山市，比尤纳维斯塔住宅，正面透视
3　美国加利福尼亚州诺瓦托（Novato），迪里克森（Dirickson）住宅，室内
4　美国加利福尼亚州，旧金山市，比尤纳维斯塔住宅，室内

● 250 Columbus Avenue, Suite 200, San Francisco, California 94133 USA
Tel: +1 415 391 0186　Fax: +1 415 362 9104

马莫尔－拉齐那联合建筑设计公司

info@marmol-radziner.com　www.marmol-radziner.com

莱奥·马莫尔(Leo Marmol)和罗恩·拉齐那 (Ron Radziner)的合作始于1989年的圣莫尼卡，由此开始了由建筑师领导的独特的设计－建造实践。马莫尔－拉齐那联合建筑设计公司（Marmol Radziner And Associates）目前拥有40多位建筑师、景观设计师、规划师和室内设计师，以及一个40多人组成的施工队伍。从公司成立之日起，因为创新的设计手段和研究途径，以及符合建造标准的精确施工，而逐步赢得盛誉。

从小型高密度居住项目，到大型的公共建筑和区域规划，众多成功的作品使公司脱颖而出。其中包括：古弛（Gucci）和伊夫·圣劳伦特（Yves Saint Laurent）创意总监汤姆·福特（Tom Ford）的多个住宅设计、旧金山创意广告公司TBWA\Chiat\Day的新办公大楼、洛杉矶 Accelerated 学院令人振奋的作品——K-12 新校园。公司另外一个重要的设计方向，是恢复南加利福尼亚州的现代标志性建筑。

1　Benny Chan

2　Benny Chan

3　Benny Chan

4　Marmol Radziner and Associates

1　美国加利福尼亚州，洛杉矶市，Costume National 服装专卖店，整洁优雅的极少主义风格使专卖店很时尚
2　美国加利福尼亚州，旧金山市，创意广告公司TBWA\Chiat\Day 的新办公大楼；在广告办公室里改建出仓储空间
3　美国加利福尼亚州，圣莫尼卡市，Guttentag 工作室；1500平方英尺的新工作室和车库
4　美国加利福尼亚州，洛杉矶市，Accelerated 学院；洛杉矶市中心南区 K-12 新建校园

● 12210 Nebraska Avenue, Los Angeles, California 90025 USA Tel: +1 310 826 6222 Fax: +1 310 826 6226

马蒙·莫克公司

souter@marmonmok.com www.marmonmok.com

1

Dror Baldinger, AIA

马蒙·莫克公司（Marmon Mok）1953 年成立于得克萨斯州的圣安东尼奥市，拥有60多名员工，目前已发展为该地区最大的建筑工程公司之一。

公司有6位股东，分别管理6个工作室——包括总部、卫生保健／研究、教育项目、政府项目、工程部以及室内设计工作室。

马蒙·莫克公司的作品涉猎宽泛，从4400平方英尺的银行分部到60万平方英尺的企业总部。公司最重要的工程包括：圣安东尼奥国际机场1号枢纽、65000个座位的阿拉莫大穹顶、癌症治疗和研究中心以及联邦信用卡联盟的安全服务中心（Security Service Federal Credit Union）。

马蒙·莫克公司认为，设计是一个严谨的探寻过程，建立在明确用户愿望和需要的基础上，并设计出最适宜的方案。同时他们强调，建筑创作中各方应高度参与——客户、建筑师、工程师以及承包商的通力协作。

2

Craig Blackmon, AIA

3

Dror Baldinger, AIA

4

Dror Baldinger, AIA

5

Craig Blackmon, AIA

1　美国得克萨斯州，圣安东尼奥市，联邦信用卡联盟的安全服务中心总部

2&5　美国得克萨斯州，圣安东尼奥市，得克萨斯圣安东尼奥，东北浸信会教友会医学办公楼

3&4　美国得克萨斯州，圣安东尼奥市，癌症治疗与研究中心

● 700 N. St. Mary's, Suite 1600, San Antonio, Texas 78205 USA
Tel: +1 210 223 9492 Fax: +1 210 223 2582

马丁内斯 + 库特里公司

www.mc-architects.com

马丁内斯+库特里（Martinez + Cutri）公司在实践中综合运用了建筑的多学科，其设计理念是：空间构成是由环境决定的，并且设计应当促进文化的发展。

从1980年成立之日起，该公司设计了很多类型的作品，包括教育设施、综合城市中心、会议以及公共集会场馆、高密度综合公寓、豪华酒店以及滨水度假胜地，还有工业R&D发展区。在预定的进度和经费控制下，创作出极具创新意识的建筑和空间。

公司的目的是创造优秀的作品，也就是追求历久弥新、高质量的设计。无论设计何种类型的建筑，无论所处的环境如何，Martinez + Cutri 总能创造出极具魅力的作品来。该公司的观点是——建筑的活力和美感，对创建一个高效和健康的社区起着至关重要的作用，专业技术人员应当为达到这个目标而努力。

Jim Brady

Larry Bates

Jim Brady

Joe Cordelle, La Jolla Group

Jimmy Flucker

1　美国加利福尼亚州，National City 成人教育中心，27000 平方英尺的公共交通为导向的学校
2　美国加利福尼亚州，奥泰梅沙（Otay Mesa），西南学院总体规划，40 英亩，10000 名学生的校园规模
3　美国加利福尼亚州，楚拉 - 维斯塔（Chula Vista），兰乔德尔湾（Rancho Del Rey）中学，132600 平方英尺的规模，容纳 1400 名学生
4　美国加利福尼亚州，圣迭戈，曼彻斯特圣迭戈凯悦酒店，800 间客房的豪华酒店
5　美国加利福尼亚州，圣迭戈，维里基沃克（Village Walk），72 个单元的综合居住项目

● 750 B Street, 1700 Symphony Towers, San Diego, California 92101 USA
Tel: +1 619 233 4857 Fax: +1 619 233 7417

马西米利亚诺·福克萨斯建筑师事务所

office@fuksas.it m.fuksas@fuksas.fr www.fuksas.it

马西米利亚诺·福克萨斯（Massimiliano Fuksas）1944年生于罗马，1969年毕业于罗马La Sapienza大学的建筑学专业。

1967年、1989年和1993年，他分别在罗马、巴黎和维也纳创建了自己的公司。1998年，因专业技术上的杰出成就，他获得布宜诺斯艾利斯的Vitruvio国际a la Trayectoria大奖。

他是第七届（1998—2000年）威尼斯建筑双年展"少一点美学，多一点伦理"的策展人。1999年，他获得法国建筑大奖（Grand Prix d'Architecture Francaise），次年，荣获San Luca国家大奖和法国艺术文学勋章（Commandeur de l'Ordre des Arts et des Lettres de la RepubliqueFrancaise'）。

他曾经在斯图加特、巴黎、维也纳和纽约的多个大学作访问学者，并对大都市的城市问题有深入的研究。

最近的作品包括：米兰商贸展览中心、法兰克福MAB大型综合型商场、萨尔茨保水上乐园、埃尔兰根大型购物中心、位于意大利巴萨洛·德尔·格拉帕（Bassano del Grappa）的Nardini总部、维也纳双塔大楼、位于Maranello的Ferrari SpA总部、罗马的意大利航空中心（ASI）、罗马的意大利国会中心、都灵皮埃蒙特区行政总部。

1   A. Furudate

2   A. Furudate

3   A. Furudate

1—3 奥地利维也纳，双塔；是办公综合楼，包括娱乐中心、影院、餐厅、停车场等附属部分

4&5 以色列雅法，和平中心；受以色列副总理西蒙·佩雷斯（Shimon Peres）委托设计的，是水手们的避风港，也是海难事件的避难所

4   M. Mesa

5   M. Mesa

● Piazza del Monte di Pietà 30, 00186 Rome, Italy Tel: +39 06 6880 7871 Fax: +39 06 6880 7872
85, rue du Temple, 75003 Paris, France Tel: +33 1 4461 8383 Fax: +33 1 4461 8389

MCA 建筑师事务所

mca@mcarchitects.it www.mcarchitects.it

1   MCA

     MCA

MCA 建筑师事务所（Mario Cucinella Architects）成立于 1992 年，位居当代设计和研究的前沿，有丰富的设计经验。MCA 在设计实践中综合运用各种方法，在各工种专家密切合作的基础上，为每个项目设计出创新的、适宜的设计方案。

建筑的可持续发展和对能源的合理使用，是 MCA 在设计和研究中关注的核心问题。运用专业的软件和测试模型，来分析作品的环境质量，以使作品有高质量的艺术表现和高效率的能源利用。

MCA 的创建者 Marlo Cucinella，拥有 15 年的建筑设计和产品设计经验。他的作品受到国际认可，并在许多竞赛中获奖，包括享有盛名的、由世界可再生能源协会颁发的 2004 年度杰出建筑师奖。他毕业于意大利热那亚大学，曾在伦佐·皮亚诺（Renzo Piano）建筑事务所工作 5 年。还曾在费拉拉大学技术工作室执教，并定期在欧洲的许多建筑院校举办讲座。

1999 年，同伊丽莎白·弗朗西斯（Elizabeth Francis）合作创办了位于意大利博洛尼亚的第二家公司——MCA 综合设计公司。

2   MCA

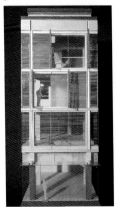

3   MCA   4   Jean de Calan   5   Jean de Calan

1   意大利米兰博哥农（Bergognone）53 号，新立面推敲的工作模型，米兰的办公建筑改建项目
2   意大利米兰博哥农 53 号，内庭院的电脑透视图，米兰的办公建筑改建项目
3   意大利克雷莫纳（Cremona），Ex casa di Bianco，立面推敲工作模型，邸宅改建项目
4   意大利奥特朗托海峡，渡轮码头建筑，主入口及上屋顶的台阶
5   意大利奥特朗托海峡，渡轮码头建筑，东北向透视

● Via Matteotti 21, 40129 Bologna, Italy Tel: +39 51 6313 381 Fax: +39 51 6313 316

麦卡洛－马尔文建筑师事务所

macmul@eircom.net www.mcculloughmulvin.com

1 Christian Richters

2 Christian Richters

3 Christian Richters

位于都柏林的麦卡洛－马尔文(McCullough Mulvin)建筑师事务所，是爱尔兰最负盛名的、获得过许多荣誉的新兴建筑公司之一。在20世纪80年代后期，该公司由马尔文（Mulvin）和尼尔·麦卡洛（Niall McCullough）创立，目前已汇聚了多个全国最优秀的青年建筑师。

该公司设计过许多重要的文化建筑，包括在Temple Bar(都柏林市中心爱尔兰风情路段)重建区域的艾比剧院（Abbey Theatre）（Temple Bar美术馆、Black Church拷贝工作室和音乐中心），以及新近完成的位于锡尔哥(Silgo)的Model Arts and Niland美术馆；还设计了一些新建的市民大楼，包括Dun Laoghaire-Rathdown会堂、多内加尔（Donegal）和Silgo的市民办公大楼；此外，居住项目持续不断；还新建了一批图书馆，如华德福特公共图书馆，以及三一学院尤舍尔(Ussher)图书馆（与KMD建筑公司合作设计）。

实践中努力以开放的态度反映"在爱尔兰的工作和生活状态"。许多作品既敏锐地把握了文脉，又呼应了特定的场所精神，或者对现存建筑施以现代化的改造——这是对比例、材料和形式可能性自由探索的结果。

4 Christian Richters

5 Christian Richters

1 爱尔兰锡尔哥郡，锡尔哥 Model Arts and Niland 美术馆
2 爱尔兰锡尔哥郡，锡尔哥郡政府办公楼
3 爱尔兰都柏林，三一学院尤舍尔图书馆
4 锡尔哥郡，Tubbercurry 市办公楼和图书馆
5 锡尔哥郡，邓格雷欧（Dungloe）区办公楼

● 2 Leeson Park, Dublin 6, Ireland Tel: +353 1 497 2266 Fax: +353 1 497 9592

McInturff 建筑师事务所

mmcinturff@mcinturffarchitects.com

McInturff建筑师事务所成立于1986年，是由6人组成的公司。他们设计过许多类型的项目，包括住宅、商业和小型政府建筑。该公司的实践是建立在如下信念上的：定位于小规模的却是高技术的创作方向，努力设计出优秀的、重要的作品。

该公司的业务涉及到整个建筑行业：项目计划、建筑设计和室内设计等，通过与客户每一进程中的交流和互动，使最终建成的建筑与客户要求相契合。

公司的作品经常在地方、国内和国际刊物上出版，还曾获得200多个设计奖项。

2　Julia Heine

1

3　Julia Heine

Julia Heine

4　Julia Heine

5　Julia Heine

1　美国华盛顿特区，Cozzens住宅；从书房俯瞰下去，双层通高的起居室
2　美国马里兰州，阿科基克村(Accokeek)，威瑟斯（Withers）住宅，从树林坡下向上看
3　美国马里兰州，波托马克，阿姆斯特朗(Armstrong) 住宅，入口天桥
4　美国华盛顿特区，Cozzens住宅，室内透视
5　美国马里兰州，查维查斯马丁·肖克尔(Martin Shocker) 住宅，家庭活动室

● 4220 Leeward Place, Bethesda, Maryland 20816 USA Tel: +1 301 229 3705 Fax: +1 301 229 6380

麦克马纳斯建筑师事务所

kevin@mcmanusarchitects.com.au   www.mcmanusarchitects.com.au

麦克马纳斯(McManus Architects)建筑师事务所是一家小型公司，由凯文·麦克马纳斯(Kevin McManus)于1987年创建，在这之前，凯文作为政府和航空公司的建筑师，在伦敦和爱尔兰的利默尼里克工作。他在墨尔本大学获得学士学位，在墨尔本皇家理工大学获得硕士学位。

该公司提供个性化服务，反应快速并有多个经验丰富的专业技术人员。公司位于墨尔本市中心，已完成首都和全国范围内的项目。Kevin在许多专业杂志上享有盛名，并且发表了多篇有关建筑方面的论文。

该公司的项目从低层的商业建筑（3层的办公楼）到社区设施（Doxa Youth Complex 和警察局）以及居住建筑（从独幢别墅到多层公寓）。

公司的目标是："明确而有细部的设计，探索所有可能性，并且保持项目的连续性"。

1   KMM

2   KMM

3   KMM

4   KMM

1   维多利亚墨尔本 Maribyrnong 河，建筑师之家
2   维多利亚，Birregurra 警察局
3   维多利亚马姆斯伯里 (Malmsbury)，Doxa青年综合楼
4   维多利亚墨尔本，河滨住宅
5   维多利亚墨尔本北部，办公楼

5   Max Loudon

● 331 Queensberry Street, North Melbourne, Victoria 3051 Australia
Tel: +61 3 9326 7997 Fax: +61 3 9326 7996

MDA 约翰逊·法瓦罗建筑公司

jfavaro@johnsonfavaro.com www.johnsonfavaro.com

MDA 约翰逊·法瓦罗建筑公司（MDA Johnson Favaro）致力于创造高质量的建筑设计和规划——通过建筑、景观和城市规划的综合考虑，使设计方案对大的社会环境和物质环境有积极的影响。在过分强调专业化和社会分工的时代，该公司却坚信，将各相关学科综合运用才有价值。公司的作品是建筑和城市设计的平衡统一，但是无论出发点如何，其目的是要探索和增强场所的独特性。因此，尽管原则是惟一的，但是由于特定的环境制约，任何工程的特性却又是千变万化的。

成立于1989年的MDA 约翰逊·法瓦罗建筑公司已经成功完成了投资达4亿美元的项目。该公司采用调查研究、创新设计和项目管理来满足工程要求和经济要求，同时也达到艺术与技术的完美统一。它在波士顿的分公司业务范围遍及全国，而卡尔弗市的分公司则主要针对西海岸的客户。此外，南加利福尼亚州的分公司始终同客户保持紧密联系。

1 Steve Johnson

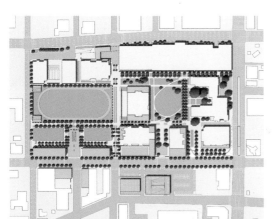

2 Carlos Madrid

3 Hector Semidey

4 Steve Johnson

5 Grant Mudford

1 美国加利福尼亚州，帕萨迪纳市，南湖大道商店；
  Building A @ Del Mar 和湖滨大道
2 美国加利福尼亚州，洛杉矶市，洛杉矶商贸技术学院
  （LATTC），南校区项目，南校区主入口
3 美国加利福尼亚州，洛杉矶市，洛杉矶商贸技术学院
  （LATTC），校园规划
4 美国加利福尼亚州，帕萨迪纳市，加利福尼亚州帕萨迪
  纳艺术博物馆
5 美国加利福尼亚州，洛杉矶市，普里斯美术馆。从底层
  入口看庭院楼梯

● 5898 Blackwelder Street, Culver City, California 90232 USA Tel: +1 310 559 5720 Fax: +1 310 559 8220

梅卡诺建筑师事务所

info@mecanoo.nl www.mecanoo.nl

1   Christian Richters

2   Christian Richters

梅卡诺建筑师事务所（Mecanoo）在20年的执业生涯中，创作出许多杰出的作品。公司负责人弗朗辛·霍本（Francine Houben）反对对她的职业生涯做太多的描述，她认为建筑创作不仅是设计一幢房子，应关注的因素宽泛得多："建筑是多种元素的综合，城市设计、景观设计和室内设计也是如此。梅卡诺建筑师事务所的作品正是这些元素的综合。"

在梅卡诺建筑师事务所的设计中，人性化和趣味性总是能很好地统一。弗朗辛·霍本说："建筑应该触及多种理念。建筑不是单纯的理性、概念和视觉的游戏。最终有价值的是形式和情感的融合。"

该公司在荷兰和欧洲业务十分成功，已完成了近300个项目，其中100多个已建成，其他的正在建设或准备。他们在设计中，关注空间、形式和材料的表现潜力，并注重与客户和使用者的交流，经过思考和抉择将上述两者融合到实践中。

3   Christian Richters

4   DPI Animation House

1 荷兰乌得勒支市，马利班(Maliebaan)16号，办公别墅的改建及地下室扩建
2 荷兰鹿特丹市，圣母福音礼拜堂，连续的墙体和漂浮的屋顶
3 荷兰代夫特市，科技大学图书馆，有草坪的玻璃图书馆能容纳1000个工作空间单元
4 荷兰鹿特丹市，蒙得维的亚，152m高的办公和居住塔楼
5 荷兰阿纳姆市，国家文物博物馆，室内博物馆和全景影院的入口空间

5   Christian Richters

● Oude Delft 203-2611 HD Delft, PO Box 3277-2601 DG Delft, The Netherlands
Tel: +31 15 279 8100 Fax: +31 15 279 8111

墨克斯＋吉罗德建筑设计公司

arch@merkx-girod.nl www.merkx-girod.nl

1 Roos Aldershoff

2 Roos Aldershoff

3 Roos Aldershoff

4 Roos Aldershoff

5 Alexander van Berge

从1985年成立开始，墨克斯＋吉罗德建筑设计公司（Merkx + Girod）完成了许多项目，包括旧房改造、技术革新、新建项目、扩建项目、展览场馆、产品研发项目等。该公司提供宽泛的技术服务，从小型的居住单元，到大型综合型公共建筑的室内设计，后者的功能和逻辑要求在空间上得到统一。

该公司的作品是建筑师、室内设计师、方案创作人员和绘图员共同努力的结果，在着手过程中，关注细部、质量和精致性等核心价值。团队的协作精神和宝贵经验，都确保了客户的愿望能够实现。

1 荷兰阿姆斯特丹市，"运河民居"（Canal House：阿姆斯特丹运河边的传统建筑）；私人住宅的改建翻新，1999年
2 荷兰阿姆斯特丹音乐厅；全部改建，1995—2006年
3 荷兰阿姆斯特丹市，梵高博物馆；博物馆商店的改建翻新，1999年
4 荷兰阿姆斯特丹市，普兰修斯；咖啡店的改建翻新，2000年
5 荷兰阿姆斯特丹市，赫马商场；发展并延续了连锁店的商业理念

● Gietersstraat 23, 1015 HB Amsterdam, The Netherlands Tel: +31 20 523 0052 Fax: +31 20 620 1329

MHKW 建筑设计公司

mhkw@mhkw.com www.mhkw.com

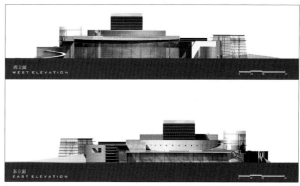

1 MHKW

2 MHKW

3 MHKW

　　1976 年成立的 MHKW 建筑设计公司致力于建筑的完美表现，是一个充满激情的专业团队。从成立之日起，公司始终遵循实用却敏锐的设计态度，保持创新的先锋地位。公司保持着合宜的规模，以鼓励在每个项目中专业人员的亲自参与，保持创新的导向以及专业的水准。由技术娴熟的技术人员组成的核心团队，为客户提供个性化的、宽泛的服务。所有的设计方案都承诺：兼顾客户要求以及政治经济等综合限制条件，达到二者完美的平衡。

　　公司位于多伦多，客户也从北美、加勒比海拓展到欧洲、东南亚和中国。NHKW擅长大型项目的建筑设计，在商业建筑、住宅、教育设施、市政建筑和休闲娱乐项目等领域有着丰富的经验。因创新设计而闻名的NHKW公司也在许多国际竞赛中获胜。

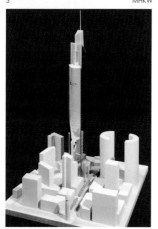

1　中国中山，中山文化中心；国际竞赛获
　　胜者
2　中国广东，中国移动通讯广东公司总部
　　大楼；国际竞赛获胜者
3　加拿大安大略湖，斯卡波罗集市，特蕾莎
　　修女中学 (Mother Teresa Secondary
　　School)
4　中国重庆，重庆世界贸易中心
5　美国俄克拉何马州首府，俄克拉何马市，
　　Leadership 广场；国际竞赛获胜者

4 MHKW　5 MHKW

● 878 Yonge Street, 4th Floor, Toronto, Ontario M4W 2J1 Canada Tel: +1 416 921 2331 Fax: +1 416 921 2336

迈克尔·戴维斯联合建筑有限公司

design@mdassociates.com.au www.mdassociates.com.au

迈克尔·戴维斯（Michael Davies）联合建筑有限公司成立于1975年，为各种类型的项目提供全面、专业的服务：从最初的可行性研究、场地选择、规划、设计、文本制作，到施工和使用准备工作。随着时间的流逝，该公司接触到的客户群也越来越多样化，有重要工程的业主和发展商，也有各级政府部门。近年来，基于Michael Davies个人对水上运动的兴趣，公司也发展成为这类令人兴奋的、复杂的建筑类型的设计专家。

迈克尔·戴维斯联合建筑有限公司在风云变幻、竞争日益激烈的环境中，不断提高客户服务质量。MDA不仅是单纯地完成设计任务，还要为每个项目的完全成功做前期准备工作。MDA有人才、有经营管理能力、也有专业技术特长，这些都使公司能在预算范围内，按时、保质地设计出独特的建筑。

在2003年早期，MDA开始了与汤普金斯-肖-埃文斯建筑师事务所（Tompkins Shaw Evans Architects）的合作。从1990年开始，这个久负盛名的公司在澳洲乃至全球负责了多个大型的工程。这两个公司双方资源互补、结合稳固，构成了一个能给全球客户提供建筑行业任何服务的集团。

Brett Boardman, Photographer

Brett Boardman, Photographer

3 Brett Boardman, Photographer

4 Brett Boardman, Photographer

1 新南威尔士雷恩科夫,雷恩科夫(Lane Cove)水上休闲中心；室内水上休闲中心
2 新南威尔士卡巴里塔(Cabarita)，卡巴里塔轮渡码头；运输设施：轮渡码头
3 新南威尔士悉尼，约克大街49号，迈克尔·戴维斯联合公司；室内商务空间设计
4 新南威尔士鲁蹄山（Rooty Hill），Aquilina Reserve，布莱克敦奥林匹克中心；新南威尔士州垒球中心、棒球中心；运动设施中心
5 新南威尔士奥布尔恩（Auburn）；奎恩和苏珊大街，奥布尔恩市政建筑群；警察局，政务办，中心图书馆，社区服务设施

5 Brett Boardman, Photographer

● Level 12, 49 York Street, Sydney, New South Wales 2000 Australia
Tel: +61 2 9262 6277 Fax: +61 2 9262 6369

迈克尔·格雷夫斯联合事务所

info@michaelgraves.com www.michaelgraves.com

1   Tim Hursley

2   Daria Scagliola & Stijn Brakkee

3   Toyota Photo Studio

迈克尔·格雷夫斯(Michael Graves)是美国建筑师学会2001年度金奖获得者，曾在辛辛那提大学和哈佛大学学习建筑设计。1960年，他获得罗马奖，在罗马的美国学院任理事并从事研究工作。他还是普里斯顿大学的 Schirmer 名誉教授，从1962年执教到2001年。同时，他还是 AIA 的会员和美国艺术文学协会的会员。

格雷夫斯获得过许多奖项，其中包括15个《进步建筑》奖，10个 AIA 国家荣誉奖和60多个 AIA 州立分会颁发的大奖。1999年，克林顿总统为他颁发了国家艺术奖。格雷夫斯还获得许多职业成就奖，包括2001年5万美元的 Frank Annunzio 奖。11所大学授予他名誉头衔。除了建筑设计之外，他在家具设计、室内设计和古董设计等方面也有建树。

4   Andrew Lautman

5   John Donat

1 丹佛中心图书馆；西方历史图书室
2 荷兰海牙，政府健康与运动的部门大楼
   "卡斯塔里亚"，1960年代的塔楼的翻新
   与外装改造
3 日本福冈，福冈凯悦酒店和办公楼；从
   花园方向看
4 华盛顿特区，世界银行的国际金融组织；
   从华盛顿行政区看
5 埃及塔巴海茨，塔巴海茨凯悦酒店；从湖
   面看客房区

● 341 Nassau Street, Princeton, New Jersey 08540 USA Tel: +1 609 924 6409 Fax: +1 609 924 1795

布鲁诺·米纳尔迪

studiominardi@tin.it

1　Bruno Minardi

2　Marco Buzzoni

　　布鲁诺·米纳尔迪 (Bruno Minardi) 出生于1946年，1970年毕业于威尼斯建筑大学，曾任伦敦AA建筑学院主考教授，1981年柏林IBA竞赛的评审专家，还曾在威尼斯、乌比诺 (Urbino)、博洛尼亚和伦敦举办讲座。目前任费拉拉大学建筑系教授。

　　米纳尔迪参加过许多建筑竞赛，这足以证明他对建筑研究的热衷。他的作品因理论支撑和尊重传统的特点为人所知，运用类推法而非简单模仿。

　　项目涉及私人住宅和公共建筑、学校、博物馆、公司总部和写字楼以及修道院的重建、工厂、旧城改造和港口开发，这些项目位于意大利和欧洲其他地方。

　　他的作品发表在最具影响力的建筑杂志上，还在威尼斯双年展、米兰三年展以及其他国家展出。

　　由肯尼思·弗兰姆普敦 (Kenneth Frampton) 和保罗·波特菲斯 (Paolo Portoghesi) 作序，学术出版社出版发行了他的作品的全集。

3　Moris Valeri　　4　Marco Buzzoni

1　意大利切塞纳(Cesena)，理事会建筑，1977年；正立面
2　意大利拉文纳，旧金山修道院1995－1999年；扶壁立面
3　德雷赫 (Dreher) 酿酒厂的旧房子，1980年；正立面
4　意大利拉文纳，萨.查斯坡提 (Sar Trasporti) 办公楼，圆形会议室细部
5　意大利拉文纳，约罗多克斯 (Eurodocks) 办公楼，2000～2002年；港口方向看过去

5　Bruno Mariotti

● Via di Roma 59, 48100 Ravenna, Italy Tel: +39 0544 35666 Fax: +39 0544 214693

敏克坦建筑师事务所

minktan@mtidesign.com.sg

敏克坦建筑师事务所（Mink Tan Architects）是久负盛名的、获过大奖的建筑设计和室内设计公司，擅长于小型项目的建筑设计和室内设计。

该事务所在新加坡及其周边地区都有项目，秉承现代主义但尊重传统的设计理念，使之连续获得2000年和2001年度新加坡建筑师协会金奖，以及2002年的银奖和铜奖。

对亚洲移民的深刻理解促使公司对"新亚洲"精神的深入研究——对多个案例的综合分析来研究浩瀚的亚洲社会以及历史现象。

运用现代主义理论作为革新的基础，该公司将亚洲的过去作为工具，来打造出新的亚洲美学概念，将陈旧的"东西方二分法"和"欧洲中心论"视野下的亚洲提升到一个新高度。

1   Tim Nolan

2   Tim Nolan

3   Tim Nolan

4   Tim Nolan

5   Tim Nolan

1　广场办公楼：高技术的屋顶与泥土颜色的地面对比，形成新与旧的对话
2　上海故乡酒吧（Shanghai Sally），根据色彩和空间的重新阐释，将传统中国元素用现代化手法来表达
3　摩洛哥住宅，运用色彩，激活传统摩洛哥本土建筑的意象
4　稻田酒吧，运用分层次的空间组织，在逐层次发现手工艺品的过程中，强调空间深度
5　印度支那（Indochine）餐厅，运用日本风格影响下的老挝乡村室内装饰，创造丰富的和有宗教召唤意象的空间

● 83B Keong Saik Road, Singapore 089168 Tel: +65 6372 2467 Fax: +65 6225 9776

米切尔／朱尔戈拉建筑师事务所

www.mitchellgiurgola.com

1   Jeff Goldberg/Esto

3   Jeff Goldberg/Esto

2   Jock Pottle/Esto

米切尔／朱尔戈拉建筑师事务所
（Mitchell/Giurgola）一直坚信建筑能丰富
日常的生活体验。在实践中，该公司坚持
人文主义的宗旨，创造出有良好功能的，
集舒适性、适应性、启迪性和效率于一身
的作品。

　　一个优秀的设计并非一个神秘复杂
的工程，而是来源于设计师和客户间之
间的倾听、计划和密切合作。米切尔／朱
尔戈拉的设计方法建立在这样的前提
上：建筑作品，是通过对计划的精确阐
释、对形式与环境关系的仔细考量和整
合而创造出来的。

　　专业性的服务包括：总体规划和城市
设计、研究和计划、新建筑设计和旧房改
造、室内设计和图象设计等。

1　弗吉尼亚州，汉普顿，汉普顿大学历史中心，弗吉尼亚
　　宇航和太空中心；东立面
2　纽约大学，琼和乔奥·斯密楼研究中心；从罗斯福高速
　　公路（FDR Drive）方向看
3　纽约州，锡拉丘兹，奥内达加社区大学，应用技术中心；
　　西向透视
4　纽约州，南安普敦，长岛大学南安普敦学院，校长大厅，
　　学院建筑（左翼）和广播站（树林后面）
5　马里兰州，列克星敦公园，帕塔克森特河海军航空博物
　　馆和接待中心；入口透视

5   Mitchell/Giurgola Architects, LLP

● 170 West 97th Street, New York, New York 10025-6492 USA Tel: +1 212 663 4000 Fax: +1 212 866 5006

373

蒙图瓦联合建筑师事务所

montois@montois.com www.montois.com

　　蒙图瓦联合建筑师事务所（Montois Partners Architects）位于布鲁塞尔，50年前由亨利·蒙图瓦（Henri Montois）创建。近年来，该公司在比利时、欧洲、非洲以及中东接触了许多项目，总面积已超过250万平方米。

　　事务所追求建筑的永恒性，在各种类型的项目中积累了很多经验——包括综合大楼、写字楼、酒店、医院、研究中心、实验楼和体育中心。同时，在居住建筑领域也有着丰富的经验，从居住单元到大型居住区、新建住宅到旧房改造、低层住宅到高层公寓，都驾轻就熟。

　　在比利时和欧洲曾为许多大公司设计过总部，包括花旗银行、CFE、比利时石油金融公司（Petrofina）、法国东方汇理银行（Banque Indosuez）、德意志银行（Deutsche Bank）和瑞士人寿保险集团（Swiss Life），此外，公司在商务中心的设计上也有着丰富的经验，比如近年来在比利时、卢森堡和波兰的诸多项目。还完成了比利时、葡萄牙、非洲的许多大学的院系大楼、研究中心和医院的设计。

　　事务所引以为自豪的是，在保持着比利时本土建筑风格的同时，还在许多国家的不同类型建筑中施展着才华，包括喀麦隆、刚果（布）、刚果民主共和国、科威特、波兰、土耳其等。

1　　　　　　　　　　　Serge Brison

2　　　　　　　　　　　　　　　　　Fabien de Cugnac

3　　　sprl Bauters　　4　　　　　　　　　Montois Partners　　5　　　Ludwik Konior and Montois Partners

1　比利时布鲁塞尔，Pfizer 制药有限公司大楼，2001 年
2　比利时迪更（Diegem），帕克兰商务公园，Ryckaerts 联合建筑公司，主持设计
3　比利时布鲁塞尔，布鲁塞尔希尔顿酒店，1967 年
4　比利时布鲁塞尔，伊拉斯谟（Erasme）日间医院，建设中
5　波兰华沙，普罗斯塔商务中心，建设中，与卢德维克·克尼尔（Ludwik Konior）合作

● Avenue Maurice 1, B-1050 Brussels, Belgium Tel: +32 2 647 9893 Fax: +32 2 647 9993

穆尔−鲁布尔−尤戴尔公司

info@mryarchitects.com www.mryarchitects.com

1   Werner Huthmacher

1977 年在查尔斯·穆尔（Charles Moore）的领导下，约翰·鲁布尔（John Ruble）和巴茨·尤戴尔（Buzz Yudell）创立了穆尔−鲁布尔−尤戴尔公司（Moore Ruble Yudell）。自创立以来，他们已经成功地完成了各种类型的项目，从私人住宅到价值数百万美元的政府建筑、民用建筑、居住建筑及建筑综合体。公司创始之初，便以建立负责人之间的紧密合作关系为目标。随着公司的发展，这一目标已经渗透到了员工及客户等各层面，成为该公司的主导理念。在设计过程之中，这些负责人倡导了一种沟通的方式，即定期召开客户与设计团队之间的研讨会。公司在着手各类型建筑的时候，与一些非同一般的客户团体及政府管理部门建立了合作关系。

因完美的设计，穆尔−鲁布尔−尤戴尔公司获得了无数的荣誉。1992 年，被美国建筑师学会加利福尼亚分会授予年度最佳设计公司奖。

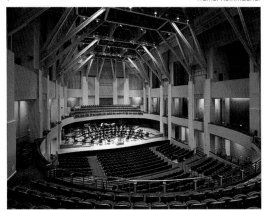

2   Alan Karchmer

3   Werner Huthmacher

4   Timothy Hursley

5   Jim Simmons

1　华盛顿州塔科马总体规划，华盛顿大学
2　马里兰大学，学院公园，克拉里斯·史密斯表演艺术中心
3　瑞典马尔摩市(Malmo)，Bo01 "Tango" 住宅
4　加利福尼亚州曼里布，"尤戴尔" 住宅
5　加利福尼亚州弗雷斯诺，联邦政府建筑和法院

● 933 Pico Boulevard, Santa Monica, California 90405 USA Tel: +1 310 450 1400 Fax: +1 310 450 1403

375

威廉·摩根建筑师事务所

wnmorgan@aol.com www.williammorganarchitects.com

1

Robert Lautman

威廉·摩根（William Morgan）建筑师事务所因完美的设计而得到了国际上的认可。其作品类型多样，包括美国驻苏丹国大使馆、劳德代堡（Fort Lauderdale）及塔拉哈西（Tallahassee）法庭、马里兰海滨的不动产公寓，以及不同环境下的各类居住建筑。该公司一直致力于为客户创造高品质的建筑以提高生活质量，这是自1960年成立以来，公司所坚持的原则。

威廉·摩根被公认是美国最重要的建筑师。他在哈佛大学接受教育，师从于格罗皮乌斯（Walter Gropius）和约瑟夫·路易斯·塞特（Jose Luis Sert），后来在保罗·鲁道夫（Paul Rudolph）手下工作，后来在罗马作"富布莱特法案"基金访问学者。（注：富布莱特法案，是确立美国与外国的学者和学生到对方国家交流进修的法案。）

在该公司的网站上，可以查询关于该公司荣获的各项建筑设计奖、以及威廉·摩根撰写的论文、书籍等。

2

Wade Swicord

3

George Cott, Chroma, Inc.

4

Otto Baitz

5

George Cott, Chroma, Inc.

1　美国马里兰州，海洋城（Ocean City），金字塔状共管大楼；从海滩看过去

2　美国佛罗里达州，盖恩斯维尔城（Gainesville），佛罗里达州博物馆；从坡下看

3　美国佛罗里达州，大西洋海滩，Drysdale住宅，北立面

4　美国佛罗里达州，杰克逊维尔，警察行政大楼，鸟瞰

5　美国佛罗里达州，奥蒙德海滩（Ormond Beach），鲁特（Root)住宅；从室内向海滨看

● 220 East Forsyth Street, Jacksonville, Florida 32202 USA Tel: +1 904 356 4195 Fax: +1 904 356 2808

形态小组

studio@morphosis.net　www.morphosis.net

1　　　　　　　　　　　　　　　Morphosis

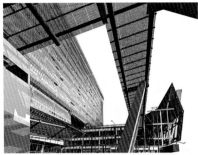

2　　　　　　　　　　　　　　Morphosis

　　形态小组（Morphosis）成立于1972年，开创了一种新的建筑模式，摆脱了传统形式和材料的束缚，并超越了现代主义和后现代主义二元论的制约。

　　在汤姆·梅恩(Thom Mayne)领导下，公司稳步成长，形态小组目前有40多名建筑师和设计师。汤姆·梅恩坚持将个人的建筑实践理解为整个建筑界的事业，他的目标是设计出重要作品，让"创新"的导向充溢当代的建筑评论界。

3　　　　　　　　　　　　　　Morphosis

4　　　　　　　　　　　　Farshid Assassi

5　　　　　　　　　　　　　　Morphosis

1&2　美国加利福尼亚州洛杉矶市，交通运输局第7区总部；新建的加州交通运输管理局总部
3　　墨西哥瓜达拉哈拉，JVC帕伦克总部；建筑师：伊斯塔迪欧·伊斯特班·塞凡提斯；多功能的、露天剧场
4　　美国内华达州，拉斯韦加斯，海啸餐厅；折叠墙和倾斜的屋顶形成了这个亚洲烧烤餐厅的特色
5　　美国纽约，纽约世界贸易中心遗址重建方案；一个1300英尺高的信息塔以及旁边商务办公用途的摩天大楼

● 2041 Colorado Avenue, Santa Monica, California 90404 USA Tel: +1 310 453 2247 Fax: +1 310 829 3270

莫里斯建筑师事务所

www.morrisarchitects.com

1   Aker Zvonkovic Photography

2   Raymond Martinot, Martinot Photo Studio

莫里斯建筑师事务所（Morris Architects）于 1938 年成立于得克萨斯州休斯敦。该公司的专业实践遍布美国 23 个州及加勒比海、中美洲、欧洲、墨西哥、南美洲和太平洋沿岸。该公司提供综合全面的建筑与室内设计、总体规划、建筑策划、景观设计及环境设计、图像处理等服务。

莫里斯建筑师事务所由 7 个设计工作室构成，每个工作室有专攻的建筑类型：民用建筑、企业建筑、教育建筑、娱乐设施、医疗保健机构、接待中心、表演艺术艺术中心等。除了休斯敦之外，该公司在奥兰多、佛里里达和洛杉矶都有分公司。在过去 5 年里，莫里斯建筑师事务所已经在全世界完成了总投资超过 40 亿美元的工程项目。

4   Hedrich-Blessing

3   Ward Grafton, Morris Architects

5   Aker Zvonkovic Photography

1   美国得克萨斯州加尔维斯顿市，Moody 花园；鸟瞰
2   美国佛罗里达州代托纳海滩，海洋漫步度假胜地；外观
3   美国佛罗里达州奥兰多市，桑顿花园中心；多功能综合建筑的外立面
4   美国得克萨斯州，休斯敦市，得克萨斯州心脏研究所，圣卢克主教医院登顿·A，库里建筑，建筑外观
5   美国得克萨斯州，休斯敦市，亚历山大圣锡里尔教堂；洗礼堂和祭坛

● 3355 W. Alabama, Suite 200, Houston, Texas 77098 USA Tel: +1 713 622 1180 Fax: +1 713 622 7021

亘宇野 + Phase 联合设计公司

phase-a@pk.highway.ne.jp http://home10.highway.ne.jp/phase-a/

1

Phase Associates

还在东京大学读书的时候，亘宇野 (Motomu Uno) 就已经接触到城市建筑的设计，并考虑在当代日本及亚洲，建筑与城市的和谐共生。1985 年，他同 Akihiro Takeuchi 合作创立了 Phase 联合设计公司。Akihiro Takeuchi 曾为安藤忠雄工作。Keizo Ikemura 从纽约回国后，于 1999 年入股该公司。

以东京为基地，Phase 联合设计公司设计了住宅、办公楼、新镇建设、影视综合体、交通枢纽等，还涉猎了家具设计和室内设计。为了寻求新的技术美学，该公司关注城市文脉以及建筑与环境的相互关系。

亘宇野设计的一系列未来主义的城市建筑项目，如"东京 2001"和"东京巨拱" (Super Arch Structure for Tokyo) 等，已经对日本建筑界产生了不小的影响。现在，Phase 联合设计公司正在着手的是中国一个经济开发特区的一个可持续的新城建设项目。

2

Nobuaki Nakagawa

1　日本东京四谷，临时办公楼；轻型结构和透明材料建造的临时办公楼
2　日本长野，富士山别墅；轻型结构建造的家人和朋友聚会的周末度假别墅

● Apt #601, 3-4-29, Motoazabu, Minato-ku, Tokyo 106-0046 Japan
Tel: +81 3 5466 0451 Fax: +81 3 5466 0461

慕维尼 G2 建筑设计公司

info@mulvannyg2.com www.mulvannyg2.com

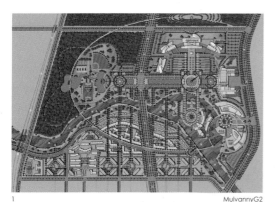

1　MulvannyG2

2　Alan Abramowitz

3　MulvannyG2

4　Alan Abramowitz

5　MulvannyG2

　　慕维尼（Mulvanny）G2建筑设计公司是一家集建筑、规划和室内设计于一体的公司，为全世界一些知名客户提供服务。

　　MulvannyG2创建于1971年，如今分公司已遍及北美和亚洲，拥有300多名员工。在公司管理、规划设计、建筑设计、合同管理、施工管理等领域，成为美国最好的公司之一。

　　作为一家设计公司，MulvannyG2凭借创造性的设计、前瞻性的眼光以及奉献精神，赢得了卓越的声誉，是全世界商界龙头乐于选择的合作伙伴。其项目涉及企业办公、商业中心、接待中心、工业建筑以及政府建筑等诸多领域。

　　MulvannyG2为拥有非凡地位的个人、企业和公共机构的成功贡献着自己的力量。MulvannyG2与其他公司的真正区别，在于他们与客户长期的良好关系——他们的成功，即得益于这样的合作。

1　中国北京顺义区，北京顺义行政中心总体规划：145公顷的总体规划
2　华盛顿贝勒由，MulvannyG2建筑公司总部；获奖的建筑和办公空间设计
3　中国厦门，中国建设银行；42层的建行地区总部建筑
4　华盛顿西雅图，西雅图君悦酒店；425间客房，是全球仅有的18家君悦酒店之一
5　中国福州，福建省电力公司总部；22层通信塔成为这个31层建筑的重要标志

● 1110 112th Avenue NE, Suite 500, Bellevue, Washington 98004 USA
Tel: +1 425 463 2000 Fax: +1 425 463 2002

默多克·杨建筑师事务所

mya@murdockyoung.com www.murdockyoung.com

默多克·杨（Murdock Young）建筑师事务所(MYA)创造了一种能有效满足客户需要的建筑体系。MYA以开放的眼光对待项目，从倾听、调查、理解客户独特需求出发，着手每一次的设计。优秀的作品来源于客户和公司双赢的合作关系。

默多克·杨建筑师事务所(MYA)创建于1999年，在曼哈顿、蒙托克（Montauk）、纽约都有分公司。MYA为商家、居民、政府提供创新的建筑设计、室内设计和家具设计。目前正在着手的项目包括：将位于切尔西的四个相邻的厂房改造为艺术画廊，卡普兰（Kaplan）教育设施，以及一些居住项目，包括公寓、LOFT改造和独幢别墅等。

1
Robert Young

3　　　　J.M. Kucy　4　　　　Michael Moran

2　　　　J.M. Kucy

5　　　　J.M. Kucy

1　美国纽约，蒙托克，卡特勒住宅，2002年
2　美国新泽西州，西橙郡，Teich 住宅，2001年
3　美国纽约，布鲁克林，帕克·斯鲁普，Asion 豪宅扩建，2002年
4　美国纽约，南街码头，Cutler 公寓联合体，1998年
5　美国纽约，东村，维特克斯公寓建筑，2002年

● 526 West 26th Street, Suite 616, New York, New York 10001 USA
Tel: +1 212 924 9775 Fax: +1 212 924 9865

汉斯·穆尔曼建筑设计公司

hans@murman.se www.murman.se

1　　　　　　　　　　　　　　　　　Hans Murman

2　　　　　　　　　　　　Åke E-son Lindman

汉斯·穆尔曼建筑设计公司（Hans Murman arkitektkontor AB）始建于1985年，如今已有20名员工。该公司擅长于办公楼、零售商店、酒店、餐厅、居住建筑、学生宿舍、滑雪旅馆的设计、规划以及室内设计和家具设计。

近年来，公司的大部分作品出自建筑设计竞赛。2002年的项目包括瑞典Pfizer制药公司的新办公楼，斯德哥尔摩和特罗萨（Trosa）市中心的居住建筑和学生公寓等。

汉斯·穆尔曼建筑设计公司设计过许多著名企业的总部，包括位于塞德特利耶（Sodertalje）的瑞典Scania卡车公司、Intentia公司、EF公司、美国钴冶炼厂商OM集团、AP fastigheter公司等，另外还有位于斯德哥尔摩的瑞典政府新闻中心也是该公司设计的。

3　　　　　　　　　　　　Åke E-son Lindman

5　　　　　　　　　　　　Åke E-son Lindman

4　　　　　　　　　　　　Åke E-son Lindman

1　瑞典斯德哥尔摩，斯兑乐购物中心（Sturegallerian），有玻璃中庭的购物中心
2　瑞典斯德哥尔摩，波士顿咨询集团公司，1750年建造的老房子翻新改造，以及室内设计
3&4　瑞典斯德哥尔摩，Saltsjöbaden别墅，扩建的L形房屋和游泳池，立面的橡木嵌板
5　瑞典斯德哥尔摩，艾伊克罗，桑嘎－萨比 Courses & Conferences，一座低能耗的，经FCS鉴定的木质房屋

● Renstiernas gata 12, 116 28 Stockholm, Sweden Tel: +46 8 702 64 50 Fax: +46 8 702 64 99

默里·科伯恩合伙人公司

mcpq@ihug.co.nz

1　Caines Jannif

2　Murray Cockburn

3　Murray Cockburn

默里·科伯恩合伙人公司（Murray Cockburn Partnership）坚信，只有通过经验丰富的专业技术人员广泛深入的合作，才能提供高质量的专业服务。公司的工作方法是，创造性地阐释客户的需求，并结合实际的经验和条理清晰的方法，重点构建对话的平台，以确保客户与建筑师密切的合作关系，最终设计出成功的作品。

在斐济和新西兰获得了许多设计奖项，展示了公司追求优秀设计的成果。成功的设计，来源于对项目的内在制约条件的深刻理解。在这一方面，每一项目都是以梳理客户需求的要点为开端的，这是为了便于对设计问题全面深入的理解，在形成初步构想之前，预算和设计的预备工作就已准备完毕。这种深入的理解，形成了项目发展的基础，确保了在预算控制内，按时、成功地完成每阶段的设计任务。

在新西兰的昆士镇（Queenstown）和奥克兰，以及斐济群岛的太平洋海港城市，都有该公司的分部。

4　Millbrook Resort

1　斐济首都苏瓦，新西兰政府官邸，新西兰高级专员公署（High Commission：英联邦中一国派驻另一国的）的官邸
2　斐济劳托卡（Lautoka），Shri Krisshna 神庙，热带中的现代化的印度教寺庙
3　斐济玛玛努考群岛（Mamanuca's），放逐岛度假胜地，热带岛屿上的浪漫餐厅和"蜜月"平台
4　新西兰昆士镇（Queenstown），米尔布鲁克（Millbrook）度假区别墅群，与迈克尔·怀亚特合作设计的度假别墅
5　新西兰昆士镇，达尔维尼（Dalwhinnie）

5　MCP

● 23 McKerrow Place, Sunshine Bay, Queenstown, New Zealand Tel: +64 3441 1598 Fax: +64 3441 1599

Murray O'Laoire 建筑师事务所

mail@dublin.murrayolaoire.com www.murrayolaoire.com

1   Ros Kavanagh

3   Bitter+bredt

2   MOLA digital image

Murray O' Laoire 建筑师事务所在爱尔兰、俄罗斯和波兰的5家分公司里共有150多名员工。它提供建筑设计、室内设计和城市设计服务，尤其擅长医疗建筑、教育建筑、住宅、商业建筑和办公楼等领域的设计工作。

公司认为，建筑和城市设计的艺术是我们每个人生活中的重要组成部分，这正是它的核心理念。公司以开放的态度倾听客户意见，寻求植根于文化和社会环境的、创造性的、适宜的、有效的设计方案，来满足客户的需要。

21年来他们获得了无数的荣誉，事务所作品的设计质量反映在许多奖项中，其中包括爱尔兰皇家建筑师学会的最高荣誉奖。

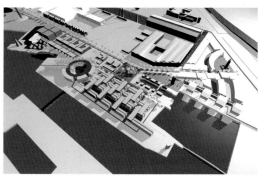

5   MOLA digital image

1   爱尔兰国立高威大学（NUIG），信息科技大楼；2001年为爱尔兰国立高威大学设计的
2   爱尔兰克克市音乐学校，为教育和科技部设计的第一所公私合营的学校
3   爱尔兰香农（Shannon），香农机场航站楼；耗资2400万的爱尔兰新航站楼设计，以及旧航站楼的主体基础维护设计
4   2000年汉诺威博览会，爱尔兰主题馆；为2000年汉诺威博览会举办的爱尔兰设计竞赛中的入选方案
5   北爱尔兰首府贝尔法斯特，泰坦尼克·克沃特区（Titanic Quarter），哈兰德·沃尔夫船厂；贝尔法斯特哈兰德·沃尔夫船厂再开发所做的总体规划

4   Bitter+bredt

● Fumbally Court, Fumbally Lane, Dublin 8 Ireland Tel: + 353 1 453 7300 Fax: + 353 1 453 4062

N2 建筑师事务所

www.n2design.net

N2 建筑师事务所（N2Design Group Architects，LLP），由两个建筑师哈里·尼古拉德斯（Harry Nicolaides）和斯图尔特·纳罗夫斯基（Stuart Narofsky）创建。致力于在客户的启发下，设计出独创性的、充满活力的作品。公司关注每位客户的独特观点，将客户的观点作为设计依据，并以此为基础创造出令人振奋的解决方案，以满足客户的需求。这种独特的以客户为中心的设计方法，通过报刊的宣传和作品的获奖而广受业界认可。

N2 Design 事务所提供全面的设计服务，包括建筑设计、室内设计和建筑制图等。公司最近完成的 MCA 唱片公司纽约总部的设计获得了大奖；另外还有波士顿大学的行政中心。项目遍布美国，从宗教建筑到企业会议中心。事务所还出版了传统民居和公寓设计的专著。

1   Philip Ennis

2   Bryan Richter, N2Design Group

3   Bryan Richter, N2Design Group

4   Philip Ennis

5   Harry Nicolaides

1   美国纽约，老韦斯特布里（Old Westbury），住宅
2   美国纽约，新海德公园，罗纳德·麦克唐纳住宅
3   美国纽约，长岛沙点（Sand's Point），住宅
4   美国纽约，纽约美国音乐社团（MCA）总部
5   马萨诸塞州波士顿市，波士顿大学

● 30 West 26th Street, 5th Floor, New York, New York 10010 USA
Tel: +1 212 989 7842 Fax: +1 212 989 7843

NHDKM 建筑规划有限公司

www.nhdkm.com

NHDKM 建筑规划有限公司（Nagle Hartray Danker Kagan McKay Architects Planners Ltd.），提供建筑设计、室内设计和场地设计等服务。

NHDKM 创立于 1966 年，早期以住宅设计为基础，如今在许多建筑类型上都积累了丰富的经验，包括教育建筑、图书馆设施、市政建筑、企业办公、通信建筑、文化建筑、宗教建筑、历史建筑改造以及独幢别墅、复合公寓、学生宿舍、高级住所等。

虽然公司植根于现代主义的传统设计，但同时关注场所精神、景观系统、建筑系统和历史文脉等因素。NHDKM 致力于满足每位客户的预期——在建筑计划、形式和细部把握等各层面上，都契合着客户的目标。在这种理念指导下，他们的建筑创作荣获了许多大奖。

1   Hedrich-Blessing

2   Bruce Van Inwegen

3   Hedrich-Blessing

4   Bruce Van Inwegen

5   Bruce Van Inwegen

1 美国伊利诺伊州，芝加哥，Kinzie 公园大厦（Kinzie Park Tower），34 层，208 个共管单元的高层建筑

2 美国伊利诺伊州，芝加哥，美国芝加哥实验大学，科夫勒（Kovler）休育馆，3 层（加上地下室）的体育综合建筑扩建，新哥特风格

3 美国伊利诺伊州，芝加哥，Nathalie Salmon 公寓，为家人、学生、老人设计的几代同堂的公寓

4 美国伊利诺伊州，香巴尼市，伊利诺伊州城市——香巴尼大学的斯普尔洛克（Spurlock）世界文化博物馆，核心部分共 52000 平方英尺的博物馆

5 美国伊利诺伊州，海兰帕克市，Ravine 住宅；7000 平方英尺的独立住宅

● One IBM Plaza, Chicago, Illinois 60611 USA Tel: +1 312 832 6900 Fax: +1 312 832 0004

胡安·纳瓦罗·巴尔德维格

jnbaldeweg@arquired.es

胡安·纳瓦罗·巴尔德维格（Juan Navarro Baldeweg）1939年出生于西班牙，在马德里圣费尔南多美术学院（Escuela de Bellas Artes de San Fernando）学习雕刻和版画技术，后来在马德里高级建筑设计技术学院（ETSAM——Escuela Tecnica Superior de Arquitectura de）学习建筑设计，1969年于该校获得博士学位。

自1977年起，他在ETSAM任设计系的终身教授，还在其他的建筑学院担任客座教授，包括宾夕法尼亚大学、耶鲁大学、普林斯顿大学、哈佛大学等。他曾获得不少荣誉，其中有1990年西班牙国家美术奖，1998年海茵里希·特森豪（Heinrich Tessenhow）建筑金奖。

他涉猎宽泛的作品被美国和欧洲的博物馆、美术馆展出。画作被世界各国政府和私人机构专业收藏。

近来，他在4个国际建筑招标中获胜：维多利亚－卡斯提兹（Vitoria-Gasteiz）音乐戏剧艺术厅，马德里舞蹈Canal剧场，博格斯（Burgos）人类进化博物馆和议会大厅，另外还有千禧年荷兰十大建筑之一、阿姆斯福特历史建筑保护和考古研究档案中心。

1　Duccio Malagamba

2　Duccio Malagamba

3　Duccio Malagamba

4　Javier Azurmendi

5　Duccio Malagamba

1　西班牙，古罗马都城梅里达(Merida)，地方政府办公厅舍，地区长官和4个议会办公楼，1989—1995年，沿着瓜的亚纳河（Guadiana river），与阿尔卡萨瓦城堡（Alcazaba）的角度看

2　西班牙，巴莱尔群岛(Balearic Islands)米诺卡岛(Minorca)，马弘(Mohon)，马弘法院，1992—1996年；东立面

3　西班牙桑坦德，桑地亚纳－德马尔，Altamira博物馆和研究中心，1994—2000年；展览空间透视

4　西班牙，沙拉曼卡，卡斯蒂利亚（Castilla）Y·利昂议会大厦和展览中心，1985—1992年；大厅和休息厅透视

5　美国新泽西州，普林斯顿大学，伍尔沃斯音乐中心扩建，以及音乐图书馆；中庭透视，左边为图书馆

● Carbonero y Sol 14, 28006 Madrid, Spain Tel: +34 91 562 6801 Fax: +34 91 562 1651

陈丙骅建筑设计有限公司

architects@nca.com.hk   www.nca.com.hk

　　陈丙骅建筑设计有限公司（Nelson Chen Architects Ltd.），以优秀的设计和个性化的客户服务而闻名，作品遍及中国香港、中国大陆和北美。最初，Wong Oho Tong 和 Clifford Wong 于 1947 年便开始了职业建筑师的实践，其后的王陈联合公司于 1987 年成立。得益于前两者早期的专业成就，公司继续致力于为客户提供创新的、适宜的设计。

　　陈丙骅曾在美国获奖，在他的带领下，公司保持着多样化的服务特色，提供全方位的建筑专业服务，包括总体规划、室内设计、历史建筑的维护和适应性重建等。近来，他们的业务有 1000 平方英尺的室内设计，也有 500 万平方英尺的花园小区设计。

　　无论规模大小，公司对每一项目都同样地关注，以达到高质量的设计和技术表现。陈丙骅建筑设计有限公司的作品广泛出现在各级刊物和展览中，并获得了世界设计大奖，其中包括美国建筑师学会香港分会的建筑公司创业奖。

1　　　　　　　　　　　　　　　　　　Stuart Woods

2　　　　　　　　　　　　　　　　　　Stuart Woods

3　　　　　　　　　　　Kerun Ip

4　　　　　　　　Li Bun　　5　　　　　　　Li Bun

1　中国香港，宣道会锦绣堂；教堂和社区翼
2　中国香港，宣道会锦绣堂；面向圣坛的避难所
3　中国，苏州园林别墅；运河边的庭院别墅
4　中国香港大学；美术馆上面的办公楼
5　中国香港大学；有天窗的中庭画廊

● 23/F Lippo Leighton Tower, 103 Leighton Road, Hong Kong Tel: +852 2882 8086 Fax: +852 2882 8038

新工作室

www.newworkstudio.co.nz

Jeff Williams

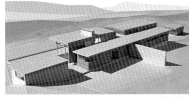

2　　　　　　　Justin Wright

Justin Wright

3　　　　　　　Justin Wright

4　　　　　　　Paul McCredie

5　　　　　　　Paul McCredie

新工作室（New Work Studio）是一家规模很小的新西兰建筑公司，以高质量、创新的建筑设计而知名。自1999年来，公司已获得10次建筑师协会大奖，其中包括享有盛誉的国家建筑奖和新西兰建筑奖。

新工作室以设计当代风格为特色，注重运用自然材料和肌理效果来保证建筑的永恒品质。在工作中，他们努力探索建造的本质，关注材料和表皮的质感、空间动态、自然光、能量的功效以及太阳能利用等。新工作室坚持在设计中表现新西兰在太平洋中的自然状态，作品被描述为"太平洋风格的抽象"。

建筑师蒂姆·尼斯（Tim Nees）是公司负责人，他同贾斯廷·莱特（Justin Wright）合作领导着该公司，公司另外还有两三名员工。

1　新西兰昆士镇，Shotover低矮住宅；在历史村舍旁边加建的大型现代建筑
2　新西兰昆士镇，诺斯里奇住宅；在有山的牧草地上的大型乡村房舍
3　新西兰陶坡（TAUPO），（Lake Taupo）住宅，湖滨住宅，从开阔的草坪上看
4　新西兰惠灵顿，（Seatoun）高地住宅；从开阔地看
5　新西兰惠灵顿，布里克海湾，Ranger Point住宅；海滨住宅夜景，能看到透明的面层

● 147 Cuba Street, PO Box 9853, Wellington, New Zealand Tel: +64 4 801 9880 Fax: +64 4 801 9196

尼尔斯·托尔普建筑设计公司

firmapost@ntorp.no　www.ntorp.no

　　尼尔斯·托尔普建筑设计公司（Niels Torp AS Arkitekter）设计过各种类型的建筑，没有偏重于某一建筑类型。该公司设计过的项目包括城市和乡村的建筑、室内设计、家具设计、办公场所、体育场馆、机场、地铁站台、公交车站、工业建筑、商业建筑、医院以及住宅等。

　　设计中以人为本，将人的尺度、人的意愿、和人对环境多样性的要求作为出发点。这样，作品自然会及时反映出客户的思想、场所精神、以及他们的建筑观，使得每个作品有独特的个性。

　　该公司认为，在乡村建筑中，建筑同环境是和谐的整体，协调发展。而在城市建筑中，新建筑也应与周围环境对话，尊重并关注城市的肌理及所处的城市空间。

　　对于公司而言，有些项目尽管是微不足道的，但他们仍十分重视并投入浓厚兴趣，把这些小项目扩大到大环境来积极考虑。

1　　　　　　　　　　　　　　　Hans Wretling

2　　　　　　　　　　　　　　　Fritz Solberg

3　　　　　　　　　　　　　　　Peter Cook

4　　　　　　　　　　　　　　　Jiri Havran

1　瑞典哥德堡（Gothenburg），尼尔斯·爱立信公交终点站
2　挪威奥斯陆，阿克布吉(Aker Brygge)码头
3　英国伦敦，英国航空公司总部
4　挪威奥斯陆，Smestaddammen 公园

● Industrigaten 59, PO Box 5387, Majorstuen, 0304 Oslo, Norway Tel: +47 23 36 68 00 Fax: +47 23 36 68 01

日建设计株式会社

global@nikken.co.jp www.nikken.co.jp

1   Shinkenchiku-sha

2   Nakaca & Partners Inc

3   Nakaca & Partners Inc

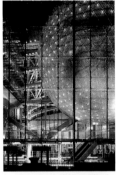

4   Shinkenchiku-sha

日建设计株式会社（Nikken Sekkei）的服务内容包括建筑设计、建造工程、建筑策划、景观设计、室内设计等，并提供咨询和项目管理服务。

公司尽力满足客户要求、保证设计质量，追求可持续发展的、具有长久生命力的建筑，并注重运用通信网络设施等先进的创新技术。

该公司的服务宗旨是："我们不仅对客户和使用者负责，也应对社会环境和自然环境责任。"

5   Nippon Sheet Glass Co., Ltd

1 中国上海，上海信息大楼；外观
2 日本东京，国家科技创新博物馆；外观
3 日本东京，国家科技创新博物馆；细部
4 中国上海，上海信息大楼；中庭夜景
5 日本东京，国家科技创新博物馆；中庭夜景

● 2-1-3 Koraku, Bunkyo-ku, Tokyo 112-8565 Japan Tel: +81 3 3818 4095 Fax: +81 3 3814 8567

诺达纳斯建筑师事务所

architects@noordanus.co.nz   www.noordanus.co.nz

1   Noordanus Architects

2   Noordanus Architects

诺达纳斯建筑师事务所（Noordanus Architects）由建筑师威廉·诺达纳斯（William Noordanus）创立于1994年，不断进取并坚持创新的建筑实践。

诺达纳斯建筑师事务所由一群充满工作激情的年轻建筑师和室内设计师组成。他们相互交流设计理念、学识，从而创造出独特的设计方案。该公司成功地设计了不同类型的高质量的综合项目，从民用住宅到大型的商业综合楼。

该公司在设计中极好地满足了客户要求，赢得了许多建筑设计大奖，更获得新西兰"建筑先锋"的美誉。

 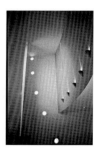

4   Noordanus Architects   5   Noordanus Architects

新西兰，萨姆纳住宅
1   街道面的正立面
2   外观
3   街道旁的庭院
4   从街道看窗户夜景
5   室内中庭

3   Noordanus Architects

● 189 Montreal Street, Christchurch, New Zealand Tel: +64 3 379 2506 Fax: +64 3 379 2509

诺姆·阿普勒鲍姆建筑师事务所

normapplebaumaia@cox.net

1   Kim Brun

2   Norm Applebaum

在已故的南加利福尼亚大学和亚利桑那州立大学建筑学院教授、美国建筑师学会会员卡尔文·斯特劳布（Calvin Straub）教授的指导下，诺姆·阿普勒鲍姆（Norm Applebaum）在州立大学获得了建筑学学士学位。他关注客户、环境以及明晰结构理性的意识，启蒙于这位著名的艺术家及建筑设计大师。作为建筑理想主义者保罗·索莱里（Paolo Soleri）的学生，他接触到"城市中鳞次栉比的建筑物是一种生存方式"这一理论——这是新的"自然环境"，对生存空间有重要意义。米契尔·约翰·皮塔斯（Michael John Pittas），帕森斯（Parsons）学校设计学院的院长，称赞阿普勒鲍姆设计出"技术、细部、戏剧性相结合的名作"。

阿普勒鲍姆的自宅中，悬挑屋顶、天窗玻璃和透明的室内，呈现出雕塑般的效果。他对细节的独特视角，赋予家更多的内容，譬如手工家具、铁器装饰物、间隔特别大的玻璃门窗、餐具、瓷器和地毯等，使之不再仅仅是普通的居家氛围。

3   Kim Brun

4   Kim Brun

美国加利福尼亚州，埃斯孔迪多，Matheron 住宅
1 黄昏薄暮的山坡上，安适的住宅
2 入口格子门上是飞翔的鸟
3 钢梁支撑着红木的顶棚，一直延伸的格架
4 起居室的顶棚似乎漂浮起来，以天窗分隔

● 9830 Edgelake Drive, La Mesa, California 91941 USA Tel: +1 619 463 1867 Fax: +1 619 465 4102

NORR 建筑师和工程师有限公司

info@norrlimited.com　www.norrlimited.com

位于多伦多的 NORR 建筑师和工程师有限公司（NORR Limited, Architects and Engineers）是建筑设计与建造一体化的综合型公司。该公司成立于1938年，在这60多个春秋中，致力改革创新，设计出许多高品质的商贸和政府大楼。

NORR公司在各类建筑的设计上，都有着丰富的经验，其中包括办公设施、酒店、居住建筑、体育设施、娱乐中心、医疗机构、建筑改建、教育建筑、科研机构、交易中心、通信大楼和零售商店等。

NORR公司以及其姐妹公司GIFFELS都隶属 INGENIUM 集团。INGENIUM 集团是加拿大最大的建筑设计与建造公司之一，拥有500多名员工，他们在建筑设计、建筑工程、室内设计、施工管理以及科技信息等方面都有着丰富的经验。NORR公司业务的拓展，为客户提供了获得整套服务的便利。该公司的理念是：从概念到最终的实施，都尽量满足客户的经营目标。

NORR公司承诺为客户提供最高品质的服务，因此每一项目都是由公司主要负责人直接监管，并且任命具有卓越才华的员工负责。

在过去几十年里，公司为客户提供的专业服务都遵从了品质、价值、成本控制、进度控制等原则。

1　Interior Images

2　NORR Limited

5　Hedrich-Blessing

4　NORR Limited

3　Steven Evans

1　加拿大安大略省，汉密尔顿，John Sopinka住宅；对传统建筑的改建和扩建

2　加拿大安大略省，多伦多，在莱斯特·B·佩尔森国际机场，加拿大航空公司的快速候机楼

3　加拿大安大略省，多伦多，罗杰斯通信中心；为研究通信的学生提供的工作室、教室和各种设施

4　加拿大安大略省，多伦多，Simcoe广场，在多伦多市区的多功能综合办公楼

5　阿拉伯联合酋长国，迪拜，艾默乐酒店（Emirates Towers）；设计竞赛获胜的地区标志性宾馆和办公楼

● 350 Bloor Street East, Toronto, Ontario M4W 3S6 Canada Tel: +1 416 929 0200 Fax: +1 416 929 3635

诺沃提尼-梅纳联合建筑公司

mail@nma-of.de www.nma.de

诺沃提尼-梅纳联合建筑公司(Novotny Mähner Assoziierte)专业领域宽泛，是具有独特见解的、活跃于全球的设计公司，由弗里茨·诺沃提尼(Fritz Novotny)和亚瑟·梅纳(Arthur Mähner)教授创立于1959年。公司总部位于法兰克福附近的奥芬巴赫学校(Offenbach am Main)。以同客户方便联系为原则，所有NMA公司的创作活动并没有局限在某个特定的区域。除了公司总部以外，NMA在柏林和意大利波森(BOZEN)设有分公司，以及一些监理公司。执业的40年间，在100多名员工的共同努力下，公司已经完成了约2000个项目，其中包括大型医院、银行、行政大楼、摩天大厦、酒店、社区中心、商店、娱乐中心的建筑设计以及城市规划等。同时，NMA公司还涉及了许多旧建筑的改造、改建，包括文物建筑。客户有大型商业项目开发商，也有政府和公共团体。在设计中，NMA公司坚持追求作品的创造性、灵活性和创新性。

1 Jürgen Schmidt

3 Aldinger & Wolf

4 H. G. Esch

2 Reinhard Görner

5 FA Hild

1 德国柏林，德国银行；银行和古根海姆博物馆的改建
2 德国柏林，斯蒂尔沃克(Stilwerk)；有家具卖场、办公和银行的大型购物中心
3 德国，奥芬巴赫，西提塔奥尔；高层办公大楼
4 德国，法兰克福，约罗瑟姆；有公寓单元的高层办公大楼
5 德国，法兰克福，德勒斯登银行(Dresdner Bank)新办公大楼甘利列奥(Gallileo)；有公共空间和剧场的德国高层办公大楼

● Berliner Straße 77, D-63065 Offenbach am Main, Germany Tel: +49 069 8203 0 Fax: +49 069 8203 200

努尔梅拉－赖莫兰塔－塔萨建筑师事务所

ark.tsto@n-r-t.fi　www.n-r-t.fi

1　J. Tiainen

2　A. Luutonen

3　Nurmela-Raimoranta-Tasa

4　K. Raimoranta　5　A. Luutonen

努尔梅拉－赖莫兰塔－塔萨建筑师事务所（Nurmela-Raimoranta-Tasa）位于芬兰的赫尔辛基，曾获得许多荣誉。设计过的项目有：土尔库大学五座教学大楼的修建和翻新；赫尔辛基的网球馆的整修和改建；赫尔辛基工商管理学院的改建；波尔沃（Porvoo）的市政建筑；赫尔辛基斯奈尔曼尼卡图6号（Snellmaninkatu 6）的政府办公大楼改建和增建；赫尔辛基Mellunkyla救援站。

事务所获得过许多的荣誉，包括在公开邀标中荣获的21个头等奖；1973年的Viljo Rewell 奖；1987年的国家建筑规划奖；1986年赫尔辛基马尔米（Malmi）邮局项目获年度项目奖；土尔库大学生物化学系设计获1993年度项目奖；1998年芬兰混凝土大奖。

事务所所有的股东都在赫尔辛基大学的建筑技术学院任教。Jyrki Tasa 是奥鲁大学（Oulu University）当代建筑设计专业的教授。

1　芬兰埃思博(Espoo)，Into 住宅，1998年
2　芬兰，土尔库大学，两幢院系大楼，2001年，2002年
3　芬兰，赫尔辛基，芬塔沙瑞岛(Lauttasaari)，居住区
4　芬兰，波尔沃（Porvoo），市政服务建筑，1993年
5　芬兰，赫尔辛基，斯奈尔曼尼卡图6号，政府建筑，2001年

● Kalevankatu 31, 00100 Helsinki, Finland Tel: +358 0 686 6780 Fax: +358 0 685 7588

Lorcan O'Herlihy 建筑师事务所

loh@loharchitects.com   www.loharchitects.com

Lorcan O'Herlihy 建筑师事务所（LOh/a）位于加利福尼亚州卡尔弗市（Culver City），曾经获得许多荣誉。LOh/a 公司创造了与今日流行的"重视形式和大众艺术取向"明显不同的工作方法，他们在废弃的建筑上做实验。他们的工作摈弃 20 世纪 80、90 年代对视觉和空间的滥用，展示了建造和工艺的纯粹性和真实性。

O'Herlihy 的成就——对建筑和工艺的贡献，使他在一些批评的压力下，获得同行的广泛赞誉。在超过 22 个住宅项目和商业项目中，他形成了一套简单却富挑战性理念。O'Herlihy 决心超然于充斥着图片、广告和人造商品的文化。他运用了一种"剥离"的方法面对任何设计：无论是城市、大厦、还是公园。

早先，Lorcan 在贝聿铭事务所工作，并合作设计了著名的巴黎卢浮宫改建项目。他还与斯蒂文·霍尔（Steven Holl）合作过，负责了很多项目，包括佛罗里达海滨的 Hybrid 大厦，荣获了由美国建筑师学会颁发的国家荣誉奖。

1   Marvin Rand

2   LOh/a

4   LOh/a

3   Conrad Johnson

5   Douglas Hill

1 美国加利福尼亚州，伍德兰（Woodland Hills），Youbet.com，同 Pugh + Scarpa 建筑师事务所合作设计
2 美国纽约，昆士博物馆
3 美国加利福尼亚州，圣莫尼卡，R & B 熟食店
4 中国石家庄，石家庄规划大楼
5 美国加利福尼亚州，银湖，Lexton Mac Carthy 住宅

● 5709 Mesmer Avenue, Culver City, California 90230 USA Tel: +1 310 398 0394 Fax: +1 310 398 2675

397

O'Keefe 建筑设计有限公司

info@okeefearch.com　www.okeefearch.com

　　从 1978 年开始，O'Keefe 建筑设计有限公司（O'Keefe Architects Inc.）为老年人居所、护理中心、急诊医院等提供专业服务。除此以外，该公司对其他类型的建筑也有丰富的经验，包括教育建筑、宗教建筑、娱乐设施、商业中心以及居住建筑等。

　　在国内，O'Keefe 公司的 400 多个作品受到普遍好评，主要集中在老年公寓设计和医疗机构的环境设计。公司相信，在当今的经济环境中，最有竞争力的作品一定有着出色的品质和实用的功能。设计中关注老年人精神的、心理的以及社会活动的需求，并提倡日常活动中的独立性。

　　综观 O'Keefe 的所有作品，都有这样的特征：为使用者提供了舒适、安全、健康、休闲的综合功能。与此同时，并未以牺牲使用效率或超出预算为代价。

1　George Cott, Chroma Inc

2　George Cott, Chroma Inc

3　George Cott, Chroma Inc

4　George Cott, Chroma Inc

5　George Cott, Chroma Inc

1　美国马萨诸塞州，阿格瓦姆 (Agawam)，传统木建筑
2　美国佛罗里达州，西棕榈海滩 (West Palm Beach)，Mckeen 塔楼
3　美国佛罗里达州，西棕榈海滩 (West Palm Beach)，花园内庭
4　美国佛罗里达州，坦帕水手健康中心
5　美国佛罗里达州，维伊拉 (Viera)，伍斯沃福康复中心

● 2424 Curlew Road, Palm Harbor, Florida 34683 USA　Tel: +1 727 781 5885　Fax: +1 727 781 0255

OBM 国际有限公司

obmi@obmi.com　www.obmi.com

1　OBM

2　OBM

3　OBM

4　OBM

　　OBM 国际有限公司拥有67 年的宝贵经验和宽泛的专业领域，分公司遍及世界各地，并将自己定位于权威的设计咨询公司。该公司擅长风景区的规划设计、建筑设计、城市规划和室内设计，公司的目标是在预算控制内，尽量满足客户的需求。

　　严谨的敬业态度，以客户为中心、保证设计质量的理念，使 OBM 在设计咨询界树立了权威的地位。

1　百慕大群岛，塔克镇 (Tuckers Town)，温莎府邸；百慕大海岸的豪华住宅
2　英属维京岛，彼得海岛度假胜地和游艇码头；在奢侈的度假胜地设计中，随时注意保护大自然
3　西班牙，加纳利群岛 (Grand Canary Island)，El Cortijo Telde；有丰富历史的城镇，定位于豪华的新规划
4　开曼群岛 (Cayman Islands "鳄鱼" 岛)，大开曼，KPMG 毕马威国际会计公司，展示出创新设计与现代风格的融合

● 2600 Douglas Road, Suite 502, Coral Gables, Florida 33134 USA
Tel: +1 305 441 9922　Fax: +1 305 441 8242

OBRA 建筑师事务所

info@obraarchitects.com www.obraarchitects.com

1   Pablo Castro

2   Adriana Miranda

3   Adriana Miranda

　　OBRA 建筑师事务所是由股东帕布洛·卡斯特罗（Pablo Castro）和珍妮弗·李（Jennifer Lee）于 2000 年创立的。该公司对各类型的居住建筑、商业建筑、公共建筑等设计，都有十分丰富的经验。近期工程包括位于南安普敦和纽约昆士区的居住区设计，以及曼哈顿的 GREAT JONES 大街设计。还有在纽约华盛顿港口的人工设施设计。已完成的项目包括，医疗办公机构设计、LOFT 改造，以及与斯蒂文·霍尔（Steven Holl）合作的明尼苏达大学建筑与景观学院扩建项目。

　　帕布洛和珍妮弗·李为 OBBA 带来丰富的、先进的经验。他们在国内外的博物馆、研究所、公共建筑、教育建筑以及各类居住建筑的设计中，均有出色表现。OBRA 公司充满协作精神和不懈进取的企业文化，激发了创作灵感，尊重建筑影响下的场所精神。优秀的设计以及创造性的努力都尽现在各种规模的项目中，从城市设计、公共建筑、市政建筑、居住建筑，到小尺度的家具设计和细部设计，都有许多出色的作品.

　　现在，帕布洛和珍妮弗·李都在纽约 PRATT 学院的设计系执教。

4   Pablo Castro

5   Pablo Castro

1　美国纽约，昆士住宅；室内透视
2　美国纽约，切尔西 LOFT；入口透视
3　美国纽约，Great Jones 住宅；玻璃小屋光影斑驳的墙面细部
4　美国纽约，位于第四层的 LOFT；夜景
5　南开普敦，中间留空的别墅（Excluded Middle Villa）；模型

● 315 Church Street, Fourth Floor, New York, New York 10013 USA
Tel: +1 212 625 3868 Fax: +1 212 625 3874

大都会建筑设计事务所

office@oma.nl www.oma.nl

大都会建筑设计事务所（Office for Metropolitan Architecture）(OMA) 位于鹿特丹，密切关注当代的建筑发展、城市化进程以及普遍的文化现象。OMA 的主要目标是挖掘特定建筑类型的潜能，并为客户提供最大价值的功能性和创造性。OMA 一共有大约 80 位建筑师和设计师。

OMA 由雷姆·库哈斯创建于 1974 年，公司参与了许多重要项目的设计竞赛，完成了许多的工程，包括私人住宅、公共建筑和大规模城市设计。1992 年，康索（Kunsthal）展览馆及其鹿特丹的博物馆开张，1998 年私人住宅 Maison 在法国波尔多建成。

世纪之初，公司因三个项目而提高了在美国的影响力：意大利时尚公司 Prada、西雅图公共图书馆、芝加哥伊利诺伊理工学院校园中心。

目前在欧洲的项目包括：葡萄牙波尔图音乐厅、柏林的荷兰大使馆。

雷姆·库哈斯和 OMA 赢得了许多国际大奖，包括 2000 年的 Pritzker 奖。

1   Hans Werlemann

2   Hans Werlemann

3   Hans Werlemann

4   OMA

5   Armin Linke

1 康索展览馆，1992 年
2 法国波尔多，Maison 住宅，1998 年
3 德国柏林，荷兰大使馆，2003 年
4 美国西雅图公共图书馆，2004 年
5 美国纽约普拉达商店（Prada），2001 年

● Heer Bokelweg 149, 3032 AD Rotterdam, Netherlands Tel: +31 10 243 8200 Fax: +31 10 243 8202

OJMR 建筑师事务所

jay@ojmrarchitects.net www.ojmrarchitects.net

OJMR 建筑师事务所于 1989 年成立于纽约，1991 年迁到洛杉矶。

公司涉及的工程项目包括住宅、商业中心和工业厂房的建筑设计和室内设计，也包括家具设计和城市设计。

公司负责人、AIA 会员杰伊·M·雷诺兹（Jay M. Reynolds）设计过许多的项目，包括三和银行（Sanwa Bank）、儿童文学协会、贵族医院、路德教教堂、梅德潘斯（Med Path），以及一些私人诊所和住宅，雷诺兹的作品曾在华盛顿国家建筑博物馆、威尼斯建筑学院（Universita di Architettura Venezia）、哥伦比亚大学艾弗里馆、得梅因（Des Moines）艺术中心、太平洋设计中心和芝加哥建筑中心展出。

他在 Norman 的俄克拉何马大学取得建筑学学士学位，对棒球运动也很有造诣。并在哥伦比亚大学获得了建筑学和城市规划的硕士学位。再加上丰富的实践经验，雷诺兹成为公司建筑设计和室内设计的核心人物。

1

Maria Antonia Viteri

3　　　　　　　OJMR

2　　　　　　　OJMR

4　　　　　　　OJMR

5　　　　　　　OJMR

1　美国加利福尼亚州，威尼斯，笛福（Defeo）住宅改建；应用许多玻璃，以纳入自然光和微风，提升室内室外的生活品质
2　美国加利福尼亚州，福乐顿市，海港办公楼；正在建设中的一系列几何形体的医学办公楼
3　美国加利福尼亚州，棕榈沙漠（Palm Desert）；正在建设中，运用现代主义语言的住宅和艺术工作室
4　美国加利福尼亚州，洛杉矶，威彻斯特县（Westchester）路德教会学校，新建学校，以及在现存避难所上加建的多功能空间，2004 年完成
5　美国加利福尼亚州，太平洋海岸县（Pacific Palisades），埃文斯路（Evans Road）住宅；在树林溪流旁新建住宅和客房，2003 年完成

● 501 South Fairfax Avenue, Suite 202, Los Angeles, California 90036 USA
Tel: +1 323 931 1007 Fax: +1 323 931 0109

奥卡莫托－赛约建筑设计公司

paul@os-architecture.com www.os-architecture.com

奥卡莫托－赛约（Okamoto Saijo）建筑设计公司设计了许多传统住宅区和经济适用房，并且，以城市规划者的视角，建立以社区为基础的邻里关系。

保罗·奥卡莫托（Paul Okamoto）和埃里克·赛约（Eric Saijo）于1991年在位于加利福尼亚圣路易斯奥比斯波（San Luis Obispo）的加利福尼亚州工艺大学取得了建筑学学士学位，并于同年创建了这个公司。

奥卡莫托在澳大利亚南部的阿德莱德大学取得硕士学位，并且获得美国哈佛大学研究生院罗伯奖学金（a Loeb Fellow）。同时，他还是海湾地区可持续发展计划的合作者之一，这是旧金山地区的区域规划，获得了美国规划协会颁发的国家教育大奖。

埃里克·赛约（Eric Saijo）负责完成了许多公众基金支持的经济适用房建设和社区规划。

Rubissow农舍运用了许多可循环使用的建筑材料，并且将地下的墙体作为蓄热器以减少冬夏室内温度的波动。最终的设计是对场地、景观、太阳能利用、自然光和室内空间等因素综合考虑的结果。Estes居住区加强对日光的利用，在厨房和主人浴室中都用了天窗。

自然光的引入不仅连接了室内外空间，更重要的是增加了戏剧性的效果。

Janet Delaney

2　　　　　　　　Janet Delaney

3　　　　　　　　Alan Geller

4　　　　　　　　Alan Geller

5　　　　　　　　Alan Geller

美国加利福尼亚州，纳帕谷（Napa Valley），Rubissow农场住宅
1　户外庭院
2　入口
Estes 居住区，加利福尼亚州，洛斯阿尔托斯山
3　主浴室
4　厨房
5　南立面

● 18 Bartol Street, San Francisco, California 94133 USA Tel: +1 415 788 2118 Fax: +1 415 986 2815

奥尔森-松德贝里-昆迪希-艾伦建筑师事务所

www.olsonsundberg.com

Matt Anderson

2
Eduardo Calderon

在过去的35年中,奥尔森-松德贝里-昆迪希-艾伦建筑师事务所(Olson Sundberg Kundig Allen Architects)将物质性、工艺技术和光的运用融入设计理念,已得到广泛认可。为国际所熟知的是,该公司曾获得了诸多荣誉,并在美国和国际上都引起了广泛的关注。吉姆·奥尔森(Jim Olson),里克·松德贝里(Rick Sundberg),汤姆·昆迪希(Tom Kundig)和斯科特·艾伦(Scott Allen)合作组建了这家公司,设计了许多居住建筑,并经常为艺术收藏家、艺术博物馆、宗教机构和学术团体做设计。虽然其中大部分项目位于美国西北部,但是到目前为止,该公司的作品已经遍及美国和加拿大。

3
Paul Warchol

4
Paul Warchol

5
Benjamin Benschneider

1　美国华盛顿州,西雅图,佛莱艺术博物馆扩建和改建;完全的改建使博物馆获得了沿街面的生命
2　美国华盛顿州,西雅图,圣马可大教堂改建;大范围的改建,包括与艺术家合作完成的、祭坛后面的钢铁和玻璃屏风的改建
3　加拿大大不列颠哥伦比亚,威斯特班克,Mission Hill酿酒厂;一个葡萄酒厂的设计,为了赞美葡萄酒制作工艺和自然景观
4　美国华盛顿州,西雅图,工作室;摄影师的住宅和工作室,随着时间变化而发展的设计
5　美国华盛顿州,西雅图,西雅图大学法律系;透明建筑营造出欢迎学生的氛围

● 159 South Jackson Street, 6th Floor, Seattle, Washington 98104 USA
Tel: +1 206 624 5670 Fax: +1 206 624 3730

奥姆兰亚设计与工程咨询联合公司

omrania@omrania.com.sa　www.omrania.com.sa

1　Paul Kavanagh

2　Paul Kavanagh

3　Omrania

5　Ali Al Mubarak

4　Ali Al Mubarak

　　奥姆兰亚建筑设计与工程咨询联合公司 (O&A) 位于沙特阿拉伯，已经有30多年的多类项目的实践经验。在城市规划、建筑设计、建筑工程以及项目管理等方面，业已确立了自己在该国的领先地位，并且有能力适应21世纪国际国内先进技术的要求。

　　O&A 提供项目管理和设计的一系列服务，从最初的可行性研究、建筑计划、技术设计到施工管理和监理。公司的工作重点是建筑物和基础设施的建筑设计和技术设计，包括居住建筑、商业中心、休闲场所、工业厂房、医疗机构、教育机构以及综合建筑的设计。

　　O&A 在国际国内的许多竞赛中获过奖，其中包括享有盛名的阿卡汗(Aga Khan) 建筑奖。

1　沙特阿拉伯利雅得，沙特研究和出版公司；接待处的室内透视
2　沙特阿拉伯利雅得，克因德姆学校；会堂
3　沙特阿拉伯利雅得，Towaiq 宫，与弗赖·奥托 (Frei Otto) 和布罗·哈波尔德 (Buro Happold) 合作，获得阿迦汗建筑大奖，鸟瞰
4　沙特阿拉伯利雅得，阿卜杜勒·阿齐兹国王 (King Abdulaziz) 图书馆和会堂
5　沙特阿拉伯利雅得，Abraj Atta′ Awuneya (N.C.C.I.总部)；主入口透视（与 E.Faljaka 合作）

● P.O. Box 2600, Riyadh 11461, Kingdom of Saudi Arabia
Tel: +966 1 462 2888　Fax: +966 1 462 0354/465 8302

奥斯特胡斯·荷兰

oosterhuis@oosterhuis.nl www.oosterhuis.nl www.trans-ports.com www.lenard.nl

卡斯·奥斯特胡斯（Kas Oosterhuis）出生于1951年，曾求学于荷兰代尔夫特和伦敦，在离巴黎不远的默东（Meudon）的瑟奥·凡·杜斯堡（Theo Van Doesburg——译注：风格派代表人物）工作室工作了一年后，于1989年成立了事务所。自2000年起，他被聘为代尔夫特科技大学教授。

他最近完成的项目包括：2001年多媒体馆，以及荷兰北部Floriade园艺的Web网站、2001年艾森（Assen）的TT博物馆（同Ilona Lenard合作完成）、2001年8bit Lelystad，66号住宅、2003年阿姆斯特丹Bijlmermeer Florijn-Zuid，64号公寓，以及乌得勒支A2高速公路的"驾驶舱"建筑——这是一幢有隔音屏障的办公建筑。

他为多种刊物撰写文章，其作品也在许多书里出现。此外，他还参加了许多建筑展览，包括2000年的威尼斯建筑双年展。

获得的荣誉包括：入围1999年的密斯·凡·德·罗大奖；1988年《商业周刊》/《建筑实录》大奖；1998年和2002年Steel奖提名；1996年工业建筑OCEBNA奖；1996年国家Steel奖荣誉提名。

Oosterhuis.nl

2   Oosterhuis.nl

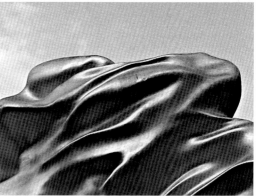

4   Oosterhuis.nl

1&2 北荷兰(North Holland)网络公司，黄昏中的交互式
     多媒体屋顶
  3 TT纪念碑，和伊诺那·勒纳德(Ilona Lenard)合作
     设计
  4 "驾驶舱"，有隔音屏障的办公建筑

● Essenburgsingel 94C, 3022 EG Rotterdam, The Netherlands Tel: +31 10 244 7039 Fax: +31 10 244 7041

奥斯蒙德·兰格建筑与策划公司

jhb@osmondlange.co.za www.osmondlange.co.za

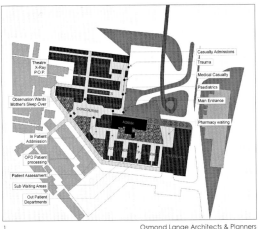

1　Osmond Lange Architects & Planners

奥斯蒙德·兰格（Osmond Lange）建筑与策划公司于1929年在南非开业，并在约翰内斯堡、德班、伦敦东部、开普敦和乌姆塔有分公司。在莫桑比克、津巴布韦和博茨瓦纳有合作公司。在南非有47名核心成员。

公司提供建筑设计和城市规划服务，项目涉及重要的办公、零售、商贸、工业、健康保健和政府项目等。

公司已进一步发展它的专业技术，为项目发展提供综合性服务。

在当今激烈竞争的世界中，项目开发应全盘综合考虑，尤其对关系到其生存和成功的诸多因素，包括发展目标、经济情况、环境因素、工期、预算控制以及市场等，都应理解并综合评估。

2　Osmond Lange Architects & Planners

3　Osmond Lange Architects & Planners

4　Osmond Lange Architects & Planners

5　Osmond Lange Architects & Planners

1　南非，约翰内斯堡，克利斯·哈尼·巴拉格瓦纳医院（Chris Hani Baragwanath）新开发
2　南非，约翰内斯堡，美如斯阿崎新城规划
3　南非，德班，雷斯阿物流中心
4　东伦敦，戴姆勒－克莱斯勒主体工厂和喷漆车间
5　南非，约翰内斯堡，格罗夫纳－卡姆建筑

● 199 Oxford Road, Dunkeld, Johannesburg, South Africa Tel: +27 11 788 0965 Fax: +27 11 880 2657

奥蒂斯建筑公司

otisarch@aol.com otisarchitecture.com

1   Josh White

2   Greg Eisman

奥蒂斯建筑公司（Otis Architecture）位于南加利福尼亚，是一家努力提升建筑的艺术质量的设计公司。项目类型有传统住宅、餐厅、整形及口腔医院、写字楼等。虽然项目类型不同，但设计中彰显出的实力、协作精神、创造力，在其每一作品中都是显而易见的。

公司的目标是，创造出独特的空间，能提高并加强观众和访客的体验。设计中，努力模糊内外之间的界限，弱化建筑物和自然环境之间的差别，期望混合有机和无机、内部和外部、人造的和天然的。正如奥蒂斯所说："将我们同自然环境和精神世界重新连接，来提升我们人类的体验。"该公司坚持在建筑创作中，追求作品的真实意义和永恒精神。

3   David Heath for Western Exposure Co.

1 美国加利福尼亚州，Oculus 住宅入口
2 美国加利福尼亚州，起居室和室外空间
3&4 美国加利福尼亚州，亨廷顿港，住宅

4   Karen Otis

● 16835 Algonquin Street No 237, Huntington Beach, California 92649 USA
Tel: +1 714 846 0177 Fax: +1 714 846 2817

P&T 集团

ptaehk@p-t-group.com www.p-t-group.com

P&T 集团 (P&T Group) 的前身，是香港知名的帕尔默－特纳建筑设计公司，是东南亚最早的、最大的国际建筑和工程公司。有超过 550 名员工，分布于中国香港、中国澳门、曼谷、马来西亚、中国台湾、新加坡、印尼和中国上海等地，项目遍及大多数东南亚国家。

帕尔默—特纳建筑设计公司 1868 年创建于香港，从创立之初，就证明了对区域发展的较大贡献，创造出各时期的许多地标建筑。

P&T 集团提供建筑、工程和规划的全方位服务，同时也有室内设计和平面设计分部的支持。模型制作、计算机设备和成熟的管理体系，全面为设计服务。

对创造性和专业技术要求较高的大型项目的业务量持续增长，反映了集团的稳步发展。多年来，公司获得的诸多荣誉也进一步证明了它的成功。

1　　　　　　　　　　　　P&T Group

2　　　　　　　　　　　　P&T Group

3　　　　　　　　　　　　P&T Group

1　中国苏州，苏州吴宫喜来登酒店 (Suzhou Sheraton Hotel)
2　中国北京，东方广场
3　中国香港，香港教育学院
4　中国香港，中国国际信托投资公司建筑
5　泰国，四季大厦 (All Seasons Place)

4　　　　　　　P&T Group

5　　　　　　　P&T Group

● 25/F OTB Building, 160 Gloucester Road, Hong Kong Tel: +852 2575 6575 Fax: +852 2891 3834

409

帕泰拉－帕泰拉建筑师事务所

archimed@paatela-arch.fi　www.paatela-arch.fi

在芬兰，80多年以来，帕泰拉的名字总是同生态建筑联系在一起的。由尤西·帕泰拉 (Jussi Paatela) 教授1919年创建的公司如今已由其家族的第三代继承者经营管理。

芬兰最大的卫生保健机构的建造，得益于帕泰拉建筑师事务所的专家们多年来的实践。如今，该公司的员工包括几位有着20多年从业经验的建筑师，他们对医疗建筑的设计和功能布局有着深入的了解。

项目类型多样，从大型新建的医疗综合体到小规模的改建；从地区医院到私人诊所和老年人疗养中心。

除了在芬兰设计的医疗建筑以外，帕特拉建筑设计有限公司已在全球的许多国家设计了工程项目。在俄罗斯和前苏联其他国家的医院项目的设计和施工中，公司积累了专业的知识和丰富的经验。在这些项目的实施过程中，公司也经常同国外的客户和设计公司合作。

1　Render Oy

2　Juhani Annanpalo

3　Paatela & Paatela, Architects Oy Ltd

1　芬兰土尔库，土尔库大学中心医院；新医疗综合楼效果图
2　土库曼斯坦，阿什哈巴德，萨帕密亚特 (Saparmyrat) 土库曼斯坦国际医疗中心；西立面
3　芬兰瓦萨，瓦萨中心大学；手术室
4　芬兰赫尔辛基，赫尔辛基大学中心医院，皮肤病及过敏症医院；鸟瞰

4　Paatela & Paatela, Architects Oy Ltd

● Ahertajantie 3, FIN-02100 Finland Tel: +358 9 4520 510 Fax: +358 9 4520 5151

PAI 建筑设计公司

lannyridjab@paidesign.com www.paidesign.com

　　PAI是一家有着40名员工的公司，创建于1985年，其最初的目标是建立印度尼西亚本土的设计公司,后来因设计及管理的突出成就而扩张至美国和其他国家。公司旨在营造工作室型的氛围，将设计人员和生产员工作为一个团队，以确保设计的连续性，以及从构思到实施各阶段的协调合作。公司实行项目负责制，由负责人督察每个阶段的工作进展情况。

　　PAI提供的服务包括建筑设计和室内设计。项目类型包括居住区规划、风景区发展规划、高层住宅、复合公寓、独幢别墅的设计，以及综合了居住、商业和休闲娱乐功能的复合型旅游区的发展规划，还涉及到主题公园、酒店、医院，办公楼以及工业建筑的规划设计等。

　　公司的客户包括开发商、企业、政府机构、银行机构以及个人等。

1　　　　　　　　　　　　　　　　Yori Antar

2　　　　　　　　　　　　　　　　Yori Antar

3　　　　　　　　　　　　　　　　Yori Antar

4　　　　　　　　　　　　　　　　Nick Taylor

5　　　　　　　　　　　　　　　　Yori Antar

1　印度尼西亚，苏腊巴亚，基得兰高尔夫俱乐部
2　印度尼西亚，雅加达，萨纳·埃罗克 (Sanur Elok) 住宅
3　印度尼西亚，雅加达，佩尔马塔·海伊奥(Permata Hijau)公寓
4　马来西亚,槟榔屿州,达托·克尼西 (Dato Konishi) 住宅区
5　印度尼西亚，雅加达，维斯马77号 (Wisma 77)

● Duta Mas Fatmawati Blok B1/1, JI R.S. Fatmawati No. 39, Jakarta 12150 Indonesia
Tel: +62 21 7279 0075 Fax: +62 21 721 0038

尤哈尼·帕拉斯马建筑师事务所

pallasm@clinet.fi

1

Rauno Träskelin

自1960年代早期，尤哈尼·帕拉斯马（Juhani Pallasmaa）就开始与多个芬兰同事合作创作建筑，1983年他创建了自己的事务所。

该公司擅长于文化建筑和行政建筑的设计，以及旧城改造和重建。除了建筑设计外，该公司在展览设计、产品设计和平面设计等方面也有建树。

尤哈尼·帕拉斯马已经获得了许多教职和管理职位，其中包括赫尔辛基科技大学建筑学院的教授和院长，芬兰建筑博物馆馆长，以及赫尔辛基工业设计学院院长。

他还在几个不同国家的大学里担任客座教授，包括美国圣路易斯的华盛顿大学、弗吉尼亚大学、耶鲁大学以及埃塞俄比亚的哈勒塞拉斯大学。

尤哈尼·帕拉斯马获得过许多荣誉，包括2000芬兰奖、1997年德国弗里茨·舒马赫（Fritz Schumacher）奖、1999年国际建协（UIA）屈米（Jean Tschumi）建筑评论奖，以及1996年俄联邦建筑奖。

公司坚持传统工作室的设计方法，将物质因素、精神因素以及理论以不同的模式相结合。设计中，对建筑的尺度和材料的质感总是特别地关注。

2

Gérard Dufresne

3

Rauno Träskelin

4

Juhani Pallasmaa

1　芬兰，克柯鲁米（Kirkkonummi），Siltavuori 住宅和工作室（未完成），1990年
2　法国巴黎，芬兰学院，1991年；同罗兰·斯维策（Roland Schweitzer）以及山米·坦贝特（Sami Tabet）合作
3　芬兰，伊纳里（Inari），土产拉普语民族（Sami Lapp）博物馆和芬兰北部游客中心。
4　芬兰，瓦诺岛，画家（Tor Arne）的夏季工作室，1970年
5　美国密歇根州，布卢姆菲尔德希尔斯（Bloomfield Hills），克兰布鲁克艺术专科学院（Cranbrook Academy），阿瑞沃广场和天文装置（Arrival Plaza and Astronomical Instrument），1994年，与丹·霍夫曼（Dan Hoffman）以及克兰布鲁克建筑工作室合作

5

Balthazar Korab

● Tehtaankatu 13 B 28, 00140 Helsinki, Finland Tel: +358 9 669 740 Fax: +358 9 669 741

潘冀联合建筑师事务所

jjpp@jjpan.com   www.jjpan.com

Jeffrey Cheng

潘冀联合建筑师事务所（J.J. Pan and Partners）是一家建筑设计和规划设计公司，致力于为人类环境提供创造性的设计服务。

该公司追求设计的整体性，并坚持天、地、人平衡协调的发展。

从1981年开始，公司已经为国际国内的客户提供了综合的设计服务，涉及到诸多因素，包括被许多荣誉证明了的业绩、先进的教育手段、天才的创造能力、多类型的技术措施，以及宽泛的专业技术、教学和研究背景等。

该公司坚信：创新的设计、周密的服务和可靠的实施方式，是成功作品中不可或缺的因素。

公司赢得了客户的信任，也获得政府、专业机构和各级刊物授予的荣誉。例如，由 AIA 纽约分会颁发的年度建筑设计奖。

由于事业上的杰出成就，1994年，潘先生被美国建筑师学会选为会员，并被中国台湾授予杰出建筑师的称号。

David Chen

Min-Shiung Tsien

1　中国台湾，台北，中国文化大学大厦建筑；与建筑师 C.H. Wang 合作
2　中国台湾，桃源，广达公司显示器（TFT/LCD）工厂
3　中国台湾，台北，中国文化大学，奠基者纪念图书馆；与建筑师 C.H. Wang 合作
4　中国上海，金兰大厦
5　中国台湾，新竹，台湾旺宏电子公司（Macronix）总部建筑

J.J. Pan

K. W. Lee

● No. 21, Alley 12, Lane 118, Ren Ai Road Sec.3, Taipei 106 Taiwan
Tel: +886 2 2701 2617 Fax: +886 2 2700 4489

埃斯图迪奥·潘塔罗托建筑事务所

estudiopantarotto@espanarq.com

1　　　　　　　　　　　　　　　Angel Juarez

埃斯图迪奥·莱奥波尔多·潘塔罗托 (Augusto Leopoldo Pantarotto)，是潘塔罗托建筑设计工作室（Pantarotto Architects Studio）的负责人，早在40多年前就开始了独立的专业实践。

他的建成作品超过400万平方英尺，包括公共和私人建筑、旅馆、银行、医院、购物中心等建筑设计，以及家具设计。他的大多数作品都位于阿根廷和乌拉圭。

他担任阿根廷建筑学会会长已经10年了，同时也是罗萨里奥城市规划学会的秘书长、罗萨里奥国立大学的教授，此外，1999年被哈佛大学邀请为访问学者。

他在国际国内的竞赛中多次获奖，还在各种建筑大会上发言并且代表阿根廷出席国际会议。

1989年，他被布宜诺斯艾利斯城市授予建筑荣誉学位。1999年，罗萨里奥建筑学院为他举办了作品回顾展。

2　　　　　　　　　　　　　　　Andrea Ostera

3　　　Gabriela Pantarotto　　4　　　Gabriela Pantarotto　　5　　　　　　　　　Hector Rago

1　阿根廷，圣卡洛斯巴里洛切（San Carlos de Bariloche），圣卡洛斯巴里洛切酒店；夜景
2　阿根廷，罗萨里奥，Casa Kanter,内院透视
3　阿根廷，罗萨里奥，Edificio Viviendas Bauen Rio
4　阿根廷，罗萨里奥，Banco Comercial Israelitay Edificios Viviendas，立面细部
5　阿根廷，布宜诺斯艾利斯，Panamericano 酒店，Avenida 9 de Julio 面透视

● Chacabuco 1382 1° Piso, Rosario, Santa Fe S200BVD Argentina
Tel: +54 341 424 6226 Fax: +54 341 424 6226

建筑师设计联合公司

info@pidarch.com   www.pidarch.com

建筑师设计联合公司(Partners in Design Architects)被创造优秀作品的热情驱使着，努力与客户、员工、商业伙伴以及所服务的社区建立长期的合作关系。

该公司通过努力提高设计水准、加强团队合作并控制项目造价，使作品超乎客户的期望，为员工提供了专业上的成长机会，也改善了建成环境的质量。

公司成立于1991年，在伊利诺伊州迪尔菲尔德、威斯康星州基诺沙等地的分公司，都提供高品质的建筑设计服务。

项目多样性、交流与综合能力等，提高了整个公司的业务水准。交互式和合作的设计理念，突出了客户在解决问题过程中的关键作用。

公司持续的发展、不断扩张的客户群和大量的回头客，都证明了：努力为客户创造最大化的效益，是设计出优秀作品的必要条件。

1   Arc Photo

2   Barry Rustin

3   Arc Photo

4   Studio B

5   Edward Purcell

1　美国威斯康星州，基诺沙（Kenosha），弗兰克小学；是对1895年建造的、有重大意义的学校建筑的改建和扩建
2　美国威斯康星州，普勒森特－普瑞里（Pleasant Prairie），莱克夫友－瑞克普勒克斯（LakeView RecPlex）；社区娱乐中心，有纤体、水上活动（游泳和SPA）以及运动场等设施
3　美国威斯康星州，基诺沙，格林威治普勒斯；突出的商业建筑成为当地的标志性建筑
4　美国威斯康星州，基诺沙，出租房扩建，建筑设计联合公司；动态的、有效率的室内空间设计方案
5　美国伊利诺伊州，沃基甘，汽车集团彻丽公司；将没有个性的办公室改造为开放的、充满活力的环境

● 770 Lake Cook Road, Suite 140, Deerfield, Illinois 60015 USA Tel: +1 847 940 0300 Fax: +1 847 940 1045
600 52nd Street, Suite 220, Kenosha, Wisconsin 53140 USA Tel: +1 262 652 2800 Fax: +1 262 652 2812

PKSB 建筑师事务所

info@pksb.com　www.pksb.com

1　　　　　　　　　　Paul Warchol

PKSB 建筑师事务所是一家享有国际声誉的设计公司。

该公司已经设计完成了一系列项目,包括教育建筑、商务酒店、祭祀殿堂、社区活动中心、办公楼等。

近年来,PKSB在建筑设计上的进步和专业技术上的执着使其获得了很多荣誉。

PKSB 已经将努力方向由最初的方案设计转变为建筑项目的实施,这一转变,需要项目组成员同客户的密切合作和彼此尊重。

在过去 35 年成功实践的基础之上,PKSB 持续稳步发展,一直坚持拓展现代设计的视野,为客户和社会更好地服务。

这一坚定信念激励着该公司,也使发展中的艺术观念、建筑和技术成就对其的影响力不断加强。

在每一项目中,公司负责人都直接参与,并尽力满足每一位客户的需要,最终完成了高质量的设计成果。

2　　　　　　　　　　Paul Warchol

3　　　　　　　　　　Jock Pottle/ESTO

5　　　　　　　　　　Paul Warchol

4 、　　　　　　　　　Paul Warchol

1　奥尔蒙德海滩,Root 住宅;私人住宅
2　美国佛罗里达州,纽约,肖勒姆酒店(Shoreham),一家精品酒店(boutique hotel)的改建和扩建
3　美国弗吉尼亚州,怀斯(Wise)县,教育和发展中心;带实验室、系办公室的教学楼
4　美国纽约州,弗里多尼亚(Fredonia),里德图书馆改建和扩建;为大学图书馆加建四层
5　威廉斯堡社区中心,纽约

● 330 West 42nd Street, New York, New York 10036 USA Tel: +1 212 594 2010 Fax: +1 212 947 4381

保罗·摩根建筑师事务所

office@paulmorganarchitects.com　www.paulmorganarchitects.com

1　　　　　　　　　　　　　　　Chung Hsiao Hsieh

保罗·摩根建筑师事务所（Paul Morgan Architects）设计了很多公共建筑。公司创立于2003年，当时摩根·麦肯纳（Morgan McKenna）已完成了墨尔本、维多利亚地区和亚洲的大学、图书馆、理事会、住宅、城市设计、总体规划和商贸项目的设计，获得了很多经验。

该公司努力的方向是，挖掘简明的功能性和表现性的潜力。在设计创新的建筑和空间的努力中，公司已经在建筑表现、空间与声学的平衡、灵活的学习空间和大学总体规划等领域发展出成熟的设计策略。

在办公自动化场所、布局灵活的企业空间、数据中心和太阳能装置等的设计中，形式和功能的重要性被同等程度地关注。

公司综合了生态设计、高新技术和可持续发展的环境理论，形成了自己的设计理念。保罗·摩根在墨尔本RMIT大学的执教过程中，也多次涉及这些理论。

公司将建筑看作是特定文化环境中的产物。该公司的成功，源于保罗·摩根本人对项目自始至终的亲自参与。

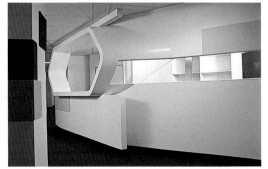

2　　　　　　　　　　　　　　　Peter Bennetts

3　　　　　　　　　　　　　　　Andrius Lipsys

1　澳大利亚墨尔本，皇家墨尔本理工大学计算机与IT学院；Oasis 的室内设计
2　澳大利亚墨尔本，莫纳什大学信息技术学院；接待处
3　澳大利亚墨尔本，皇家墨尔本理工大学计算机与IT学院；服务中心
4　澳大利亚墨尔本，皇家墨尔本理工大学计算机与IT学院；穿过许多管状光缆看办公空间的透视

4　　　　　　　　　　　　　　　Andrius Lipsys

● Level 10, 221 Queen Street, Melbourne, Victoria 3000 Australia Tel: +61 3 9600 3253 Fax: +61 3 9602 5673

保罗·乌尔曼建筑师事务所

info@pua.com.au www.pua.com.au

1 David Sandison

2 David Sandison

保罗·乌尔曼建筑师事务所（Paul Uhlmann Architects），是一家以设计为主业的获奖公司。该公司的理念是：通过对特定场地和客户需求的尊重，创造出优秀的作品。

为工作和生活创造出适宜的环境和舒适的空间，即是作品的成功。

在遍及昆士兰、新南威尔士、澳大利亚和南太平洋的项目中，公司组织各工种人员的技术配合，设计出多类型的建筑。

3 Matt Kennedy

4 Matt Kennedy

5 David Sandison

1 澳大利亚昆士兰，图翁 (Toowong)，马罗夫住宅；小型住宅设计
2 澳大利亚昆士兰，人鱼湾 (Mermaid Beach)，人鱼住宅；对海滨已建住宅的改建
3 澳大利亚昆士兰，布鲁克非德，"避风港"；新建的乡村风格的休养所
4 澳大利亚新南威尔士，克因尼里住宅；对已建的海滨度假别墅的改建
5 澳大利亚昆士兰，图贡 (Tugun) 联排住宅；4 个独立单元组成的联排住宅

● 24/66 Goodwin Terrace, Burleigh Heads, Queensland 4220 Australia
Tel: +61 7 5576 7321 Fax : +61 7 5576 7073

帕耶特联合事务所

info@payette.com　www.payette.com

1　　　　　　　　　　　　　　Jeff Goldberg/Esto

2　　　　　　　　　　　　　　Jeff Goldberg/Esto

　　帕耶特联合事务所(Payette Associates)成立于1932年，为综合建筑提供建筑设计、总体规划、策划、景观设计、室内设计，以及图像设计等服务。

　　实践中，侧重于科教研究机构、医疗教育研究机构、卫生保健，以及企业办公方面的建筑设计。

　　近年来，帕耶特作为组织者，参与了主要大学大型生物医学机构的规划、设计和建设工作。

　　最近的项目包括：艾奥瓦医科大学的医学教育和生物医学研究机构、普林斯顿大学Guyot礼堂的改建和扩建、宾夕法尼亚州立大学化学和生命科学馆，以及西弗吉尼亚大学的生命科学馆等。

3　　　　　　　Paul Warchol

4　　　　　　　Warren Jagger

1　美国罗得岛州，普罗维登斯，布朗大学，巴罗斯＆霍里改建和扩建，西立面作为工程系的主要入口
2　美国马萨诸塞州，剑桥市，哈佛大学，计算机系的大楼(Maxwell Dworkin)，入口以及与街道连接处的透视，
3　巴基斯坦，卡拉奇，阿卡汗大学和医院，主入口
4　美国罗得岛州，普罗维登斯，退伍军人医疗中心(Veterans Affairs Medical Center)，非住院护理中心的改建和扩建
5　美国佛蒙特州，米德米伯里，米德尔伯里学院，200年纪念大厅

5　　　　　　　Jeff Goldberg/Esto

● 285 Summer Street, Boston, Massachusetts 02210 USA Tel: +1 617 895 1058 Fax: +1 617 895 1002

PDT 建筑设计有限公司

pdt@pdt.com.au www.pdt.com.au

1   PDT Architects

2   David Sandison

3   Eric Victor

4   Mark Duffus

5   Aaron Tait

自1938年成立以来，PDT建筑设计有限公司（PDT Architects Pty Ltd）的建筑与室内设计作品遍及澳大利亚和新西兰。

PDT参与项目的每个阶段，从前期策划到细部设计、文本制作，以及室内设计和建造后的管理等。该公司在专业和创新的设计、可持续发展的建筑理念、个人处理项目的能力，以及同客户沟通的技巧等方面，都建立了良好的声誉。

PDT 为教育机构、零售和购物中心、运动休闲场所、办公商务中心、文化设施、社区服务中心、健康疗养机构、医院、旅游中心、传统建筑、交通设施和工业综合体等，提供专业的建筑设计、室内设计、总体规划以及项目管理服务。

1 澳大利亚昆士兰州，布里斯班市，朗泊克（Long Pork），桑柯普－梅特威体育场（Suncorp Metway Stadium）；鸟瞰，朝布里斯班方向的透视（与HOK体育建筑专业设计公司联合设计）
2 澳大利亚昆士兰州，图文巴市（Toowoomba别名为"花园城市"），图沃巴文理学校（著名的私立中学）
3 澳大利亚昆士兰州，布里斯班市，夏洛特大街201号
4 澳大利亚昆士兰州，布里斯班市，奈维尔办公楼（Neville Bonner）
5 澳大利亚昆士兰州，布里斯班市，私人画廊

● 184 Wharf Street, Spring Hill, Queensland 4000 Australia Tel: + 61 7 3232 1300 Fax: + 61 7 3232 1350

佩卡姆－赖特建筑师事务所

www.pwarchitects.com

从1978年成立以来，佩卡姆－赖特建筑师事务所（Peckham & Wright Architects）为私营企业、公众部门和个人提供建筑设计和总体规划服务。通过室内室外设计专家的协作，以高科技的创造，服务于项目的整个过程。

PWA关注色彩、材质、能源、自然光以及形式与结构的结合，以寻找每个项目中的设计契机。设计中，尊重与场地的历史、自然和建成文脉的关联，以及建造关系。

PWA项目的成功，得益于精心的建筑策划、深思熟虑的设计方案、高质量的建造以及有效的沟通与交流。通过发展与客户的稳固关系，PWA对客户需求有了更深入的了解，以便提供适时的服务，创造出更多的经典作品。

自成立至今，PWA一直关注建筑的可持续发展，以及人与自然环境、人与建造环境之间的关系。无论是开普吉拉多（Cape Girardeau）的密苏里大学校园保护机构，还是匈牙利布达佩思的城镇设计中，公司始终坚持可持续发展的设计思路，

1　　Deanna Dikeman

3　　Peckham & Wright

2　　MU Sports Information

4　　Peckham & Wright

1　美国密苏里州，马歇尔市，巴特菲尔德(Butterfield)青
　　年服务中心
2　美国密苏里州，哥伦比亚，第八消防队
3　美国密苏里州，哥伦比亚，密苏里大学NCAA（美国大
　　学篮球比赛）跑道
4　美国密苏里州，开普吉拉多市（Cape Girardeau），
　　开普吉拉多校园保护区

● 15 South 10th Street, Columbia, Missouri 65201 USA Tel: +1 573 449 2683 Fax: +1 573 442 6213

谢夫基 · 佩金

sevkipekin@superonline.com www.sevkipekin.com

1   Sevki Pekin

2   Sevki Pekin

3   Sevki Pekin

4   Sevki Pekin

谢夫基 · 佩金（Sevki Pekin）出生于 1946年，毕业于伊斯坦布尔的罗伯特大学。曾就学于维也纳工业大学的建筑学院，并于1973年拿到了维也纳艺术学院的建筑专业的毕业证书。他曾和佩切尔(Peichl)、博伊桑（Boysan）在伦敦、维也纳、伊斯坦布尔的多家事务所一起工作过。

在1975年，他成立了谢夫基·佩金建筑设计与建设公司（Sevki Pekin Architecture and Construction Company）。

1973年获得由维也纳艺术学院颁发的"Baravelle奖"；1974年获得由奥地利建筑协会颁发的"约瑟夫·弗兰克（Josef Frank）奖"；1996年、2000年、2002年分别获得由土耳其国家建筑师基金颁发的奖金。

他曾在土耳其的很多大学里举办讲座并担任方案评审人，他的作品也在许多土耳其及国际刊物上发表。

1 土耳其，班德姆里（Bademli），夏季度假别墅
2 土耳其，波德鲁姆（Bodrum），夏季度假别墅
3 土耳其，伊兹米特(Izmit)，工业协会的科贾埃利 (Kocaeli)会所
4 土耳其，萨潘贾（Sapanca），6幢住宅

● BJK Plaza A/1G S. Seba Caddesi, Besiktas 80680 Istanbul, Turkey
Tel: +90 212 258 3588 Fax: +90 212 258 3533

珀金斯和威尔事务所

www.perkinswill.com

美国建筑师学会资深会员拉尔夫·E·约翰逊（Ralph E. Johnson）是珀金斯和威尔事务所（Perkins & Will）芝加哥分部的负责人和主要设计师。他在伊利诺伊大学取得建筑学学士学位，在哈佛大学取得硕士学位，1976 年开始了他同 Perkins & Will 开始 25 年的合作的生涯。

在过去的 7 年里，他的作品被授予 40 多个设计大奖，其中包括 6 个国家荣誉奖、多个美国建筑师学会颁发的国家荣誉奖，此外，还有建筑设计进步奖。

他的作品广泛地刊印在国际建筑杂志中，此外，他还出版了两部专著。他在全国及世界各地设计了各种类型的建筑，包括实验室、医疗机构、教育建筑、企业办公、文化设施、机场等。如 O'Hare 芝加哥国际枢纽、伊利诺伊大学的 Temple Hoyne Buell 中心，这是建筑、景观、城市规划学院的研究生楼，此外，还设计了芝加哥科学研究院的自然博物馆。

最近他在洛杉矶联邦法院新楼的方案竞赛中中标，还被委托设计印第安那州 Cummins 基金会的哥伦布中学。

1　　　　　　　　　　　Steinkamp-Ballogg

2　　　　　　　　　　　Perkins & Will

3　　　　　　　　　　　　　　　　　　Perkins & Will

1　美国伊利诺伊州，芝加哥，芝加哥科学研究院，Peggy Notebaert 自然博物馆
2　卡塔尔，多哈，卡塔尔广播服务综合楼
3　安哥拉，罗安达，阿戈什蒂纽·内图总统大学（Universidade Agostinho Neto）
4　美国加利福尼亚州，洛杉矶市，洛杉矶美国法院
5　美国密苏里州，圣路易斯市，华盛顿大学医学院，麦克道尔儿科和癌症研究中心

4　　　　　Perkins & Will

5　　Nick Merrick/Hedrich-Blessing

● 330 North Wabash, Suite 3600, Chicago, Illinois 60611 USA Tel: +1 312 755 0770 Fax: +1 312 755 0775

珀金斯·伊斯门建筑师事务所

info@peapc.com www.perkinseastman.com

珀金斯·伊斯门建筑师事务所（Perkins Eastman Architects）从1981年成立时起，就是以专业技术和知识见长的公司。它给客户提供独特的解决方法、创新的环境设计，并在建筑设计、前期策划、室内设计等领域，创造出优秀的作品。

公司拥有400多名员工，在纽约、匹茨堡、斯坦福、夏洛特、旧金山、芝加哥、多伦多都有分公司，并在不同类型的建筑和工程项目中提供设计和策划的专业性服务。

珀金斯·伊斯门坚信，建筑的环境很大程度上影响着在那里工作、居住、交往的人们的生活质量。将客户目标、建筑类型、场地环境、预算等因素综合考虑，以丰富的建筑语汇和独特的解决方案着手设计。

事务所的组织结构融合了负责人的不同工作方法和设计思路，大家时常在一起探讨，加强并补充完善其他人的工作。因其高品质的设计，该事务所的作品每年都被广泛刊印，并获得了许多设计奖项。

1　　　　　　　　　　　　　　Chuck Choi

2　　　　　　　　　　Timothy Hursley

3　　　　　　　　　　Chuck Choi

4　　　　　　Chuck Choi

5　　　　　　　　　　Chuck Choi

1　美国纽约，巴特利公园城(Battery Park City)，希尔顿下属的大使套房酒店；中庭
2　美国阿肯色州，小石城（Little Rock），阿肯色大学医学中心，唐纳德·W·雷诺兹老年人癌症康复中心
3　美国纽约州，牙买加市，奎恩斯市民政府办公楼；广场
4　美国纽约，美国财政集团；接待中心
5　日本大阪，高山太阳城；朝向图书馆的室外透视

● 115 Fifth Avenue, New York, New York 10003-1004 USA　Tel: +1 212 353 7200　Fax: +1 212 353 7676

佩里－迪安－罗杰斯联合设计事务所

www.perrydean.com

Richard Mandelkorn

佩里－迪安－罗杰斯联合设计事务所
(Perry Dean Rogers I Partners)的建筑之路
是综合的、成熟的，也是极富争议的。他
们的作品不是一个主要设计师或者一个独
立工作室的产物，而是不同年龄、不同专
长的员工，以各种方式通力协作的结果。
在这里，借鉴、融合、交流着的思想被重
新整合，并用新的手法呈现出来。这种实
践方法，是保证其作品既稳定发展又不失
创新的关键。

事务所在接到每个任务时，都会有一
套清晰明确的手段：第一，分析需求，并
且通过让客户和使用者全程参与设计过程
来得出结论。第二，坚持开放的态度，坚
持同客户沟通，以及坚持通过一定的手段
着力于满足顾客的需求，这些手段，都是
从那些反映顾客需要的建筑问题中寻找答
案的。最后，创作出的建筑，能让使用者
通过全新方式来感受世界。

Richard Mandelkorn

Richard Mandelkorn

1 美国康涅狄格州，费尔菲尔德(Fairfield)，费尔菲尔德
  大学，巴罗恩校园中心；夜景下明亮的幕墙展示出学生
  团体的情况
2 美国宾夕法尼亚州，卡莱尔，迪克森森大学，威德勒图
  书馆；图书人口透视以及上层的研究室
3 美国宾夕法尼亚州，赫尔希，米尔顿·赫尔希学校，新城
  镇中心和设施；斯坦克视觉艺术中心
4 美国纽约州，波基普西(Poughkeepsie)，马里斯特
  学院（Marist College）；入口透楼
5 美国马萨诸塞州，波士顿市，尼德姆区，富兰克林·W·
  欧林工程学院；新建工程学院的教室和实验室细部

4   Richard Mandelkorn

5   Richard Mandelkorn

● 177 Milk Street, Boston, Massachusetts 02109 USA Tel: +1 617 423 0100 Fax: +1 617 426 2274

425

彼得·沃克联合建筑师事务所

www.pwpla.com

1   PWP

2   PWP

3   PWP

4   PWP

彼得·沃克联合建筑师事务所（Peter Walker and Partners）创立于 1983 年，主营景观建筑设计。他们在全世界建造的工程从规模到方案都不尽相同。其中包括城市设计和规划、公司总部、大学校园、公园、广场、花园等设计。通过不断地探索艺术、文化和文脉之间的关系，彼得·沃克同公司其他伙伴一起，革新了城市景观和自然景观，并对传统的设计思想提出了挑战。

事务所的设计方法，从确定计划到组织空间以及用材料做实验。使用的手段有绘图、模型制作、电脑作图、大比例的实物模型制作等。确定方案的过程，反映出客户、建筑师和咨询顾问之间多层面的沟通。对历史和传统文化的了解、对时代需求和生活方式的深刻认识，加上对特定场所精神的追求，这些都使该公司的作品既是永恒的，又是独一无二的。

5   PWP

1　日本，所沢市（Saitama Prefecture），崎玉县（Saitama），天空森林；建设中的城市广场
2　美国，俄勒冈州，波特兰市，杰米森广场；公共公园
3　美国，加利福尼亚州，加利福尼亚大学圣迭戈分校图书馆步行道；大学校园的漫步道
4　美国，加利福尼亚州，帕洛阿尔托，斯坦福大学临床科学研究中心；庭院露天休闲吧
5　美国，加利福尼亚州，科斯塔梅萨，市中心公园；中央具有综合功能的开放空间

● 739 Allston Way, Berkeley, California 94710 USA Tel: +1 510 849 9494 Fax: +1 510 849 9333

普福建筑事务所

info@pfauarchitecture.com   www.pfauarchitecture.com

普福建筑事务所（Pfau Architecture）是以其独特的设计、对环境的敏锐以及在建筑界的先锋地位，而被全国广泛认可的设计公司。自1991年起，该公司就一直致力于这样一种理念：一个成功的建筑不能抛开它的使用者而单独存在，它应该为人创造积极向上的有教益的场所、人性化的工作环境、令人振奋的朝拜场所。该公司坚信，可持续发展的建筑和结构能更合理地利用世界资源。该公司还是美国绿色建筑协会的成员单位。

核心人物彼得·普福（Peter Pfau）和德怀特·朗（Dwight Long），领导着17位极赋才华的设计师，并坚持亲自参与每一个项目。这种主要负责人的参与，为顾客们提供了高水准的个人服务，在预算和预定时间内，以高质量的产品满足他们的需求。

1   Roxanne's

3   Pfau Architecture Ltd.

2   J.D. Peterson

4   Matthew Millman

5   Tim Griffith

1   美国加利福尼亚州，莱克斯堡，罗森氏；有着友好的环境、美食者云集的、有机素食"生活食物"餐馆
2   美国加利福尼亚州，旧金山，格林·格莱，由旧金山的商店／工厂改建的商务办公楼
3   美国加利福尼亚州，旧金山，里克-威尔默仃中学，预科学校的新技术和设计中心
4   美国加利福尼亚州，圣安塞姆，房屋室内外，现代缅因住宅的改造
5   美国加利福尼亚州，旧金山，罗得岛350号，地面以上的，位于城市街区的商业办公综合楼

● 630 Third Street, Suite 200, San Francisco, California 94107 USA
Tel: +1 415 908 6408 Fax: +1 415 908 6409

PICA CIAMARRA 联合建筑设计公司

pca@pca-int.com   www.pca.int.com

1   Mimmo Jodice

PICA是一个综合了多种学科的团队，他们致力于创作出具有国际影响力的作品，例如卡拉布里亚大学的 Arcavacata 多功能建筑。

对可持续建筑和环境的关注在许多项目中都可以看到，包括那不勒斯的 CNR 技术中心（1988 年获得悉尼"国际建筑技术创新竞赛"入围奖）、Fuorigrotta 广场、Recanati 的 Teuco-Guzzini 办公室（获得 1998 年"技术 - 环境 - 建筑"大奖）、Caserta 大学、在 Coroglio 海滨的科学之城（2002）、巴里的博览会建筑，以及为 2008 年北京绿色奥运会设计的一个项目。

公司的作品已经在一些国际性的杂志、专论和书籍中出版，包括1998年《B. Zevi》"Linguaggi del'architettura conternporanea"，1996年"欧洲的大师——巴塞罗那都市建筑学"，1991年米兰奥弗尔(Over)的《Piazze e spazi urbani》，以及《Quaternario 1988－悉尼》,1995年《高层建筑》。

2   Mimmo Jodice

3   Francesco Jodice

4   Mimmo Jodice

1   意大利,萨勒诺，大学的中心空间
2   那不勒斯,意大利, CNR科技楼和新建Fuorigrotta广场
3   意大利，雷卡那提,图科 / 古兹尼办公大楼
4   意大利，那不勒斯,新商业区的建筑
5   意大利，那不勒斯,商业中心

5   Vittorio Guida

● Posillipo,176, Naples 80123, Italy Tel: +39 081 5752 223 Fax: +39 081 575 5952

埃萨·皮罗宁建筑师事务所

esa.piironen@co.inet.fi

1   Jussi Tiainen

　　埃萨·皮罗宁（Esa Piironen）1966年
开始职业建筑师生涯，并且在1990年创立
埃萨·皮罗宁建筑师事务所。

　　公司已完成的项目多样，从小规模的
街道家具设计到大尺度的城市设计。许多
建成的项目都是通过竞标而获得的。

　　埃萨·皮罗宁事务所的作品大多是州
和市政府的公共建筑，也有为私人公司和
个人设计的建筑。公司一直注重在建筑设
计中尊重环境，并且坚持人文主义原则的
追求，这也成为该公司的鲜明特色。

　　公司最著名的项目包括：坦佩雷会
堂、一个音乐厅以及能容纳2000人的议会
厅，还有2001年设计的芬兰首都赫尔辛基
火车站月台顶棚。

　　埃萨·皮罗宁事务所的作品已经被世
界上许多著名的建筑杂志上广泛地出版。

2   Simo Rista

3   Simo Rista

4   Jussi Tiainen

1　芬兰赫尔辛基，赫尔辛基火车站月台顶棚，2001
2&3　芬兰坦佩雷，坦佩雷会堂，1990年
4　芬兰赫尔辛基，赫尔辛基威萨里地铁站，1998年

● Rohkatie 20, 00660 Helsinki, Finland　Tel: +358 9 179 133　Fax: +358 9 660 165

429

皮莱吉建筑设计公司

pileggi@pileggiarquitetura.com.br www.pileggiarquitetura.com.br

建筑师塞尔希奥·皮莱吉（Sergio Pileggi）出生于巴西里约热内卢,1962 年毕业于圣保罗的 Mackenzie 大学建筑系，后来在西班牙马德里高级技术建筑学院（Escuela Tecnica Superior de Arquitectura de）和荷兰鹿特丹 Bouwcentrum 国际教育中心完成了研究生的学业。

他的职业生涯将个人实践与学术活动相融合，15 年来，他一直领导着皮莱吉建筑设计公司（Pileggi Arquitetura），并在母校任工程学教授。直到 1973 年建筑师欧克利德斯·奥利韦拉（Euclides Oliveira）加入之前，他一直独立执业，他们的合作关系持续到 1993 年。

基本上他是一个现代主义的实践者，皮莱吉建筑设计公司已经在巴西许多重要的公共建筑和私人建筑的设计中扮演着重要的角色。他的项目包括：企业总部、宾馆、学校、居住建筑、体育中心、会议中心等。因工作成就突出，皮莱吉获得巴西建筑师学会颁发的许多荣誉。

作为一支年轻、富有创造力的和活跃的专业队伍，由建筑师塞尔希奥·皮莱吉带领的皮莱吉建筑设计公司，在巴西建筑的发展上有着重要意义。

1　　　　　　　　　　　　　　　Cristiano Mascaro

2　　　　　Cristiano Mascaro

3　　　　　　　　　　Cristiano Mascaro

4　　　　　Cristiano Mascaro

5　　　　　　　　　　Cristiano Mascaro

1　巴西,圣保罗,麦克肯·埃利克森；南美总部
2&4　巴西,圣保罗,画家之家；画家的住宅和画室
3　巴西,马里里亚, SESI；运动和教育综合楼
5　巴西,阿提巴亚, Itapetinga 山区住宅；周末度假屋
摄影： Luiz Fernando Macian

● Avenida Brigadeiro Faria Lima, 2012 14° andar, CEP 01469-900 São Paulo, Brazil Tel: +55 11 3813 6922

皮齐尼尼－卢森堡－索尔斯坦松建筑公司

pizzilux@ni.net

1　　　　　　　　Pizzinini, Luxemburg, Thorsteinsson

2　　　　　　　　Pizzinini, Luxemburg, Thorsteinsson

3　　　　Pizzinini, Luxemburg, Thorsteinsson

　　国际间的建筑合作虽然平常，但是雷吉娜·皮齐尼尼 (Regina Pizzinini)、莱昂·卢森堡 (Leon Luxemburg) 和特里格维·索尔斯坦松 (Tryggvi Thorsteinsson) 15年的合作经历却与众不同，因为他们三个年轻的独行者需要频繁往来于加利福尼亚和欧洲。这样的往来迁移，以及他们那些生气勃勃的居住项目，都证实了他们不愧是已故的建筑大师查尔斯·穆尔 (Charles Moore) 的真正继承者。正是查尔斯·穆尔，在1983年鼓励他们从奥地利迁到洛杉矶并且邀请他们一起学习和工作。

　　三人协作完成了规模越来越大、功能越来越复杂的居住项目设计，在重复中又不断变化着：简单的几何形体、并列的体量和原色的运用。

　　他们的成长历程同大多数年轻建筑师一样，从小小的客房设计和建筑改造起家，逐渐发展到居住区及公共建筑设计。

.4　　　　　Pizzinini, Luxemburg, Thorsteinsson

5　　　　　　　Pizzinini, Luxemburg, Thorsteinsson

1—5　　Hentzig 住宅．卢森堡

● 2828 Donald Douglas Loop North #27, Los Angeles, California 90405 USA
Tel: +1 310 452 9667　Fax: +1 310 452 9697

PLH 建筑师事务所

plh@plh.dk www.plh.dk

Deloitte & Touche, Copenhagen, Denmark; 'A resort for work'　　　　Miklos Szabo

　　在从业的 25 年中，PLH 建筑师事务所为客户和合作伙伴提供了完美的解决方法，以协调建筑的诸多要素。

　　PLH 的实践涉及广泛的领域，从工业与民用建筑的设计到咨询策划以及产品设计。多学科的交叉为员工提供了一个积极的交流平台，因此，那些极赋创造性的员工士气受到鼓舞，也提高了他们的工作效率。

　　PLH 的立足于建筑创新和为客户解决问题。其中的首要任务是思想观念的创新，作为成功设计的基础，同客户交流探求明晰的、创新的解决方法。

　　在室内设计领域，PLH 积极倡导"人的活动是环境设计的基础"这一理念，将环境设计作为工具来促进客户事业的发展。

　　在产品设计领域，PLH 的理念是设计出具有良好功能和人性化界面的方案。他们的产品具有永恒经典的形式和简约的风格，正反映了丹麦的设计传统。

● Dampfaergevej 10, DK-2100 Copenhagen O Denmark Tel: +45 35 43 00 55 Fax: +45 35 43 10 55

鲍尔斯·布朗建筑设计公司

brown@powersbrown.com　www.powersbrown.com

鲍尔斯·布朗建筑设计公司（Powers Brown Architecture）是一家具有强烈民族文化特色的建筑公司，并且该公司的员工普遍将"创新"作为其设计原则，坚持每个项目都具有独特之处；坚信建筑是文化传播的媒介，建筑在同物质现实抗衡的过程中，同艺术门类区分开来。

公司强调，建筑必须尊重其所处的城市环境。将每一项目视作城市中不可或缺的一部分，而非简单生硬的延续，这是建筑师的伟大职责。建筑契合所处环境，尊重场所精神却又避免盲目的文脉主义，在创新与适宜之间寻求平衡。

1　　　　　　　　　　　　　　Jud Haggard

2　　　　　　　　　　　　　　Jud Haggard

3　　　　　　　　　　　　　　Justin Ruiz

4　　　　　Jeffrey Brown

5　　　　　　　　　　Chris Royster

1　美国南得克萨斯州,联邦办公大楼,入口庭院及有倒影的水池
2　美国得克萨斯州,休斯敦,通用科技；正立面
3　美国得克萨斯州,休斯敦,RTRON 电器；办公和车间之间的东立面
4　美国南得克萨斯州,联邦办公大楼；车库连接楼
5　美国得克萨斯州,休斯敦,RTRON 电器；入口上方的体量

● 1314 Texas Avenue, Suite 401, Houston, Texas 77002 USA Tel: +1 713 224 0456 Fax: +1 713 224 0457

普林格尔·布兰登建筑设计公司

www.pringle-brandon.co.uk

Chris Gascoigne

Chris Gascoigne

普林格尔·布兰登建筑设计公司（Pringle Brandon）是英国重要的建筑与设计公司之一，主要为金融业、法律业及其他业主提供创新的商务空间设计。该公司已成功完成数百万平方英尺的项目，包括办公区重建、装配以及建筑改造等。工程项目给布兰登以不断提高设计水平、重新评估和思考的契机。反之，布兰登的设计也为客户创造出灵活多变的工作空间，契合客户公司的理念及企业文化；舒适的工作环境帮助客户吸引、保留和培养最优秀的人才，同时提高员工的团队合作精神。

公司已成功完成了几百万平方英尺的项目，有：荷兰银行（ABN AMRO）、安理国际律师事务所（Allen & Overy）、瑞士友邦银行（Banque AIG）、巴克利上市公司（Barclays plc）、德国银行（Deutsche Bank），英国的帝亚吉欧公司（Diageo plc）、EDF Energy Merchants 有限公司、Gemini Consulting 公司、摩根银行（J P Morgan）、欧莱雅公司（L'Oreal）、伦敦地铁公司（London Underground）、三菱公司（Mitsubishi）、摩根斯坦利（Morgan Stanley），以及美国基金管理集团（T Rowe Price）等。

3   Chris Gascoigne

4   Chris Gascoigne

5   Morley Von Sternberg

1 英国伦敦，摩根斯坦利；疏散空间，为非正式工作设计
2 英国伦敦，银行业委托人；疏散空间，用作非正式工作和休闲场所
3 英国伦敦，德意志银行；入口大厅中突出的纪念性艺术品
4 英国伦敦，美国基金管理集团；会晤交流及非正式的员工餐厅
5 英国伦敦，帝亚吉欧公司；帝亚吉欧酒吧是公司品牌展示的空间

● 10 Bonhill Street, London EC2A 4QJ UK Tel: +44 20 7466 1110 Fax: +44 20 7466 1050

普罗文－伯德特建筑师有限公司

architects@provanburdett.com.au

普罗文－伯德特建筑师有限公司 (Provan Burdett Pty Ltd Architects)成立于1988年初，由塔尼亚·普罗文 (Tania Provan) 和戴维·伯德特 (David Burdett) 共同学习和工作11后年创立的。长期的合作，使他们在建筑设计以及服务准则等方面达成了共识。

公司创建之初接触的大多是多功能居住项目，比如遍及墨尔本及维多利亚城乡的单元式住宅。项目造价在7万~300万澳元之间。

小型的项目有住房的改建与加建等，大型工程有位于海角镇 (Portsea) 和 Red Hill的新居住区、墨尔本西北部的14栋公寓楼，以及位于福尔斯湾 (Falls Creek) 的山区度假胜地等。

公司每一项工程都由两位负责人亲自指导，结合客户要求及场地情况，最终设计出独特的作品。

1   Peter Bennetts

2   Bozig

3   Provan Burdett   4

5   Provan Burdett

1 维多利亚,福尔斯湾,弗鲁埃夫村
2 维多利亚,雷德山,卡拉兰斯路
3 维多利亚,西墨尔本,富兰克林径
4 维多利亚,北墨尔本,利维森街
5 维多利亚,波特西,哈斯姆路

● 22 Franklin Place, West Melbourne, Victoria 3003 Australia Tel: +61 3 9329 3443 Fax: +61 3 9329 3445

皮尤 + 斯卡尔帕建筑设计公司

info@pugh-scarpa.com　www.pugh-scarpa.com

1　　　　　　　　　　　　　　　　Marvin Rand

2　　　　　　　　　　　　　Benny Chan–Photoworks

皮尤＋斯卡尔帕（Pugh + Scarpa）建筑设计公司1991年成立于圣莫尼卡（Santa Monica），主营建筑设计、建筑工程、室内设计和项目计划等，目前拥有建筑专业技术人员43人。在加利福尼亚州圣莫尼卡、旧金山；北卡罗来纳州夏洛特都有独立经营的分公司或办事处。业务范围广泛，客户包括公众、个人及机关单位等。美国建筑师学会会员格温·皮尤（Gwynne Pugh）、劳伦斯·斯卡尔帕（Lawrence Scarpa）以及安杰拉·布鲁克斯（Angela Brooks）是公司的核心成员。

　　每一项目对于公司都是具有延续性的工作。在设计中，公司鼓励独创和不断探新的精神，这使公司能够对经手的每一项目都保持了创造的动力。对材料、技术和已建条件的持续调研、对规范的重视等，都为创新奠定了基础，同时刺激了新的设计思路。无论项目规模的大小，无论客户为公私、贫富，公司的服务都力求诚信专业，独特精致，也因此形成了公司独特的建筑风格。

3　　　　　　　　　　　　　　　　Marvin Rand

4　　　　　　　　　　　　　　　　Marvin Rand

5　　　　　　　　　　　　　　　　Marvin Rand

1　CoOp 编辑部：对早期弗兰克·盖里设计的建筑重新装修
2　波哥蒙特艺术 Lofts：波哥特艺术综合楼北立面
3　瑞阿克特菲林斯：将集装箱改造成一个会议室
4　Absolute Diva：商业零售建筑修复
5　科罗拉多庭院：44 个单元的、高能效的经济适用房设计

● 2525 Michigan Avenue, F1, Santa Monica, California 90404 USA
Tel: +1 310 828 0226　Fax: +1 310 453 9606

Quad3 集团有限公司

lkarasinski@quad3.com www.quad3.com

自1967年创办以来，Quad3集团有限公司（Quad3 Group,Inc.）作为一家建筑、工程及环境设计的综合公司，服务于商业、工业、政府及学校等领域。集团在威尔克斯－巴里（Wilkes-Barre）、费城和匹茨堡等地均有分公司，共有120名员工。全面的服务能力，使公司不仅履行重要的管理职责，还可根据项目的特殊要求，在公司内部组建设计专家。

公司以"在探讨中设计"为基本理念，Quad3集团有限公司的设计部主任、AIA会员列奥·卡拉辛斯基（Leo Karasinski）先生说："我们同专家、调研员商讨和交流，见面机会往往跟同事一样多。为了寻求最佳的解决方案，我们常常深入了解我们的客户，使最后的方案不仅凝聚了自己的设计热情，更折射出场地的环境。"

1
Chris Barone

3
Bo Parker Photography

2
Jeff Goldberg/Esto

4
Chris Barone

5
Jeff Goldberg/Esto

1　美国宾夕法尼亚州,威尔克斯－巴里,卢泽恩县停车库; 兰德马克大楼

2　美国宾夕法尼亚州, 达拉斯,杰尔德·J·怀卡利斯小学; 主入口视图

3　美国宾夕法尼亚州,米尔哈尔,中央山脉中学; 主要街道透视中央庭园

4　美国宾夕法尼亚州,黑泽尔顿, 皮特俄亥俄,办公室空间的末端入口

5　美国宾夕法尼亚州,达拉斯, 杰尔德·J·怀卡利斯小学; 入口天棚

● 37 North Washington Street, Wilkes-Barre, Pennsylvania 18701 USA
Tel: +1 570 829 4200　Fax: +1 570 829 0302

拉斐尔·维霍利建筑师事务所

www.rvapc.com

1   Koji Horiuchi

在纽约、伦敦和布宜诺斯艾利斯都有分部的拉斐尔·维霍利（Rafael Viñoly）建筑师事务所，是一家享有国际声誉的建筑设计公司。纽约分公司创立于1982年，在建筑设计、城市规划和室内设计等领域提供技术创新、改建等综合全面的服务。公司承担的业务包括：法院、博物馆、艺术表演中心、体育场馆、银行、旅馆、商业、工业和教育建筑、实验室、购物中心、娱乐中心以及居住建筑等。

最近完成的项目包括首尔的三星公司总部、普林斯顿大学运动场、东京国际会议中心、Van Andel学院、布朗大学的沃森国际研究院、哥伦比亚大学的国际气象预报研究院，以及位于费城的Kimmel艺术表演中心。目前正在着手的有：普林斯顿的Genomics综合学院、纽约林肯艺术中心的爵士乐厅、克利夫兰艺术博物馆、Tampa艺术博物馆、波士顿会议中心以及位于匹兹堡的戴维·L·劳伦斯会议中心。

2   Román Viñoly

3   Jeff Goldberg/Esto

4   Takeshi Miyakawa

5   Jeff Goldberg/Esto

1 日本, 东京, 东京国际论坛；室外透视
2 美国宾夕法尼亚州, 费城, 金梅尔表演艺术中心；Verizon 厅内部
3 美国纽约州, 布朗克斯, 利曼体育学院；游泳场馆内部
4 美国新泽西州, 普林斯顿, 普林斯顿大学运动场；鸟瞰
5 美国纽约州, 帕利塞兹, 哥伦比亚大学国际气象预报研究所；室外透视

● 50 Vandam Street, New York, New York 10013 USA Tel: +1 212 924 5060 Fax: +1 212 924 5858

RATIO 建筑师事务所

info@ratioarchitects.com   www.ratioarchitects.com

2   Bob Haar/Hedrich-Blessing

1   Craig Dugan/Hedrich-Blessing

3   Jeff Goldberg/Esto Photographics

4   George Bond

RATIO 建筑师事务所的设计理念体现在其名字中。RATIO 在拉丁文里的原意是"推理",而且词根是"理性的"。取"均衡"之意,这是所有优秀设计的根本。公司相信,一个成功的设计是通过制定清晰的目标、合理的方法以及充满想像的创作来完成的。

RATIO建筑师事务所创立20多年以来,一直奉行这个设计哲学。1982 年创办时 RATIO 只有 2 名员工,重点在室内设计和历史建筑保护方面,而现在RATIO已经发展成一个赢得许多设计和规划荣誉的、并提供以下方面的专业服务的公司:

建筑设计
室内设计
历史建筑保护
城市规划
景观设计

RATIO 建筑师事务所互动式的设计,体现在遍布中西部甚至全美国的各类型项目中,包括公司总部、教育机构、政府机关、医疗机构、办公大楼、教堂、旅馆以及公寓建筑等。对每一项目而言,丰富的经验和专业知识都是非常重要的,但同时公司认为,每个项目也有其特殊的目标,应该根据这一目标运用独特的方法。

5   Bob Haar/Hedrich-Blessing

1　美国印第安那州,印第安那波利斯,国家 FFA 中心
2　美国印第安那州,曼西,Ball 州立大学,艺术与新闻业大楼
3　美国印第安那州,印第安那波利斯,印第安那州立博物馆
4　美国印第安那州,诺贝尔斯维尔,汉密尔顿县政府
5　美国伊利诺伊州,厄巴纳－尚佩恩(Urbana-Champaign),伊利诺伊大学,欧文室内实践设施

● 107 South Pennsylvania Street, Suite 100, Indianapolis, Indiana 46204 USA
Tel: +1 317 633 4040 Fax: +1 317 633 4153

RDSP 联合建筑设计公司

rdspartner@t-online.de　www.rdspartner.de

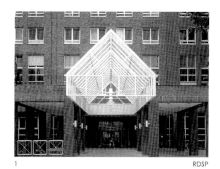

1　　　　　　　　　　　　　RDSP

2　　　　　　　　　　　　　RDSP

　　创办于1950年的RDSP联合建筑设计公司，50多年来一直致力于医疗机构的设计。除了给医院提供宜人的、有利于康复的环境外，RDSP还特别重视卫生保健行业的经济性因素。RDSP为病房、手术室和实验室提出了新的设计标准。公司也将其对医疗综合楼的理解，应用到众多已完成的老年人疗养院和残疾人住宅的设计中。

3　　　　　　　　　　　　　RDSP

4　　　　　　　　　　　　　RDSP

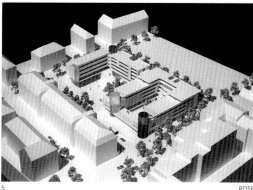

1　德国，多特蒙德,多特蒙德医院；主入口
2　德国，索林根，CD设计GmbH；行政综合楼
3　德国，科隆，科隆医院；手术病房
4　德国，斯帕罗克赫维尔，WKT办公综合体
5　德国，慕尼黑，儿童精神病学单元；建筑竞赛方案

5　　　　　　　　　　　　　RDSP

● Schleusenstraße 5, D-45525 Hattingen, Germany Tel: +49 2324 92 000 Fax: +49 2324 92 0010

劳尔·迪帕斯建筑师事务所

rauldipace@rauldipace.com.br www.rauldipace.com.br

1   Raul di Pace

2   Raul di Pace

该公司主要从事包括公寓楼、单身家庭周末度假屋以及旧房改造等居住项目设计。从1976年开始，事务所一直努力针对标准化方案寻找创新性的处理方式。

例如在类似维拉·阿德里诺单元住宅楼这种项目中，他们的方案让业主享有充分的自由来选择住宅内部平面布局，这样每户家庭的住宅平面都是独一无二的。如果业主愿意，他们自己还可以自己重新设计单元平面。

巴西阿瓦雷小礼拜堂的设计体现出了他们环境至上的宗旨，这座小礼拜堂位于森林公园的中间，完全被大自然围绕，在这里周围环境没有任何变化保持了已往的宁静。在库瑞瓦（Kuriuwa）度假宾馆中这也是首要考虑的因素。该宾馆坐落于巴西郊野群山围绕的一座森林边缘。

他们作品的另外一个特点是对于使用瓦片创造体量的探索（这可以从巴西阿瓦雷私人住宅中看出），进而去摸索重现殖民地建筑特点的新方法。例如一座几年前设计的农舍，新建部分与原有部分形成鲜明对比，明显的区别了这两种风格的建筑。

3   Raul di Pace

4   Raul di Pace

5   Raul di Pace

1 巴西利比廷伽（Ibitinga），安尼克斯农舍
2 巴西圣保罗，阿瓦雷巴西（Avare Brasil），礼拜堂
3 巴西圣保罗，维拉·阿德芮努单元住宅楼
4 巴西阿瓦雷，私人住宅
5 巴西米那斯 杰瑞斯（Gerais），库瑞瓦度假宾馆

● Rua Dr. Clovis de Oliveira 450，CEP 05616-072，São Paulo，Brazil
Tel: +55 11 3721 0800 Fax: +55 11 3721 9306

441

安东尼奥·奥拉西奥·拉瓦扎尼

arqahr@adinet.com.uy hravazzani@hotmail.com

拉瓦扎尼（Antonio Horacio Ravazzani）的设计源于对环境和景观的深入研究；源于对业主需求和心理的了解；源于对建造工人的潜能和可能性的挖掘；源于使用材料的实用性。

他努力增强普通材料的性能，加强对空间的构思和各个功能空间实用性安排。他监督从最开始到结束的所有工作，在结构施工阶段更是每日亲临监督。

他的所有工作可以看作是材料的三部曲：混凝土、石头和砖构成的房子，在不同的情况下会有不同的处理。

根据规模、位置和施工类型的不同，拉瓦扎尼公司每年完成5或6个项目。这些项目分别坐落于阿根廷、乌拉圭、巴西、美国和佛得角岛屿。

1   AH Ravazzani

3   AH Ravazzani

2   AH Ravazzani

4   AD/IA

5   AD/IA

1   乌拉圭埃斯特角城（Punta Del Este），La Chacra 别墅，外观
2   乌拉圭埃斯特角城，La Chacra 别墅，室内
3   乌拉圭 La Barra 海湾，7 号住宅，外观
4   美国科罗拉多，阿斯本（Aspen），Fifield 住宅，鸟瞰
5   乌拉圭索斯湖（Sauce Lake），山地住宅，室内

● Calle 3 N° 681-Punta Del Este, Uruguay   Tel: +598 42 446 292   Fax: +598 42 489 676

威廉·罗恩联合建筑师事务所

info@rawnarch.com　www.rawnarch.com

威廉·罗恩联合建筑师事务所（William Rawn Associates, Architects, inc）1983年成立于波士顿，至今已完成数量庞大的设计作品，其中包括从复杂的城市建筑到大学校园，从观演建筑到经济型住宅等多种类型。这些作品得到了广泛好评并多次获奖，在8年中获得了6次AIA奖。最近的项目包括波士顿东北大学的校园总规划和校园西部居住区建筑设计、波士顿市中区城市宾馆、马里兰州蒙哥马利县音乐厅和教育机构建筑；马萨诸塞州威廉斯东的威廉斯大学新歌舞剧中心。

威廉·罗恩联合建筑师事务所专注于设计市政或公共领域的建筑，这些建筑都是在城市中或重要的环境中（比如探戈林Tanglewood）。他们相信通过与城市文脉的积极互动，一座成功的建筑能培养多样性、精英统帅、公众参与的价值观，而这也是美国民主经验的基础。

Steve Rosenthal

2

Steve Rosenthal

3　　　Robert Benson

4　　　Steve Rosenthal

5

Steve Rosenthal

1　Glavin 家族教堂，巴布森（Babson）大学，韦尔兹利，马萨诸塞；室内可见船体外形的顶棚
2　马萨诸塞州莱诺克斯（Lenox），探戈林（Tanglewood）（小泽·征尔音乐厅），音乐厅黄昏外景
3　北卡罗来纳州Cary，交响乐湖边演奏亭；演奏亭由舞台上"悬浮的灯笼"来照明
4　马萨诸塞州波士顿，东北大学，校园西区居住区；从扮演"大门"角色的玻璃宿舍楼看去的夜景
5　马萨诸塞州莱诺克斯，探戈林的小泽·征尔音乐厅；音乐厅内景，尽端为舞台

● 101 Tremont Street, Boston, Massachusetts 02108 USA Tel: +1 617 423 3470 Fax: +1 617 451 9205

RDG 规划和设计事务所

aoberlander@rdgusa.com　www.rdgusa.com

1
Assassi Production

2
Assassi Production

4
Assassi Production

RDG规划和设计事务所（RDG Planning＋Design）将来自不同学科的大量专业设计人才整合成一个以客户为核心的协调一致的专业机构。事务所的从业范围包括建筑设计、前期建筑、设备、后期建筑、工程、景观设计、照明设计、规划、室内设计以及多媒体设计，并在艾奥瓦州的得梅因和克拉维尔（Coralville）、内布拉斯加州的奥马哈以及佛罗里达州的迈尔斯堡等地设有办事处。

RDG在研究方面持续投入，因此可以不断提高专业技术，并在几个领域里树立了全国性声誉。作为一个人才辈出、资源丰富并具有开阔视野的全国性公司，RDG能提供独具一格的服务并因此在这些领域的市场中脱颖而出。特别是在大学设施、体育与娱乐设施、历史古迹保护、老年住宅、K－12学校（小学＋中学共12年——译注）、社团、宗教和研究机构建筑这些方面，其专业水准获得广泛认可。

RDG为业主提供了超越传统建筑范畴的广泛视野，因而可以解决建筑之外的问题。他们努力在特定用途建筑设计中以新颖的方式对生活产生积极的影响，并以自己关注伦理、正直并具有创新性的设计感到自豪。

3
Assassi Production

5
Assassi Production

1　艾奥瓦州西得梅因，得梅因地区社区大学，西校区；入口立面
2　艾奥瓦州得梅因，艾奥瓦州议会大厦修复；西立面
3　艾奥瓦州得梅因，得梅因国际机场雨篷系统以及入口大厅；人行通道雨篷
4　宾夕法尼亚滑岩（Slippery Rock）大学，罗伯特·N·阿伯苏德（Robert N. Aebersold）学生娱乐中心；主入口立面
5　艾奥瓦州得梅因，艾奥瓦州市政设施联合协会办公及训练基地；项目结束后建筑及场地情况

里德建筑公司

reidarchitecture@ra-lond.com www.reidarchitecture.com

1   Reid Architecture

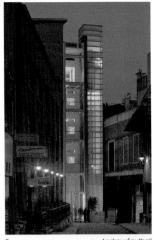

2   Andrew Southall

3   Tim Soar

　　成立于 1979 年的里德建筑公司（Reid Architecture）是一所
国际性的设计公司，在伦敦、伯明翰、格拉斯哥、马德里、澳大
利亚设有办事处，并在法国、德国以及中东拥有合作伙伴。

　　公司拥有大批企业及商业业主，从事设计范围包括：零售
业、休闲及宾馆、飞机场、工业、办公室、城市设计、医疗服务、
教育、住宅和建筑整修。

　　里德公司将创作技巧和设计灵感与广博的知识和创新的工作
方式结合起来，在许多设计竞赛中获奖，如爱尔兰政府生态办公
楼、法布罗格（Farnoborough）这个世界著名的飞行展发源地的
新商业航空港。

　　创造性设计与技术洞察力的结合保证了设计能充分实现客户
的建设目标。依靠专注的研究和自己的设计团队，里德建筑公司
的作品成为了能满足需求的建筑的代名词。

4   Nick Hufton

5   Reid Architecture

1　英国纽卡斯尔，入口；使北部重新焕发活力，实现激活休闲生活
　的目的
2　英国伦敦，西端（West End）住宅；获 2002 年英国文化协会
　大奖题名
3　英国朴次茅斯，甘沃夫（Gunwharf）码头；获奖的滨水区零售
　及休闲发展方案
4　英国圣海伦斯（St.Helens），世界玻璃博物馆，2002 年英国旅
　游协会大奖
5　英国法布罗格航空港，飞机导航塔，新商用航空港竞赛获奖设计

● West End House, 11 Hills Place, London W1F 7SE UK Tel: +44 20 7297 5600 Fax: + 44 20 7297 5601

决议：4 建筑

jtanney@re4a.com www.re4a.com

1   Resolution: 4 Architecture

以纽约为基地，建立于1990年，决议：4建筑（Resolution：4 Architecture）由约瑟夫·坦尼（Joseph Tanney）、罗伯特·朗兹（Robert Luntz）等建筑师组成。这个十人的设计公司已经完成了不同尺度的各种项目，并被广泛刊登，获得了很高的评价。

最近获得的奖项包括：以曼哈顿为基地的网络公司设计的办公楼获得了AIA奖；为建筑师彼得·埃森曼设计的住宅；首个获邀设计北卡罗来纳州皮兹伯勒（pittsbora）的预制住宅；在为南卡罗来纳州哥伦比亚古罗马大剧院举行NCR国际设计竞赛中的获奖；目前设计的重心在于用图案模式作为一种手段探索在顶棚表面形成景观的可能。

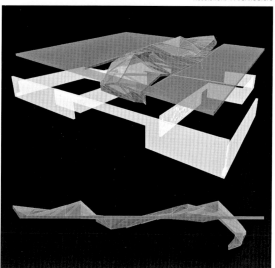

2   Resolution: 4 Architecture

3   Paul Warchol

4   Eduard Hueber, ArchPhoto

5   Peter Mauss/Esto

1 南卡罗来纳哥伦比亚，自然剧院
2 弗莱明顿犹太人社区中心
3 纽约州，纽约，荣宅阁楼
4 纽约州，纽约，马克凯能－埃里克森 世界各地办公室
5 纽约州，纽约，马克凯能－埃里克森 会议中心

● 150 West 28th Street, Suite 1902, New York, New York 10001 USA
Tel: +1 212 675 9266 Fax: +1 212 206 0944

RGA 建筑与规划设计公司

www.rga-arch.com

    RGA 公司（RGA Architects and Planners）一直希望获取成功，他们坚持认为在规划和设计中作为艺术的建筑必须达到最高标准，并且这些标准能被使用者辨别和欣赏得到。公司综合分析每个项目的可操作需求和场地环境因素来确定多种规划方案。他们的解决方式是发展多种规划方案，做出最有潜力并保证项目成功的决定。

    RGA 的设计过程就是慎重评价这些方案，寻找到经济、可行、具有美感的解决办法的过程。在这过程中需要在一定程度上理解业主的需求、兴趣和期望。通过这种理解，再结合多种功能需求、质量标准和成本分析就能为每个项目创造出独特、和谐的建筑方案。

1   Bal Korab

2   Raymond Gomez

3   Dan Cunningham

4   Dan Cunningham   5   Raymond Gomez

1 密歇根，阿波恩山，Executive 区，LDM 总部和技术研究中心；国际设计及研究公司新总部
2 墨西哥，韦拉克鲁斯，夏拉帕（Xalapa）人类学博物馆
3 弗吉尼亚，阿什伯恩（Ashbum），班·杰拉（Baan Janelia）农业社团区，企业软件园区
4 纽约，奥尔巴尼，奥尔巴尼纽约州立大学，电子数学和科学图书馆，新的 200000 平方英尺电子图书馆
5 纽约，斯塔滕（Staten）岛大学，表演创造艺术中心，110000 平方英尺表演艺术综合楼

● 29 Broadway, Suite 1700, New York, New York 10006 USA Tel: +1 212 201 4450 Fax: +1 212 952 1130

理查德·达特内及其合伙人事务所

www.dattner.com

经过36年的实践，理查德·达特内及其合伙人事务所（Richard Dattner &Partners Architects PC）已经为公共机构、非盈利团体和公司企业业主设计了各种不同的建筑。许多项目涉及了多个业主/使用者团体和重要的公众参与，经过了多方合作和互动的设计过程。

项目包括：学校、图书馆、运动设施、大型体育场、公园、健康中心、大学设施、研究设施、工厂、配送中心、办公建筑、公寓、生命援助设施；机场改建、地铁车站、汽车出租设施、消防站、警察分局等大量基本设施建筑。

建筑设计获奖包括：AIA建筑奖、NYC艺术协会设计奖、纽约城市俱乐部巴德（Bard）奖、城市土地协会奖。因为对公共建筑的贡献，该公司得到1992年AIA/NYC荣誉奖以及1994年国家AIA托马斯·杰斐逊奖。他还是《城市建筑：新公共设施》（McGraw-Hill，1995）一书的作者。一本关于公司作品的书《理查德·达特内作品精选集》于2000年出版，其中的一些图片被刊载在Images出版集团的《Master Architects IV Series》系列丛书中。

1　　　　Richard Dattner & Partners

2　　　　Richard Dattner & Partners

3　　　　Norman McGrath

4　　　　Richard Dattner & Partners

5　　　　Peter Mauss/Esto

1　美国，纽约州纽约市，33区警察分局；上曼哈顿警察设施建筑
2　瑞士，拉岑（Lachen），依斯特劳德（Estee Lauder）配送中心；化妆品公司配送中心；与Davis Brody Bond合资
3　美国，纽约州纽约市，河滨州立公园；污染控制工厂屋顶上的河滨公园
4　美国，纽约州纽约市，联合爱迪生电力公司（Con Edison）服务中心；市政公司的服务管理中心
5　美国，纽约东草地（east Meadow），友好运动会/拿骚县水上运动中心；奥林匹克游泳河跳水比赛场

● 130 West 57th Street, Suite 3C, New York, New York 10019 USA
Tel: +1 212 247 2660 Fax: +1 212 245 7132

理查德·普里斯特建筑师事务所

info@richardpriest.co.nz www.richardpriest.co.nz

　　理查德·普里斯特建筑师事务所（Richard Priest Architects）是一家以奥克兰为开业中心，充满活力茁壮成长的公司。他们设计着力图提升业主的生活或工作品质的现代建筑。事务所的作品遍布新西兰、澳大利亚以及南太平洋地区。

　　他们的设计实践在方法上是灵活而理性的，没有特别标注理查德·普里斯特风格，每一项设计都要配合业主和环境来创造。它以高度专业的服务和对预算及时间计划的双重关注而自豪。

　　理查德·普里斯特建筑师事务所是 NZBSR（New Zealand Businesses for Social Responsibility）的发起成员之一，并在自己的所有设计中采用关注环境的措施。

　　首席建筑师理查德·普里斯特已经赢得了新西兰每个重要的建筑奖项。他还是新西兰国际技术学院（UNITEC）和奥克兰技术大学的设计学位顾问委员会的成员之一。他对城市规划十分狂热，足迹已经遍布了美国北部和中部地区、亚洲东南部、印度、欧洲和澳大利亚等地的许多城市。

1　　　　　　　　　　　Alan McFetridge

2　　　　　　　　　　Becky Nunes

3　　　　　　　　　　Becky Nunes

4　　　　　　　　Becky Nunes

5　　　　　　　Becky Nunes

1　新西兰，霍克依斯海湾，提尼提（Tinity）山葡萄园
2　新西兰，芒格维（Maungawhai），燕鸥观测点海滩住宅
3　新西兰，奥克兰，依普沃斯（Epworth）大街住宅
4　新西兰，奥克兰，哈维拉（Hawera）住宅
5　新西兰，奥克兰，圣十字

● Private Bag MBE P282, Auckland, New Zealand Tel: +64 9 376 6337 Fax: +64 9 376 6442

里格勒尔－里卫建筑设计有限公司

office@rieglerriewe.co.at www.rieglerriewe.co.at

1　　　　　　　　　　　　　　　Paul Ott

2　　　　　　　　　　　　　　　Croce & Wir

里格勒尔－里卫建筑设计有限公司由弗洛里安·里格勒尔（Florian Riegler）和罗杰·里卫（Roger Riewe）于1987年在奥地利的格拉茨建立，在德国的科隆还设有分支机构。公司目前正在奥地利、瑞士、意大利和联邦德国开展业务。

通过将高质量的设计方案和专业的后期服务高效地结合在一起，该公司已经在国内和国际上都树立了良好的声誉。

公司已经获得了相当多的奖项，曾获1999年欧洲建筑奖题名(第六届密斯·凡·德·罗奖)；获UIA世界建筑"技术应用"类奖。里格勒尔·里卫建筑设计事务所是一家由专业人士领导，组织机构合理的公司。它拥有很多专家和承包商为解决特别设计项目提供支持，还特别针对某些项目邀请一些专家担任顾问。

3　　　　　　　　　　　　　　　Paul Ott

4　　　　　　　　　　　　　Paul Ott　　5　　　　　　　　　　　　　Paul Ott

1　奥地利，格拉茨，格拉茨飞机场；乘客客运大厅，管理处，停车场和办公楼，1998 年
2　奥地利，因斯布鲁克 (Innsbruck)，火车站；主楼，2001 — 2003 年
3　奥地利，格拉茨，格拉茨 -Strabgang 住宅；低收入者住宅，1994 年
4　奥地利，格拉茨，科技大学；计算机和电子技术学院，2000 年
5　奥地利，巴登 (Baden)，联邦社会研究所；教育建筑，1998 年
摄影：Paul Ott

● Griesgasse 10, 8020 Graz, Austria Tel: +43 316 723 253 Fax: +43 316 723 253 4

里斯建筑设计有限公司

gerry@rihs.com.au www.rihs.com.au

格里·里斯（Gerry Rihs）迷恋研究现代主义、空气动力学、空间和光线以及建筑的未来和建筑在社会中的地位。他于1979年开创了自己的事业——里斯建筑设计有限公司，现在领导着一支由多样化人才构成的团队完成委托设计的各种高质量现代建筑。

里斯坚信建筑的未来将会依靠建筑从业者对不断变化着的业主和利益相关者新需求的快速反映。新思路并不是唾手可得的。"最大的障碍是改变思维定势"这句话出自未来派画家詹姆斯·泰勒（James Taylor）博士。

为了参与并应对这些变化，里斯建筑设计有限公司将对优秀设计的追求和建筑专业知识结合起来为业主服务。因为变化在一定程度上来说是改变价值的内涵，所以里斯建筑提供思路和设计，这些思路和设计能超越业主的期望。正像路易斯·康制造建筑就是制造"奇迹的感觉"一样，里斯希望设计是令人惊讶的。

1   Rihs Architects

3   Rihs Architects

2   David Wade

4   David Wade   5   Simon Kenny

1 悉尼，Chifley 广场，1 Chifley 广场，入口门厅
2 悉尼，伊丽莎白湾，6 Greenknowe，正立面
3 悉尼，达令港区，澳大利亚动物世界，从水面看过去，与 Misho+ Associantes 合资
4 悉尼，伊丽莎白湾，6 Greenknowe，西立面，混凝土隔板
5 悉尼，双湾（Double bay），斯坦福街住宅，背面景观，混凝土门廊

● 7th Floor, Lisgar House, 30 Carrington Street, Sydney New South Wales 2000 Australia
(GPO Box 5230, Sydney 2001) Tel: +61 2 9262 1800 Fax: +61 2 9299 5645

伊恩·里奇建筑师事务所

www.ianritchiearchiects.co.uk

1981年伊恩·里奇在伦敦建立了伊恩·里奇建筑师事务所（Ian Ritchie Architects），并与他人合作在巴黎建立了赖斯－弗朗西斯－里奇工程设计公司。在柏林、莱比锡和巴黎设有联络处。

公司对博物馆、剧院、工程技术、玻璃、照明、景观、可持续建筑和工业建筑合作研究特别感兴趣。

伊恩·里奇建筑师事务所已经完成了许多国际知名项目，包括：卢浮宫博物馆（金字塔和雕塑大厅）；巴黎拉维莱特科学城，有关生物与气候的立面；马德里索菲娅皇后现代艺术博物馆；莱比锡国际展览中心玻璃大厅以及伦敦自然历史博物馆的生态陈列馆。

最近公司获得的国际奖项包括：2003年RIBA奖；2003年AIA优秀建筑奖；2002年第二届公民信任奖（Civic Trust Awards）；2000年英国建筑工业特别大奖；2000年苏格兰再生大奖；2000年IABSE（国际桥梁及结构工程协会）国际杰出结构大奖；2000年度铜（质）建筑（奖），2000年Académie d'architecture medaille d'Argent奖；2000年RFAC体育建筑信任奖以及2000年英国皇家建筑师协会奖。

在许多世界级的出版物和工程实录的书中都有对公司的特别报道，其中包括：普利茅斯皇家剧院制作中心，（分类图书，2003）；伊恩·里奇：技术生态（惠特尼图书馆设计，1999）；伊恩·里奇：技术生态，（Motta，1998）；世界上最大的玻璃宫殿（省略，1997）以及（well）Connected Architecture（Academy；Ernst & Sohn，1994）。

1　Jocelyne van den Bossche, Ian Ritchie Architects

2　Jocelyne van den Bossche, Ian Ritchie Architects

3　Barry Mason Photography

4　Jocelyne van den Bossche, Ian Ritchie Architects

5　Jocelyne van den Bossche, Ian Ritchie Architects

1　英国伦敦，水晶宫混凝土平台
2　英国伦敦，伦敦国际赛舟会中心
3　爱尔兰，都柏林，尖顶
4　英国，普利茅斯，普利茅斯皇家剧院制作中心
5　法国，特里森（Terrasson）文化温室

● 110 Three Colt Street, London E14 8AZ UK Tel: +44 20 7338 1100 Fax: +44 20 7338 1199

RKD 建筑师事务所

mail@rkd.ie www.rkd.ie

RKD建筑师事务所（RKD Architects）于90年前建立，在这期间它经历了爱尔兰在文化、经济和建造工业中发生的巨大变化。同时它保持了在爱尔兰建筑领域里的前沿地位。

公司由于其在各个经济领域里的创新性设计，已经树立了良好声誉。在商业、工业、教育、医疗以及住宅等各领域里都做出了高质量建筑作品。他们能为业主创作出先锋建筑形式，提供室内设计和项目管理服务。

RKD重要作品中包括：独立报刊印刷工厂，Citywest；吉尼斯储藏大厦；莱克斯利普（Leixlip）市的惠普公司分部；都柏林大学奎恩商业学院；都柏林大学兽医学院；戈尔韦大学医学院；塔拉（Tallaght）医院以及Ballsbridge的AIB银行中心。

1　David Churchill/Arcaid

3　Ros Kavanagh

5　Ros Kavanagh

2　Imagination Limited

4　Gerry O'Leary

1　爱尔兰，都柏林，独立新闻＆媒体印刷机构，Citywest；出版大厅夜景
2　爱尔兰，都柏林，吉尼斯储藏大厦，圣詹姆斯门，新与旧－1904年建筑整修
3　爱尔兰，戈尔韦，大学医学院；新的主入口黄昏景观
4　爱尔兰，都柏林，吉尼斯储藏大厦，圣詹姆斯门；原有储藏楼改建成新的接待中心
5　爱尔兰都柏林大学，奎恩商业学院；带水平遮阳板的主入口

● 59 Northumberland Road, Ballsbridge, Dublin 4, Ireland Tel: +353 1 668 1055 Fax: +353 1 668 3699

罗布·惠灵顿·奎格利 FAIA

office@robquigley.com

罗布·惠灵顿·奎格利（Rob Wellington Quigley），美国建筑师学会会员，其办公地点设在圣迭戈和帕洛阿尔托（Palo Alto），主要从事建筑及规划设计。公司成立于1978年，目前所完成的项目已遍布美国西部和日本，已经获得多达60余项的美国建筑师学会奖。

公司完成的项目无论是从类型还是从尺度上来讲都是多种多样的，无论是大型市政项目、大学设施、多用途项目还是低成本住宅、传统住宅、多户住宅以及社区规划和城市设计都包括在内。和全国闻名的建筑师不同，罗布·奎格利致力于多方参与的设计过程。公司擅长在有限的投资内创造解决方案，并能充分利用场地的特点和环境完成设计，也因此而引人注目。可持续建筑也是他们的特长。

1 　　　　　　　　　　　　　　Brighton Noing

在公司获得的奖励和赞赏中，最引人注目的是1995年美国建筑师学会加利福尼亚州分会颁发的最佳公司奖，获奖评语写到："围绕着创造力展开业务，并凭借一贯创作的杰出作品获得了充满活力的独立开业者的领航地位。"

罗布·惠灵顿·奎格利设计的建筑常常出现在国内和国际出版物上。专著也曾经在 Rizzoli 和 Casas 国际出版社出版。

2 　　　　　　　　　　　　　　Brighton Noing

3 　　　　　Brighton Noing

4 　　　　　Brighton Noing

5 　　　　Rob Wellington Quigley, FAIA

1　加利福尼亚，帕洛阿尔托斯坦福大学，Leslie Shao-ming 太阳地车站，生物学上对碧玉山脉的保护
2　加利福尼亚，圣何塞（San Jose），西部山谷分支图书馆
3&4　加利福尼亚，拉霍亚（La Jolla），加利福尼亚圣迭戈大学，Gilman Drive 多用途停车设施
5　加利福尼亚，圣迭戈，儿童博物馆

● 434 West Cedar Street, 4th Floor, San Diego, California 92101 USA
Tel: +1 619 232 0888　Fax: +1 619 232 8966

罗伯特·D·亨利建筑师事务所

bobhenry@rdh-architects.com　www.rdh-architects.com

1　　　　　　Eric Laignel　2　　　　　　Dan Bibb

　　罗伯特·D·亨利（Robert D. Henry），美国建筑师学会会员，是罗伯特·D·亨利建筑师事务所负责人。该事务所以纽约为根据地，提供规划、建筑设计和室内设计等全方位服务，甚至还囊括照明设计和家具设计。他们多样的实际工程包括居住、沙龙和温泉疗养SPA、餐厅、休闲项目，这其中的许多项目已经由于国际奖项和公开出版而广为人知。亨利精通温泉疗养SPA设计的方方面面，相关作品坐落于著名的特朗普·马-拉-拉构俱乐部(Trump Mar-a-Lago)、生态极为敏感的阿米利亚(Amelia)岛屿的种植园中，还有坐落于纽约、新泽西国际大都市的日常SPA。亨利力图在自己建筑中充分利用所有的五种感觉，并因此称自己为"感官建筑师"。亨利在哥伦比亚大学获得了建筑学硕士学位，目前在新泽西建筑技术学院任教。

3　　　　　　　　　　　　　　　　　　Dan Bibb

1　佛罗里达州，阿米利亚岛屿，阿米利亚岛种植园的矿泉浴场；乡土建筑形式与现代边缘相结合
2　佛罗里达州，阿米利亚岛屿，阿米利亚岛种植园的矿泉浴场，门厅中铺满了木板条，与自然背景相协调
3　纽约，纽约Ajune Medi Spa，位于上曼哈顿的商业与SPA服务，干净、整洁、光滑的设计风格
4　纽约2＋1公寓，混合了亚洲感觉的阁楼公寓多用途空间（可收入墙中的折叠桌，陷下去的空间也可以用作儿童围栏）
5　纽约的纽约城Pierre Michel沙龙，创造性地运用了照明设备和醒目的材料创造了活跃的形式

4　　　　　　Dan Bibb　5　　　　　David M. Joseph

● 37 East 18th Street, 10th Floor, New York, New York 10003 USA
Tel: +1 212 533 4145　Fax: +1 212 598 9028

455

罗伯特·洛布建筑师事务所

loeb@loebarquitetura.com.br www.loebarquitetura.com.br

罗伯特·洛布（Roberto Loeb）是巴西土生土长的建筑师。他的独特性来源于他在每个设计过程中坚持的态度。他具有对事物保持开放接纳态度的天赋，这使得他设计的空间超越了满足客观功能的需求。指导他设计的是对其他事物和项目建造环境的敏锐感知能力。他可以不墨守成规地自由运用、混合各种建筑语汇；毫不拘泥于形式。

他选择的标准是创造出的满足需求的形式能否彼此共鸣。最终建筑的效果是美丽的，因为他非常严格地控制设计向现实的转化，也因为在安排空间中的生活时，他的伦理态度一直贯穿在严格的美学处理中。他各种各样的作品都针对这种好的社会生活。他的作品中，形式以一种独特的方式形成并展示自己，绝不是将生活约束在陈腐的形象中的那种不恰当的等级。

1　　　　　　　　　　　　Lúcia Mindlin Loeb

2　　　　　　　　　　　　Lúcia Mindlin Loeb

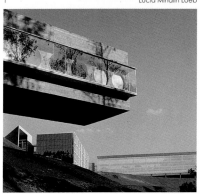

3　　　　　　　　　　　　Lúcia Mindlin Loeb

4　　　　　　　　　　　　Lúcia Mindlin Loeb

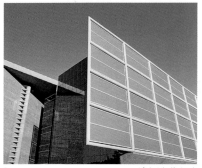

5　　　　　　　　　　　　Lúcia Mindlin Loeb

1—5 巴西，圣保罗，巴西天然化妆品工厂，72000m² 的项目，包括17栋建筑

● Rua José Maria Lisboa, 1.077 Jd. Paulista, São Paulo 01423-001 Brazil
Tel: +55 11 3081 6344 Fax: +55 11 3085 2839

罗科设计有限公司

rdl@roccodesign.com.hk   www.roccodesign.com.hk

1   Rocco Design

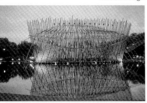

2   Rocco Design

罗科设计有限公司（Rocco Design Limited）是一家总部在中国香港的综合性的建筑设计公司，公司成立20多年来，成果卓著；不但在技术，实践和管理上积累了丰富的经验，同时也保持了朝气蓬勃，精益求精，开拓创新的良好风气。

公司成立虽短，但是承接的项目涉及本地区的，国际的，私人的，公立的，法人的客户，涉及客户范围之广，令人印象深刻；并且获得了地区级和国际级的多个奖项。

获奖选粹：

1983年　　巴黎 l'Opera de la bastile 国际大赛一等奖
1989年　　亚历山大新亚历山大图书馆国际大赛优秀奖
1994年　　Lok Fu CENTER ARCASIA 金奖
1994年　　花旗银行广场 HKIA 银奖
1995年　　半岛酒店 Extension HKIA 银奖
1998年　　香港大学研究生楼 HKIA 银奖
2001年　　因竹亭获得香港外界人类活动 HKIA 大奖
2002年　　西九龙文化设社区概念设计国际大赛优秀奖

3   Rocco Design

4   Rocco Design

5   Rocco Design

1   北京路 2003 年
2   柏林竹亭（Bamboo Pavilion），2000 年
3   海南博鳌运河村，2001—2002 年
4   香港车站国际金融公司，1999—2004 年
5   西九龙文化社区国际大赛（优秀奖）

吕元祥合伙人事务所

info@rlphk.com

1   Ronald Lu & Partners

2   Ronald Lu & Partners

3   Ronald Lu & Partners

吕元祥合伙人事务所（Ronald Lu & Partners）是中国香港一家著名的建筑师事务所，专长为客户提供建筑设计，室内设计和城市规划服务。自1976年成立以来，公司成员精诚合作，创新思维，以丰富的专业经验应用于酒店、零售商业区、低层、高层居住区、写字楼、酒店式公寓、学校、使馆、机构建筑的设计中。公司的作品集中还包括城市规划和铁路发展规划等项目。

事务所于2001年加入了 Urban Alliance Group（城市联盟团体），该团体中技术和区域规划方面的专家为他们提供了坚强后盾，同时这其中还包括有亚太地区最好的建筑、疗养区规划、市政规划及环境公司。事务所还与澳大利亚顶级的疗养区规划设计公司Di Carlo Potts 合资。

他们的设计宗旨是创造出的建筑物要满足功能需求，符合文脉环境并且通过良好品质引人注目。其中比较著名的例子有：大都会，香港红磡火车站的大型商业综合楼、被称为"天堂"的主题购物中心、波多菲诺（Portofino）豪华住宅项目；香港中文大学和Baptist大学的青年公寓；澳大利亚堪培拉中国大使馆。

4   Ronald Lu & Partners

5   Ronald Lu & Partners

1　澳大利亚堪培拉中国大使馆，设计 / 建成 1998 年 /1990 年
2　中国香港新区，Monte Vista，设计 / 完成 1996 年 /2000 年
3　中国香港九龙 Tai Kok Tsui 综合楼，设计 / 完成 1999 年 /2005 年
4　中国香港九龙大都会，设计 / 完成 1996 年 /2002 年
5　中国香港新区波多非诺，设计 / 完成 1995 年 /1999 年

● 22/F, Wu Chung House, 213 Queen's Road East, Wanchai, Hong Kong
Tel: +852 2891 2212　Fax: +852 2834 5442

罗斯·巴尼＋扬科夫斯基事务所

www.rbjarchitects.com

罗斯·巴尼＋扬科夫斯基设计公司（RB+J）力求改善建筑环境，为人们提供更好的生活和工作空间。RB+J认为设计应能代表公共建筑的更高追求，反映当今社会的现实理想。

公司享有国际声誉，主要业务范围为社会事业机构的设计和公共建筑设计，例如图书馆、公共事业公司大楼、政府大楼、交通建筑、小学建筑等公共建筑设计。他们的设计作品已经获得大量奖项，包括美国建协4次大奖、2000年伊利诺伊州AIA大奖、15项芝加哥AIA大奖。它的作品出现在《建筑》、《建筑实录》、《建筑评论》等建筑期刊上，在许多报纸上也有报道。1995年 Alfred P. Murrah 建筑被炸毁了以后，该公司还被选中设计新俄克拉何马州美国联邦大学。

RB+J 的工作风格是综合多方意见，充分的沟通使得其作品的设计团队不仅包括工作团队中的每个人还包括业主。他们的设计方法开始于对场地和周围环境的理解。

1   Steve Hall/Hedrich-Blessing

2   Nick Merrick/Hedrich-Blessing

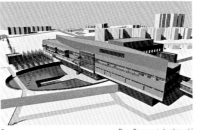

4   Ross Barney + Jankowski

5   Ross Barney + Jankowski

3   Steve Hall/Hedrich-Blessing

1　伊利诺伊州巴灵顿地区图书馆，南向主入口
2　伊利诺伊州 Gurnee，Ameritech 公司，远程监控单元，北面
3　伊利诺伊州芝加哥 Little Village 学院，南向广场
4　俄克拉何马州俄克拉何马城美国联邦大学，面向南面俄克拉何马城市中区的立面
5　明尼苏达州德卢斯明尼苏达州大学 James I. Swenson 科学楼，东南方鸟瞰

● 10 West Hubbard Street, Chicago, Illinois 60610 USA Tel: +1 312 832 0600 Fax: +1 312 832 0601

罗瑟国际设计有限公司

www.rosser.com

1　　　　　　　　　　　　　　William Boyd

2　　　　　　　　　　　　　　William Boyd

罗瑟国际设计有限公司（Rosser International, Inc)提供全面、专业的服务，其总部位于佐治亚州亚特兰大市。在成立的这55年历史中，公司从一家小公司成长为国际建筑工程公司。其下的员工均是各个领域的行家，能为业主提供有效的解决办法。

公司的服务围绕着建筑和场地技术全面展开，其建筑设计专业领域包括：体育馆和运动场；政府办公综合楼；航空港；军队及法院建筑；计算机/数据中心；办公建筑/公司建筑；工业及电讯/广播建筑；会议中心；宾馆/酒店；教育及保健设施。

3　　　　　　　　　　　　　　William Boyd

5　　　　　　　　　　　　　　William Boyd

4　　　　　　　　　　　　　　William Boyd

宾夕法尼亚州, 匹兹堡市, 匹兹堡大学 约翰 · M 以及格特鲁德 · E · 彼得斯 Events 中心

1　外景
2　外观夜景
3　转角部外观
4　运动场内景
5　门厅

● 524 West Peachtree Street NW, Atlanta, Georgia 30308 USA Tel: +1 404 876 3800 Fax: +1 404 888 6861

罗斯和穆尔建筑师事务所

rm@rothandmoore.com

2   Steve Rosenthal

3   Steve Rosenthal

1   Jeff Goldberg/Esto

4   Robert Benson Photography

　　38年的开业历史保证了罗斯和穆尔建筑师事务所（Roth and Moore Architects）的极佳设计品质。公司的作品范围广泛，涵盖了各种尺度和类型的建筑，并因其把握设计概念准确和结构的严格、空间组合的优雅以及精致的细节而著名。更重要的是设计明确表达出单个场地和项目的个性，设计出的建筑具有适合其建造环境的"惟一性"。

　　公司于1965年成立于康涅狄格州的新汉文市，其领导者为哈罗德·罗斯（美国建筑师学会成员）和威廉·穆尔。首席设计师监控设计，带领10位员工工作并积极参与设计、完成建筑图纸文本以及施工管理的各个阶段。首席设计师对每个项目的综合管理保证了公司作品的品质。

　　罗斯和穆尔建筑师事务所服务品质高、专业性强，其设计能力保证了设计的高品质，因此在业主中拥有很高的知名度。他们的作品经常刊登在各种建筑期刊上，并已获得了多项国家、地区和当地的设计奖项。

5   Peter Aaron/Esto

1　康涅狄格州的新汉文市耶鲁大学约瑟夫·Slifka犹太人生活中心，南面平台，上面有永久的succah结构
2　康涅狄格州布蓝佛Mary Tisko学校，两个修道院餐厅形状的建筑使得这个小学面貌焕然一新
3　康涅狄格州的新汉文市耶鲁大学亚瑟K.Watson大厅，2层共享空间，砖饰承重柱
4　纽约波启浦夕市瓦瑟学院1951年天文台，2个直径22英尺、穹顶带天文望远镜的圆顶建筑
5　纽约波基普西市，瓦瑟学院的渔人通道，沿山坡修建的人行通道连接了校园的两个独立部分

● 65 Audubon Street, New Haven, Connecticut 06510-1205 USA Tel: +1 203 787 1166 Fax: +1 203 787 0241

RKT&B 建筑师事务所

info@rktb.com www.rktb.com

1　　　　　　　　　　　　Albert Vecerka

2　　　　　　　　　　　　Peter Aaron/Esto

1963年RKT&B创立于纽约市，迄今其设计项目包括多人口家庭和单身家庭住宅、学校、剧院、图书馆、办公楼以及医疗、体育和交通设施。

公司的作品集中有许多知名的项目，例如曼哈顿城市物理学院、布鲁克林中学改建、西曼哈顿教堂花园和455号中央公园、曼哈顿市中心剧院、新泽西南桔市表演艺术中心、布鲁克林纽约卫理公会教派医院。

他们的项目包括改建和新建。他们在纽约大都市区域非常有名，曾经获得的20多个奖项就是最好的证明。最近获得的奖项包括美国建筑师学会纽约分会为住宅设计颁发的安德鲁·J·托马斯奖，城市物理学院设计获得了DesignShare和School Construction News的优秀奖。

3　　　　　　　　　　　　Roy J. Wright

1　纽约州，纽约市瑞典领事馆，领事住宅翻新

2　纽约州，纽约市立剧场Malsin大厅，从服务空间到VIP休闲室的过渡空间

3　纽约州，纽约市城市物理学院，从办公空间转化来的中学建筑

4　纽约州，纽约市中区孟斐斯，曼哈顿西区的豪华住宅塔楼

5　新泽西西城交通中转站PAHT站，穿越哈得孙港务局沿线的新车站

4　　　　　Peter Mauss/Esto

5　　　　　　　　　　　　Roy J. Wright

● 150 West 22nd Street, New York, New York 10011 USA Tel: +1 212 807 9500 Fax: +1 212 627 2409

罗兰设计有限公司

info@rowlanddesign.biz www.rowlanddesign.biz

罗兰设计有限公司（Rowland Design, Inc）的使命是通过设计提升和丰富业主所希望表达的内涵，并反映他们独特的品质，同时也使人认识并尊敬罗兰设计有限公司这个团队的创造天赋和所作贡献。

在开业的40年里，他们已经完成了数量众多的建筑、室内设计、环境景观设计、场地规划和空间规划等各种设计。公司聆听业主的需求，尽力理解他们的业务特点。公司的服务宗旨是为客户提供满意的服务。

罗兰设计有限公司根据需求进行设计的方式保证了其设计的灵活性和客观性，而这是在各种尺度、位置和预算的建筑类型中完成成功设计所必需的。这种服务方式不仅仅是简单的对设计的补充，而是保证设计有别于平庸成为精品所必需的。

1   Rowland Design

2   Rowland Design

3   Rowland Design

1　印第安那州，印第安那波利斯乡村山顶俱乐部
2　印第安那州，克劳福兹维尔，瓦伯什大学的 Trippet 大厅
3　印第安那州，印第安那波利斯印第安那商业学院
4　印第安那州，印第安那波利斯学者 Inn Gourmet 咖啡酒吧

4   Dan Francis, Mardan Photography

● 701 East New York Street, Indianapolis, Indiana 46202 USA Tel: +1 317 636 3980 Fax: +1 317 263 2065

RRM 设计集团

www.rrmdesign.com

1

Josef Kasparowitz

RRM设计集团（RRM Design Group）是由建筑师、市政工程师、景观建筑师、规划师、公众协调员（public facilitator）、生态保护者（restoration ecologists）、测量师等专业人士构成为公共或私人业主服务的专业公司。团队多次获奖，并拥有相关各个艺术领域的人才，其设计和完成的作品遍布加利福尼亚州、美国甚至国外。RRM已与当地的公共和私人业主形成了极好的关系，保持了良好声誉。公司目前拥有员工130余人，在圣路易斯-奥比斯波、奥克代尔（Oakdale），希尔兹堡（Healdsburg）和圣胡安等地都设有办事处。

2

Josef Kasparowitz

3

Josef Kasparowitz

4

Josef Kasparowitz

5

Josef Kasparowitz

1　加利福尼亚州圣路易斯-奥比斯波市，蒙大拿广场改建
2　加利福尼亚州 Avila 海滩，Hale Maluhia，"宁静住宅"
3　加利福尼亚州圣路易斯-奥比斯波大学，加利福尼亚工业学院，家禽科学研究楼
4　加利福尼亚米尔皮塔斯，米尔皮塔斯火车站1号替代站

● 3765 South Higuera Street, Suite 102, San Luis Obispo, California 93401 USA
Tel: +1 805 543 1794 Fax: +1 805 543 9149

RTKL 联合设计有限公司

www.rtkl.com

从1946年开始，RTKL公司在充分理解人们居住需求的基础上不断延续着自己的成功历程。作为世界上最大、最复杂的设计公司之一，他们关于城市规划和建筑设计的理念帮助许多世界一流城市发生了可喜变化。今天其国际化的员工队伍为人们的生活提供了广博的设计知识。为世界各地的商业、文化和政府各领域业主都提供了创新性的、完善的服务。RTKL位于世界各地的分支机构都贯彻着他们处于领导地位的先进理念，这些地方包括：巴尔的摩、芝加哥、达拉斯、丹佛、伦敦、洛杉矶、马德里、迈阿密、上海、东京和华盛顿。

1　RTKL Associates

2　Paul Bock

3　Mandarin Oriental Hotel

5　Tim Griffith

4　Paul Bock

1　美国华盛顿特区首都参观中心，已有部分的地下扩建部分，包括餐厅、展厅和影院

2　西班牙萨拉曼卡市，萨拉曼卡火车站，嵌入都市交通中心的零售及娱乐单元

3　美国佛罗里达州迈阿密，亚洲名流宾馆，五星级豪华宾馆，增添迈阿密魅力的矿泉疗养和休闲场所

4　计算机技术公司，英国奥尔德肖特，该公司委托RTKL设计所有他们位于欧洲的办公楼、数据和研发中心等建筑

5　中国上海科学技术博物馆；世界最大博物馆建筑设计竞标获奖作品

● 901 S. Bond Street, Baltimore, Maryland 21231-3305 USA Tel: +1 410 528 8600 Fax: +1 410 385 2455

SAA 建筑师有限公司

saa@saaarchitects.com.sg

1965年，SAA以马来西亚建筑师协会的名义建立于马来西亚吉隆坡。1970年业务范围扩大到新加坡，1995年它演变为设计有限公司。SAA设计集团公司由一系列位于新加坡、文莱、印度尼西亚、马来西亚、越南和中国的本土化的设计事务所构成。

公司特别重视良好的设计和细节、专业诚信，以及针对业主的承诺。为了在高度专业化的基础上完成各方协调的设计实践，公司采取了国际化的方式录用员工，并与当地的外国顾问通力合作。

公司提供各种类型的设计服务，其中包括办公楼、宾馆扩建、工业、娱乐休闲、度假胜地总体规划、公共机构建筑，居住设计等项目。他们也同时拥有规划和设计航空站、医院、码头和高尔夫俱乐部的经验。

1
SAA Architects

2
SAA Architects

4
SAA Architects

3
SAA Architects

5
SAA Architects

1　在Dhoby-Ghaut巴士转运站的办公综合楼
2　山涧清泉公寓
3　SIA 建筑
4　新加坡（Singapura）广场购物中心
5　Rendezvous 宾馆

● 78 Shenton Way #24-00, Singapore 079120 Tel: +65 6220 0411 Fax: +65 6224 9929

萨敏及合伙人事务所

sai@samynandpartners.be   www.samynandpartners.be

1   Marc Detiffe

2   Clair – Obscur

3   Christian Richters

萨敏及合伙人事务所（Samyn and Partners）创办于1980年，是由合伙人和员工拥有的私人公司。它和其联合公司活跃于建筑及建筑工程的所有领域。它在建筑及其工程领域的设计基于寻找问题的方法，可以概括为"为什么"方法。公司为项目保持开放的设计方式，仔细聆听业主的需求。

员工充分参与建筑及各种专业组织以及各种学术活动和研究开发活动，包括教育、研究和发展活动。

萨敏及合伙人事务所的作品已经发展至多个领域：从歌剧院到服务站，从医院到桥梁，从研究中心到城市总体规划。

4   Ch. Bastin & J. Evrard

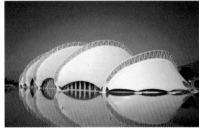

5   Matteo Piazza

1   比利时CNP Gerpinnes-Charleroi，金融公司的新总部
2   比利时卢维思，卢维思伦敦大学学院，Aula Magna，
     1200座大厅
3   荷兰houten消防站
4   比利时，Marche-en-Famenne，Comptoir
     Forestier；用于再生森林资源的瓦龙分支机构
5   意大利，Venafro，M&G Ricerche；化学工业研究
     实验室

● Chée de Waterloo, 1537 B-1180 Brussels, Belgium Tel: +32 2 374 90 60 Fax: +32 2 374 75 50

桑德尔建筑师事务所

whitney@Sander-Architects.com www.Sander-Architects.com

桑德尔建筑师事务所（Sander Architects）力求在诗意和实用之间寻找到平衡。设计过程总是从对最基本元素的思考开始：环境、策划、场地的自然和法规限制。形式是从尽量满足这些基本要求开始生成，并最大限度地包含诗意。通过这种方式，一位整形外科医生的住宅变成了对解剖学的隐秘研究：隐喻皮肤和骨头。构成有氧运动室的基本要素，包括其建筑内部和家具显现出物理倾向：张力、压力、扭转、精力。雕塑家住宅的入口形成了一个容器，是根据业主创造的一个黏土罐放大比例制成的。这些策略是隐秘的不是外现的，使环境通过建筑和使用者与主题发生共鸣。这是一种暗示的策略不是声明，是对细微差别的推敲和从容的尝试。如果这是在展示居住的含义，那从更广义来说这是在展示着人类的一种韵律和仪式程序。

1   Sharon Risendorf

2   Sharon Risendorf

3   Sharon Risendorf

5   Sharon Risendorf

4   Sharon Risendorf

1　圣弗朗西斯科，整修外科医生的住宅，这座住宅讨论了人类解剖学和外科手术和建筑活动
2&3　加利福尼亚州，威尼斯运河住宅，住宅和工作室分开，这个项目包含相对的两个方面：工作/居住，思想（观点）/行动、天空/土地
4　科罗拉多州 Breckinridge 雕塑家住宅，坐落在相对海平面 10000 英尺高的山坡上
5　圣弗朗西斯科，有氧运动室；被用作顶棚灯光充满着张力的张拉金属网

● 2413 Grand Canal, Venice, California 90291 USA Tel: +1 310 822 0300 Fax: +1 310 822 0900

约珥·桑德斯建筑师事务所

jsandersarch@earthlink.net

Joel Sanders

教学与实践相结合，理论方案与建成实践相结合，约珥·桑德斯（Joel Sanders）根据当代快速变化的文化创造了具有革新性的环境。为了探寻建筑在当代生活中扮演的重要角色，他的设计记录了当代文化热点的影响，如个性、性、媒体、空间技术等，这些文化热点都在潜移默化中改变着我们的生活。

除了在纽约市设立工作室外，桑德斯还是耶鲁大学建筑学副教授。他的作品被广泛展出，最近还在纽约现代艺术博物馆、匹兹堡卡耐基博物馆、纽约的库珀·犹特国家设计博物馆、旧金山SF MoMA、雅典当代艺术博物馆、华盛顿特区国家建筑博物馆等场馆特别展出。

桑德斯的作品刊登在许多出版物上。他的作品还获得了大量奖项，包括两次Progressive Architecture荣誉奖，分别是1993的凯尔（Kyle）住宅和1994年的皮克斯基尔（Peekskill）艺术家住宅。"男性建筑"编辑奖（1996年普林斯顿建筑出版社），桑德斯经常撰写艺术和设计方面的文章，最近大多发表在《艺术论坛》和《哈佛设计杂志》。

Peter Aaron/Esto

Peter Aaron/Esto

Peter Aaron/Esto

Peter Aaron/Esto

1　24/7 商务宾馆，纽约库珀·休伊特国家设计博物馆
2&3　纽约 Lee 住宅
4　玻璃厂
5　纽约，Vitale 阁楼

● 515 Canal Street, New York, New York 10013 USA Tel: +1 212 431 8751 Fax: +1 212 226 9486

佐佐木联合设计公司

info@sasaki.com www.sasaki.com

1   Sasaki Associates

2   Enzo Sutta

佐佐木联合设计公司（Sasaki Associates）在
不同类型的设计和规划的概念构思上独树一帜。
规划、景观建筑、建筑、城市设计、市政工程以
及室内设计等各种设计类型都是公司经营、管
理的范围。这种机构保证了每个项目可以由相
应的设计人员或设计团队为业主提供最恰当的
服务。公司着眼于能建造的设计项目，它的这种
多领域交叉设计的结构源于公司创办初期就有
的协作思想。

3   Jim Barnett

5   Dave Desroches

1 中国广州，广州科学城
2 意大利撒丁岛，Costa Smeralda 保护发展设计
3 印第安那州，印第安那波利斯市中心河岸景观设计
4 伊利诺伊州，伊利诺伊大学香槟分校
5 埃及开罗的美国大学

4   Alex MacLean

● 64 Pleasant Street, Watertown, Massachusetts 02472 USA Tel: +1 617 926 3300 Fax: +1 617 924 2748

建筑师与设计师的卫星设计工作室

www.satellitedesignworkshop.co.uk

1 satellite design workshop

2 Nicholas Kane

领导者：斯图尔特·多德和尼尔·威尔逊（Stewart Dodd and Neil Wilson）

卫星设计工作室（Satellite Design Workshop）是一家有机会涉足其他创造领域的建筑师事务所，他们鼓励在内部进行观念讨论。结合在教学和研究过程中激发的思想，他们所有的设计项目都采用了由基地、形式和功能构成的三段式的设计方法。

对卫星设计工作室来说，所有的场地都坐落在由边界、区域和人口限定的环境中；因此建筑与任何环境关系都随这些参数的变化而演进，而正是这些参数形成了已有文脉并限定了建筑的设计。

公司的职责不仅包括处理创造的空间与现有环境的关系，还包括创造充满活力的室内空间，这种室内空间能提升或创新人对于此场所的体验。他们认为建成环境是人们享受和感知周遭环境的催化剂，在那里空间通过其使用者变得生机勃勃、不断变化。

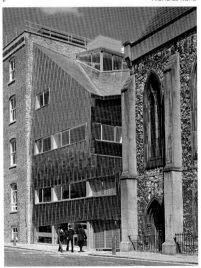

3 Nicholas Kane

4 satellite design workshop

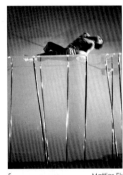

5 Mattias Ek

1 爱尔兰沃特福德（Waterford）北码头扩建设计，穿越会场建筑的纵剖面
2 伦敦皇家十字路，十字建筑；不锈钢的南立面
3 伦敦皇家十字路，十字建筑；不锈钢的拼贴面
4 英国伦敦修道院花园演员中心，主要立面
5 名为支架生活的舞蹈装置，第一次表演是在英国贝克斯希尔海滩的德拉·沃尔亭阁；现在仍在演出中

● 11-12 Dover Street, London W1S 4LJ UK Tel: +44 20 7629 7776 Fax: +44 20 7629 7779

冈田哲建筑师事务所

mail@okada-archi.com www.okada-archi.com

Hiroyuki Hirai

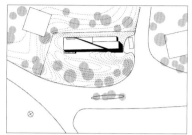

Hiroyuki Hirai

冈田哲（Satoshi Okada）于1995年开始了他的建筑实践。现在公司已有12名建筑师和3名助理建筑师，完成了许多私人或公共项目。公司业务范围广泛，设计项目从大型复杂公共建筑、景观、商业空间以及住宅，到小的家具设计都包括其中。

通过他与建筑师和学者的密切关系，冈田哲在国际建筑领域中知名度不断提高。他去过很多地方演讲，并且成为一些国家的访问教授。

Hiroyuki Hirai

Hiroyuki Hirai

1 从起居室看入口
2 总平面
3 像影子一样的建筑
4 面向餐厅的厨房
5 从起居室望向露台

● 16-12-303 Tomihisa, Shinjuku, Tokyo 162-0067 Japan Tel: +81 3 3355 0646 Fax: +81 3 3355 0658

索西耶＋佩罗特建筑师事务所

spa@saucierperrotte.com　www.saucierperrotte.com

从 1998 年开始，索西耶＋佩罗特（Saucier + Perrotte）的作品开始主要是集中在不断演进的现代城市中文化建筑。其作品开始向其他类型延伸，同时保留有重要的最初的透视概念。通过各种各样的设计项目，他们发展了能反映其建筑、城市主义和设计的理念的设计实践。

事务所的创作手法是在"essai"的研究基础上，通过材料尽力发挥其自然特性和诗意品质来形成空间的简朴。最近的调查研究正试图发现材料的本质并强调每种材料表达的独特诗意。

事务所已经获得了 30 余项奖项和提名奖，包括 OAQ 最佳建筑奖、加拿大建筑奖、Merit 总督优秀奖、Pris Orange。2001 年他们的两个最新作品获奖：Gerald-Godin 大学获得优秀建筑大奖和优秀奖，最近还获得了总督奖章。同样是 2001 年，帕里米特学院获得《建筑杂志》PA 奖。

除了在加拿大建筑出版社出版作品外，事务所还经常出现在国外的期刊上，如德国的 Baumeister and Md，英国的《建筑评论》和《世界建筑》，意大利的 I'Arca《建筑杂志》（Abitare and I'Arca），美国的《室内设计》,《建筑实录》和韩国的《C3 文脉》。

1　　　　　　　　　　　　　　　Marc Cramer

2　　　　　Marc Cramer

3　　　　　　　　　Marc Cramer

4　　　　　　　　　Marc Cramer

5　　　　　　　　Marc Cramer

加拿大第一个国家花园，蒙特利尔植物园
1　建筑在云杉林和枫树林之间扮演着过滤和联系的角色
2　亭子隐喻升起的路径，揭示这个场所的文化记忆
3　室外橱窗展示着土著印第安人的手工制作品
4　室外展示由波浪状的混凝土屋顶遮蔽
5　从精品店看向室外展区

● 110 Jean Talon West, H2R 2X1 Montreal, Quebec, Canada Tel: +1 514 273 1700 Fax: +1 514 273 3501

绍尔布鲁赫－赫顿建筑师事务所

office@sauerbruchhutton.com　www.sauerbruchhutton.com

1　Gerrit Engel

20 世纪 80 年代末期，马蒂亚斯·绍尔布鲁赫（Matthias Sauerbruch）和路易莎·赫顿（Louisa Hutton）的事务所在伦敦开始营业，1993 年在柏林设立了第二个办事处。今天约有 55 个员工为 1999 年发展的两级合伙机构工作。

通过各种城市设计竞赛和可行性研究，该建筑师事务所广泛研究了后工业时代城市的发展，特别是生态建筑的发展。从城市大尺度的柏林项目开始，他们重新定义了生态建筑的主流观念。对合理利用资源——包括自然资源和城市资源的思考是并置的，并延伸到对所有尺度空间的区别对待。最新技术和被动能源设施的应用与颜色、材料和纹理的丰富运用共存，其目的是为了保证个人的身体健康和对建造环境的感观享受。

2　Annette Kisling

3　Annette Kisling

4　sauerbruch hutton architects

5　Bitter + Bredt

1　德国马格德堡实验工厂，南立面
2　德国柏林 GSW 总部，西立面
3　德国柏林 GSW 总部，东立面
4　澳大利亚悉尼现代艺术博物馆（2001 年竞赛第一名），
　　港湾夜景
5　德国柏林光子学中心，东北面

● Lehrter Strasse 57, 10557 Berlin, Germany　Tel: +49 30 397 821 0　Fax: +49 30 397 821 30

勒扎特·萨廷

nevzatsayin@nsmh.com　www.nsmh.com

1　　　　　　　　　　　　　　　　　　Nevzat Sayin

勒扎特·萨廷（Nevzat Sayin）1954年生于哈塔（Hatay，土耳其一个城市）。1978年他毕业于伊兹密尔的爱琴海大学建筑系。1984年，他完成了建筑学研究生的学业，与坚吉兹·贝克塔什（Cengiz Bektas）一起开办了自己的工作室。

他获得过许多奖项，包括土耳其建筑学会国家建筑奖1990、1992、1996和1998年度奖、1998年土耳其自由建筑师联合会奖和阿卡汉奖提名奖。

他的建成作品包括伊斯坦布尔Gon1和Gon2工业建筑、博德鲁姆（Bodrum）Colossus宾馆和伊斯坦布尔POAS总部。他的作品还包括许多住宅设计和伊斯坦布尔和爱琴海海岸修护项目。

2　　　　　　　　　　　　　　　　　　Nevzat Sayin

4　　　　　　　　　　　　　　　　　　Nevzat Sayin

3　　　　　　　　　　　　　　　　Nevzat Sayin

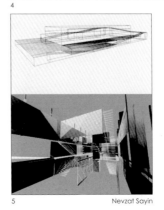

5　　　　　　　　　Nevzat Sayin

1　土耳其伊斯坦布尔Irmak高级中学
2　土耳其伊斯坦布尔Gon2工业建筑
3　土耳其埃尔代克（Erdek）的Gorener住宅
4　土耳其萨拉伊（Saray）的Lokman Sahin住宅
5　土耳其盖布泽（Gebze）的Umur工厂建筑

● 99 Icadiye Caddesi, Kuzguncuk 81200, Istanbul, Turkey Tel: +90 216 492 9412 Fax: +90 216 310 0870

SCDA 建筑设计有限公司

scda@starhub.net.sg www.scdarchitects.com

SCDA 是一家多学科的建筑开业公司，成立于 1995 年。所有主要设计人均毕业于耶鲁大学，在专业拓展和学术研究上都很有造诣，曾在美国和新加坡等地的大学执教。公司最近拥有 32 名员工，包括 16 名建筑师、3 名室内设计师和 1 名美术设计师。公司的建筑整体设计包括全部的室内设计和规划服务。在私人住宅、度假宾馆、公寓和商业建筑上有丰富的实践经验。

SCDA 的设计努力通过空间、光线和结构关系营造宁静和安详的氛围。用建筑表现的精华来捕捉"场所"的精髓。他们的建筑和室内设计受到文化和气候的细微差别的启发，结合景观和水景设计，模糊了室内外的差别。空间常常通过豪华的花园、水庭园和通风井，给人丰富的感觉体验。其设计作品往往通过构造细节和建筑基本要素清晰地展现所用材料，显示出了他们对于自然材料固有美感的敏锐性。

1 　　　　　　　　　　　Tim Nolan

2 　　　　　　　Albert Lim

4 　　　　　　Visual Mediaworks

3 　　　　　　　Peter Mealin

5 　　　　　　Albert Lim

1　林肯现代楼，新加坡林肯路
2　新加坡加冕路西
3　新加坡 Lorong Abu Talib
　　腾宅
4　中国上海一住宅区的总体规
　　划和建筑设计
5　新加坡塞纳特巷

● 10 Teck Lim Road, Singapore 088386 Tel: +65 6324 5458 Fax: +65 6324 5450

施密特，哈默与拉森建筑事务所

info@shl.dk www.shl.dk

Jørgen True

2

Roberto Fortuna

　　"驱使我们工作的动力是设计的乐趣——根据人的各种需求创造建筑设计的乐趣"。这是施密特，哈默与拉森建筑事务所（Arkitekterne maa Schmidt，Hammer & Lassen K/S）的观念。毕竟建筑是为人们工作、生活在其中而设计的，它应该使人感到舒适和愉悦，同时又能带给人喜出望外的体验。这些体验都是通过功能设计、恰当的材料、形式和光线等非常基本的建筑设计内容来实现的。

　　SH&L深深地扎根于斯堪的纳维亚传统中，他们希望设计的建筑是清晰的，受到简洁、精确的控制，从而达到最高的质量标准并最终得以建造。

　　SH&L设计工作室建立于1986年，由建筑师莫滕·施密特（Morten Schmidt），比亚内·哈默（Bjarne Hammer），约翰·F·拉森（John F Lassen）和基姆·霍尔斯特·延森（Kim Holst Jensen）经营。

3

Schmidt, Hammer & Lassen

4

Jørgen True

5

Schmidt, Hammer & Lassen

1　丹麦哥本哈根，丹麦皇家图书馆扩建工程；中庭被设计为运动着的有机空间嵌入建筑中
2　丹麦哥本哈根，丹麦建筑师联盟装置，建筑与舞蹈之间的精确平衡关系
3　丹麦奥尔胡斯市，新奥尔胡斯艺术博物馆，AroS，未完工的室内公共街道
4　丹麦哥本哈根，Nykredit 的新总部；在明亮的中庭中悬挂的"会面盒子"创造了动态感觉
5　格陵兰岛 Nuuk 的 Katuaq 文化中心；受北极自然现象启发，是北极光的象征

● Moensgade 8, Dk-8000 Aarhus C, Denmark Tel: +45 86 20 1900 Fax: +45 86 18 4513

施奈德 + 舒马赫建筑事务所

office@schneider-schumacher.de www.schneider-schumacher.de

简洁而又完美，自律而又机敏，功能合理而又外形抢眼：这些轻盈、优雅的新颖设计引人注目，它们所关注是实际上可以将这些呈现出对立或矛盾的两面结合起来，创造出人们乐于使用的炫目建筑。

S + S（Schneider + Schumacher）描述自己的设计理念是"诗意的实用主义"。"对同一问题也许有几种不同的技术解决办法，但是以一种另辟蹊径的观点来看的话，可能只有一个办法能得到诗意的效果。那正是我们要努力寻找的。"

在完成了柏林波茨坦广场的信息盒子项目之后，在法兰克福沃尔特·汤普森（J. Walter Thompson）成为其广告代理，在莱比锡是KPMG公司，而更多的大项目接踵而至，如法兰克福附近的欧洲抵押银行公司（Eurohypo）和其他国际项目的拓展。2002年魏斯特哈汾（Westhafen）塔楼和周围的建筑为法兰克福的天际线增加了新的地标。

1　Jörg Hempel

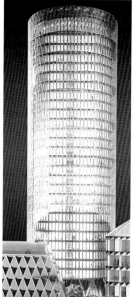

2　Jörg Hempel

3　Jörg Hempel

4　Jörg Hempel

5　Jörg Hempel

1　1998年德国莱比锡KPMG 德意志税务法律咨询，办公楼
2　2002年德国法兰克福魏斯特哈汾塔楼，办公楼
3　1995年德国柏林波茨坦广场的信息盒子
4　2000年德国克伦堡市（Kronberg）的德国M·布劳恩公司，办公楼
5　2001年德国苏维埃特殊营纪念馆，achsenhausen 奥拉宁堡市（Oranienburg）博物馆

● Westhafenplatz 8, 60327-Frankfurt am Main, Germany Tel: +49 69 2562 6262 Fax: +49 69 2562 6299

舒瓦茨／西尔韦建筑师事务所

rsilver@schwartzsilver.com www.schwartzsilver.com

舒瓦茨／西尔韦建筑师事务所总是致力于那些与通常相比带有特殊需求的项目。他们的特长在于在项目特殊的背景中寻找解决办法，这些特殊的背景包括：强烈的标志性、复杂的文脉、限制重重的场地或者复杂的业主和使用群体等等。他们广泛对话交流，关注每块场地的独特性，这使得他们长于设计文化或教育建筑，如博物馆、图书馆、艺术或教育中心等。目前正在进行的项目为普林斯顿大学、弗吉尼亚大学、红杖市（Baton Rouge，路易斯安那州首府）与路易斯安那州大学连接区域。

Schwartz/Silver Architects

2

Steven Traficonte

3

Matt Wargo

5

Peter Aaron/Esto

4

Richard Mandelkorn

1 路易斯安那州红杖市艺术街区：艺术博物馆，艺术学校和艺术表演综合楼
2 缅因州巴尔港，艾比博物馆（Abbe Museum），美国土著人的文化和遗产博物馆
3 马萨诸塞州波士顿，新英格兰水族馆西厢；入口构筑物，游客休息和临时展廊
4 马萨诸塞州，剑桥麻省理工学院 Rolch 图书馆；有关建筑、艺术和规划的图书馆
5 纽约科培克（Copake），Lazarus 住宅；乡村住宅

● 530 Atlantic Avenue, Boston, Massachusetts 02210 USA Tel: +1 617 542 6650 Fax: +1 617 951 0779

戴维·M·舒瓦茨建筑设计服务公司

info@dmsas.com www.dmsas.com

戴维·M·舒瓦茨建筑设计服务公司（David M. Schwarz/Architectural Services，Inc）是一家主要进行建筑设计的企业，自舒瓦茨先生1978年创立以来一直位于华盛顿特区内。他广为人知的作品包括阿灵顿的棒球场，得克萨斯州游侠的大本营；得克萨斯Fort Worth南茜·李和伯瑞（Perry R. Bass）表演厅；得克萨斯达拉斯美国美航运动中心；这些代表作和其他作品表明该公司主要设计的建筑都是通过为社会和文化活动来组织室内外空间从而服务和丰富都市生活的建筑。公司建筑设计所关注的建筑和文化背景范围远远超出了项目基地的范围，也因此激发了邻里和街区建筑内外的活力。公司与业主密切合作，充分理解业主的商业目标和愿望。他们的业务范围包括建筑设计、总体规划、室内设计和景观设计。

1   Steve Hall/Hedrich-Blessing

2   Maxwell Mackenzie

3   Steve Hall/Hedrich-Blessing

4   Steve Hall/Hedrich-Blessing

1 市政厅，得克萨斯州，南湖城广场
2 华盛顿特区 F 街 1201 号主门厅
3 俄亥俄州，克利夫兰市，Severancd 大厅音响反射板
4 康涅狄格州，纽黑文市，耶鲁环境设施
5 得克萨斯州，达拉斯美国，定期航线中心

5   Steve Hall/Hedrich-Blessing

● 1707 L Street, NW, Suite 400, Washington, DC 20036 USA Tel: +1 202 862 0777 Fax: +1 202 331 0507

肖恩·戈德塞尔建筑师事务所

godsell@netspace.net.au

"建筑师的主要职责是通过建筑这个媒体表达出社会的物质需求和精神愿望。为了保持客观，我们必须尽职地观察社会，而不是闭门造车——为建筑而建筑对我来说是没有意义的。"

肖恩·戈德塞尔（Sean Godsell）是墨尔本大学的优秀荣誉毕业生，已经获得了许多国内和国际大奖。他作品的首要原则就是简洁。他的设计来源于天生对秩序的渴望。这种渴望引发了他对人类和社会构成的复杂性进行研究的兴趣。过去的一年里，事务所接手了范围广泛的项目。他已经完成了照相实验室和展馆，一所艺术和手工艺展厅以及海滩住宅。公司的第一个大规模建筑作品是乌德雷（Woodleigh）学院科学院大楼，于 2002 年竣工。

1   Trevor Mein

2   Earl Carter

3   Earl Carter

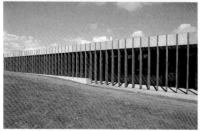

4   Hayley Franklin

5   Trevor Mein

1 Kew 住宅
2 半岛住宅
3 Carter/Tucker 住宅
4 乌德雷学院科学院建筑
5 X 实验室

● 45 Flinders Lane, Melbourne, Victoria 3000 Australia Tel: +61 3 9654 2677 Fax: +61 3 9654 3877

希恩·范·沃特·比戈蒂建筑事务所

draw@svwbarchitects.com www.svwbarchitects.com

1   Danielle Grabarz

2   Angela Bigotti

希恩·范·沃特·比戈蒂建筑事务所（SVWB）在内华达州的里诺和加利福尼亚州的福尔松均设有办事处，是一家多次获奖的公司。创建于1975年的SVWB已经完成了大量的私人和公共设计服务项目。

其设计作品多种多样，包括教育、公共机构、宗教和政府项目，已经树立了在有限的时间和投资的情况下仍能保证设计创新的良好口碑。SVWB作品产生影响与他们切实地关注人的成功有关。他们力图通过所构建的空间关系、提供的服务和构想的设计来创造宁静的生活。

SVWB将建筑看作是艺术，也看作是一门专业，他们致力于用美学语汇进行创作。公司的设计方法将情感、分析和直觉结合起来激发了新颖的构思。通过仔细研究场地、形式、功能和材料，每个项目通过内涵丰富、具有纪念性的环境显现了各自的个性。

3   Valerie Clark Photography

4   Danielle Grabarz   5   Danielle Grabarz

1 内华达州，斯帕克斯，圣十字教堂社区；将整个社区凝聚在一起的一个地方
2 内华达州，斯特德，内华达山脉职业团体维修部；运用金属结构和嵌板构成的标准化建筑
3 内华达州，拉斯韦加斯，南方酒业；根据已有仓库为原型设计的建筑
4 内华达州，里诺，内华达大学学生服务中心；在激进和保守大学建筑之间的平衡
5 内华达州，里诺市，卡梅尔山脉女修道院；一个封闭的修道院带有公共的礼拜堂

● 300 South Wells Avenue, Suite One, Reno, Nevada 89502 USA
Tel: +1 775 328 1010 Fax: +1 775 328 1020

谢普利－布尔芬奇－理查森与阿博特设计公司

Oegleston@sbra.com　www.sbra.com

谢普利－布尔芬奇－理查森与阿博特（Shepley Bulfinch Richardson and Abbott）设计公司是在教育、医疗和研究建筑等服务领域开业的全国性公司。公司的业主包括达特茅斯－希契科克医疗中心、哈佛大学和麻省理工大学、波士顿儿童医院。SBRA由亨利·霍布森·理查森创办于1874年，是波士顿历史最悠久的公司，也是美国历史最悠久的公司之一。公司提供建筑、规划和室内设计服务，因其多种多样的作品和专业技术获得广泛认可。《建筑实录》的一项调查表明该公司为美国经营的最好的公司，同时也是《室内设计》调查得出的美国前100名设计公司之一。SBRA总部设在马萨诸塞州的波士顿，目前大约拥有200名专业人士在全世界范围内的委托人服务。

1　　　　　　　　　　　　Peter Aaron/Esto

2　　　　　　　　　　　　Jean M. Smith

3　　Richard Mandelkorn　4　　Peter Mauss/ESTO　5　　Jeun M. Smith

1　康涅狄格州，新汉文市，耶鲁大学，欧文·S·济尔摩音乐图书馆，参考阅读区
2　罗得岛州，普罗维登斯，孩之宝（Hasbro）儿童医院，患者和家属等候区域
3　马萨诸塞州，栗子山，波士顿大学希金斯（Higgins）大厅，充满阳光的中庭
4　密歇根州，卡拉马祖，布朗森教会医院，康复花园
5　新汉普，黎巴嫩，达特茅斯－希契科克医疗中心，阳光商业街

● 40 Broad Street, Boston, Massachusetts 02109-4306 USA Tel: +1 617 423 1700 Fax: +1 617 451 2420

希姆－萨克利夫建筑师事务所

studio@shimsut.com   www.shim-sutcliffe.com

希姆－萨克利夫建筑师事务所（Shim-Sutcliffe Architects）是加拿大一家进行建筑和景观设计的综合开业公司。他们设计的每个项目都在探索设计概念和通过构造细节去实现概念之间的联系。公司对建筑结构、构成和场地及其相互影响的关注促使他去研究项目和场地、建筑和景观、人与自然的相互关系。他们的设计作品从大学和当地政府到私人住宅都有。许多获奖作品都尝试使用水在不同的季节的变化来衔接建筑和景观。研究室的工作是热烈的和寻根究底的，在很多阶段都通过大量不断发展的草图和模型来与业主沟通交流。

1   Michael Awad

2   Michael Awad

3   James Dow

4   James Dow

1 加拿大多伦多，露天钢结构住宅，冬天从室内看充满倒影的水池
2 加拿大安大略，Kawagama 湖 Moorelands 露营地餐厅；餐厅带有线性采光天窗
3 加拿大圣劳伦斯，湖岛住宅，带倒影的泳池，远端为住宅
4 加拿大多伦多，里德贝瑞公园，在 Cor-ten 钢制人行桥底下看水池 / 滑冰场，远处为滑冰换装间

● 441 Queen Street East, Toronto, Ontario M5A 1T5 Canada Tel: +1 416 368 3892 Fax: +1 416 368 9468

小川真一

ogawa01@pop11.odn.ne.jp www1.odn.ne.jp/ogawa01

小川真一（Shinichi Ogawa）是 SO 建筑师联合设计公司的首席设计师。他也是日本近畿大学工程学院的一名教授，同时也是英国爱丁堡艺术大学建筑学院的客座教授。

作品展包括：

1996 年　　19 届米兰国际展览会，三年一度的日本展馆，Palazzo dell'arte。

1996 年　　巴塞罗那的 19 届世界建协年会，1996 年巴塞罗那的国际协会联合会。

2001 年　　2001 年伦敦日本展，4 × 4 日本先锋展－16 个日本建筑师。

2002 年　　韩国大邱的大邱双年展 2002。

1　　　　　　　　　　　　　　　Shinkenchiku-sha

2　　　　　　　　　　　　　　　Shinkenchiku-sha

1　日本山口县，立体派住宅，6m 长的玻璃墙立方体
2　日本山口县，Isobe 工作室和住宅，玻璃盒子坐落在封闭的基座上

● 5-33-18 Inokuchi Nishi-ku, Hiroshima 733-0842 Japan Tel: +81 82 278 7099 Fax: +81 82 278 7107

舒宾＋唐纳森建筑师事务所

rshubin@sandarc.com　www.shubinanddonaldson.com

建筑师拉塞尔·舒宾(Russell Shubin)和罗宾·唐纳森(Robin Donaldson)都是美国建筑师学会成员,他们通过完成最前卫的方案,仔细为人们设计居住、工作、集会、买卖、梦想和合作等活动空间,将人、团体和组织机构动态地组织了起来。

当该公司接到广告代理商、娱乐工作室、零售商、社区中心或商业居住区等任何项目,他们都会保证所提供的设计能充分表达业主的战略构想,从而达成业主的目标。这家极具创意的公司为了实现这些目标采取的方法是从最初的构思到最终的建造都与业主通力合作。建筑师将想像和技术融合进这个合作过程中,使得最终的方案达到了其环境所需要的复杂性和多元化。

1990 年公司举办了作品展,包括全新建筑设计和建筑改建再利用,从 1995 年至今,公司的作品中有 18 项获奖。

2　Tom Bonner

3　Tom Bonner

4　Tom Bonner

1　Tom Bonner

1　加利福尼亚州,柯尔沃市奥美广告 (Ogilvy&Mather) 公司:戏剧性的"管子"入口限度了广告代理商具有前进感的室内
2　加利福尼亚州,玛丽安德尔湾 (Marina del Rey) 零标高广告:结合工作站,戏剧性的坡道和发光的织物来表达广告代理公司的形象
3　加利福尼亚州,玛丽安德尔湾的 Mindfield:后期制作的入口带有翘起的墙面,暗示内部的几何体
4　加利福尼亚,贝弗利山事务所,雕塑般的接待台上的电视监视器引领公司接待客户
5　加利福尼亚州,洛杉矶 Iwin,彩色嵌板反映了互联网公司的网络形象

5　Tom Bonner

● 3834 Willat Avenue, Culver City, California 90232 USA　Tel: +1 310 204 0688 Fax: +1 310 204 0219

远藤秀平设计公司

endo@tk.airnet.ne.jp www2c.airnet.ne.jp/endo/

远藤秀平（Shuhei Endo）是一位年轻的日本建筑师，以大阪为工作中心，1993年获安德里亚·帕拉第奥大奖并因此吸引了世界的目光。他的设计尝试将两种思路结合起来：其一是非欧几里德型体的试验，本质上是采用三维形态；其二是他尝试使用一种特别的材料：电镀金属片。其产生的空间是流动的、动态的、可变的、模糊的、不完整的甚至是不确定的。远藤秀平将一系列金属片弯曲、重叠、折叠、扭曲直至模糊了室内外、面和体量、顶棚和地板的界限，以极经济的手法获得了戏剧性的效果。

1

Yoshiharu Matsumura

2

Yoshiharu Matsumura

3

Toshiharu Kitajima

4

Shuhei Endo Architect Institute

5

Yoshiharu Matsumura

1 日本兵库县辖区 Shingu-cho 的 springtecture H，经理室
2 日本兵库县辖区 Taishi－cho，rooftecture C，火葬场
3 日本志贺町辖区 Biwa－cho 的 springtecture B，Atelier＋House
4 日本志贺町辖区 Maihara－cho 的 Bubbletecture，幼儿园
5 日本兵库县辖区 Nishinomiya 的 Rooftecture，办公建筑

● 5-15-11, Nishitenma, Kita-ku, Osaka 530-0047 Japan Tel: +81 6 6312 7455 Fax: +81 6 6312 7456

辛格尔建筑师事务所

singer@singerarchitects.com www.singerarchitects.com

辛格尔建筑师事务所（SingerArchitects）的目标涵盖了多重范围，大到以一种功能合理、视觉感受愉悦的方式，通过城市用途规划的模式将秩序带入整个社区，小到通过现代建筑把生活融入社区周围的自然环境以提高每个家庭的生活品质。

由于其设计的质量和创新性，事务所已经在全国范围内树立了良好的声誉。从城市公园开始，到作为布劳沃德县（Broward county）罗德岱堡都市核心复兴基石的百万平方英尺的城市广场和停车库，辛格尔建筑师事务所已经在公共教育、公共或私人机构以及商业建筑领域里设计了标志性建筑。

从1964年开始，事务所已经获得了超过50项优秀设计奖项并有作品在美国、日本和比利时等国的主要建筑期刊上发表。由于其在设计、公众沟通和专业教育及服务等领域里的杰出表现，该公司获得了美国佛罗里达/加勒比海建筑协会1997年度设计公司的称号。

1   Esto Photographics

2   Ed Zealy

3   Ed Zealy

4   Ed Zealy   5   Robert Bogdal

1 佛罗里达州，罗德岱堡，城市公园市政停车场；停车场附带有住宿功能
2 佛罗里达州，罗德岱堡消防站；市政办公修在湖上以保存土地
3 佛罗里达州，劳伦斯布劳迪（Lawrence Brody）住宅区，星岛（Star Island），迈阿密海滩，海滩住宅可以看到城市天际线
4 佛罗里达州，波卡雷顿（boca Raton）的波卡雷顿艺术博物馆；都市再发展的现代艺术博物馆
5 佛罗里达州大西洋大学／布劳沃德社区高等教育综合大学，佛罗里达，罗德岱堡；在都市环境中的高等教育建筑

● 13 West Las Olas Boulevard, Fort Lauderdale, Florida 33301 USA Tel: +1 954 463 5672 Fax: +1 954 463 5677

SITE 环境设计公司

info@siteenvirodesign.com   www.siteenvirodesign.com

SITE 是一家建筑与环境艺术公司，位于纽约。公司由詹姆士·瓦恩斯（James Wines）创办于 1970 年，由建筑师、艺术家、景观设计师、室内设计师、产品设计师和技术师共同组成了工作团队。

从 1970 年开始，SITE 的目标就是与大众和涉及他们设计的人士沟通完成建筑、公共雕塑、景观和室内空间的设计，同时他们也关注功能和经济问题。建筑及其周围环境被当作公共艺术作品来对待，这种公共艺术作品依靠社会、心理和文化等背景触动着人们。与通常的设计手法相比，SITE 更愿意通过关注每个场地的独特性来创造视觉景象。

从 1987 年开始，SITE 作品目录的主要内容包括文化建筑、商业建筑、由建筑、景观和环境文脉构成的公共空间。具体内容有博物馆、画廊、市政广场、水岸公园绿地、零售商店、餐厅、展览场馆、儿童天地以及城市民用建筑。

1   SITE

2   SITE

3   SITE

4   SITE

5   SITE

1 纽约 Mallet 住宅；在入口门厅中安装的骑士幽灵装置
2 西班牙塞维利亚 92 年世界博览会第 5 大道；单轨铁路车站入口的水幕墙
3 1981 年城市中心的高层住宅；透视渲染
4 1989 年日本广岛四大陆桥；夜景
5 2002 年意大利 Briosco 的巡逻亭；雕塑步道看到的正在修建中的巡逻亭

● 25 Maiden Lane, New York, New York 10038 USA Tel: +1 212 285 0120 Fax: +1 212 285 0125

六度设计有限公司

6deg@sixdegrees.com.au www.sixdegrees.com.au

1   John Gollings

2   John Gollings

六度（Six Degrees）的价值在于：
• 明确而简明的规划和项目表达；
• 选择耐久的设计和材料；
• 创新的结构解决办法；
• 将景观与城市环境结合的设计；
• 设计方案兼顾社会和环境责任；
• 人性化设计，使设计更丰富更有趣味性。

3   John Gollings

4   Shania Shegedyn

5   Trevor Mein

1 澳大利亚，墨尔本，Kooyong 草坪网球俱乐部；从球场看过去
2 澳大利亚，墨尔本，Kooyong 草坪网球俱乐部；西立面
3 澳大利亚，墨尔本，Kooyong 草坪网球俱乐部；玻璃细部
4 澳大利亚，墨尔本，Pelican 餐吧
5 澳大利亚，墨尔本，联排别墅

● PO Box 14003, Melbourne, Victoria 8001 Australia Tel: +61 3 9321 6565 Fax: +61 3 9328 4088

SJB 建筑师设计公司

architects@sjb.com.au www.sjb.com.au

1   Tony Miller, Arcphoto

2   Tony Miller, Arcphoto

3   Tony Miller, Arcphoto

4   SJB

SJB 是由建筑师、室内设计师和规划师构成的公司。

一个大型、多学科的团队意味着SJB公司可以提供设计、规划的多种综合服务。坐落在各地的办公地点保证了公司可以在全国范围内开业。多年的工作经验和累积的知识以及采用的专业技术应用于他们承接的每一个项目中，这保证了公司完成的项目具有非凡的品质。

SJB 以自己专业、全面的服务和商业敏锐性为荣，这些特性保证了公司的项目兼具可实施性和领先性。

在未来，SJB 力求继续已取得的成绩，不断设计出满足人们各种居住需求的人性化建筑。为此，公司着眼于积极影响世界，不仅设计建筑也促进联系与沟通。

通过他们为建成环境所做的贡献，SJB 为灵感和挑战、愉快和兴趣而奋斗。这种挑战推动着他们向前发展。

5   Tony Miller, Arcphoto

1 墨尔本港口，新码头区；SJB/FKA 建筑设计
2 维多利亚州，南雅拉（Yarra），铁路 air rights 发展
3 南澳大利亚阿德莱德市，麦地那大阿德雷德财政部，SJB建筑师事务所和 Danvers Schulz Holland 联合设计
4 维多利亚州，马尔格雷夫，BMW ZQ 进口中心澳大利亚总部
5 维多利亚州，南墨尔本，Probuild 办公楼

● 25 Coventry Street, Southbank, Victoria 3006 Australia Tel: +61 3 9699 6688 Fax: +61 3 9696 6234
The Cannery, 28 Richards Avenue, Surry Hills, New South Wales 2010 Australia
Tel: +61 2 9380 9911 Fax: +61 2 9380 9922

SOM 设计有限公司

somnewyork@som.com   www.som.com

1   Steinkamp/Ballogg Chicago

2   Timothy Hursley

3   Peter Aaron/Esto

SOM（Skidmore，Owings&Merrill LLP）是美国处于领先地位的建筑、城市设计与规划、工程、室内设计的公司。自从1936年成立以来，公司已经在世界超过50多个国家完成了10000多个项目。公司已经获得了700多个奖项，包括年度最佳公司奖和1961年美国建筑师学会最佳设计奖，并在1996年再次获得此奖，成为第一家两次获得此奖的公司。

SOM公司的业务范围涵盖从单栋建筑的方案和工程设计到整个社区的总体规划与设计。SOM曾受到私人和公共业主委托设计、建造各种项目，其中包括公司办公楼、银行及金融机构、政府办公楼、医疗机构、宗教建筑、航空楼、休闲体育建筑、大学建筑和居住区建筑。

目前公司在芝加哥、纽约、旧金山、华盛顿特区、洛杉矶、伦敦、香港、上海和圣保罗设有办公机构。

4   Nick Merrick/Hedrich-Blessing

1   中国香港，国际会展中心；香港新区的形象象征
2   美国加利福尼亚州，旧金山，旧金山国际空港；旧金山具有视觉冲击力的象征，这是到太平洋边缘的主要入口
3   纽约，30大街的纽约证券交易所；融合21世纪技术和信息的充满活力的工作场所
4   中国上海，金茂大厦；世界上第三个最高建筑，也是上海市中心标志
5   新加坡，樟宜航空港火车站；新加坡重要的迎客场所

5   Tim Griffith

● 14 Wall Street, New York, New York 10005 USA Tel: +1 212 298 9300 Fax: +1 212 298 9500 fax

SLCE 建筑公司

davidson@slcearch.com

1

Andrea Brizzi

4

Addison Thompson

5

Addison Thompson

2   Tom Sobolik   3   SLCE

SLCE是一家有80名员工的建筑公司，创立于1941年。在它50年的历史中，公司已经积累了坚实的设计实践、建造经验的基础，其风格类型丰富多样。在住宅设计领域，它可以称得上是真正的专家——公司仅在最近几年里就已经完成了超过10000个住宅单元的设计。SLCE的作品几乎涵盖了从获奖的低收入者低层、低密度住宅到高层豪华住宅的方方面面。而且SLCE已经完成超过2.5亿美元的各类项目，其中包括医疗机构、多用途及特殊用途的建筑设施分期规划如实验室、图书馆和员工宿舍。

SLCE的教育建筑设计项目包括改建和新建的各种功能：教室、图书馆、宿舍、娱乐活动室和剧场，使用者的范围涵盖从学前教育到研究生教育的范围。

SLCE因其提供的满足预算和时间限制的设计而获得了发展社区的尊敬。近期和正在进行中的项目显示了它处理像纽约这样复杂的城市环境的能力。

1 纽约，马马罗内克，阿瓦朗/威洛；曾经获奖的227套豪华公寓住宅
2 纽约，101西端大道；33层建筑包括507套豪华公寓、健身俱乐部、停车场、最佳的零售空间
3 纽约，阿特拉斯，46层公寓建筑，374套公寓，健身俱乐部，4层裙楼为商业和办公
4 纽约，联邦德国联合国永久使团驻地；粉红色花岗石建筑装饰有不锈钢
5 纽约，纽约麦迪逊观景楼；45层塔楼包括404套公寓、健身俱乐部

● 841 Broadway, New York, New York 10001 USA Tel: +1 212 979 8400 Fax: +1 212 979 8387

SLHO 联合设计有限公司

slho@slho.com.hk   www.slho.com.hk

  SLHO 联合设计有限公司拥有 30 多年的实践经验，他们对设计有极大的热情，并能提供恰当、具有创新性，出众并且经济可行的设计方案。

  他们认为建筑、室内设计和城市规划被视为与解决问题相关，与预计经历的心理感知相关，与检验已有规范相关，与推动建筑内涵的发展相关，与提供能随时间发展不断演化相关。

  通过多年的努力许多精选的项目已经完成，其中包括：住宅、高层居住塔楼、高层商业建筑、带室内游泳池的多层体育综合体、老年人住宅、宗教机构、学校、中国大型商业总体规划、综合社区服务中心、零售商店、样品房和诊所。

1 Virgile Simon Bertrand

2 Chan Yiu Hung

3 Ho Chuen Tak

4 Chan Yiu Hung

1 中国香港，美晖大厦，肯尼迪城
2 中国香港，香港基督教女青年会屯门综合服务处
3 中国香港，铜锣湾南华体育会综合体育中心
4 中国香港，香港基督教女青年会沙田综合服务处

• 15/F, Iuki Tower, 5 O'Brien Road, Wan Chai, Hong Kong Tel: +852 2832 9832 Fax: +852 2834 0430

SLL/ 莱奥·A·达利设计公司

www.setterleach.com

1

2　　　　　　　　　　　　　Howard Goltz

3　　　　　　　　　　　　　Philip Prowse

Philip Prowse

4　　　　　　　　　　　　　George Heinrich

1917年，两位富有远见的对手，建筑师威尔伯·图什勒和工程师戈特利布·马格尼意识到需要建立一家提供全面的建筑设计和工程服务的公司。他们创建的公司就是现在大家所知的SLL（Setter Leach & Lindstrom）公司。

早期合作设计过程的认可成为公司解决政府、制造零售配送和科学技术研究三个主要市场独特挑战的基础。SLL公司的主要目标是为它的客户提供优质的解决方案以满足客户的短期和长期需求。公司吸引客户和维持同客户良好关系的能力使得无论是在家乡明尼苏达还是在整个国家，公司都有很好的获得新工程委托的机会，这使得公司保持了持续的成长。

寻求更好的设计和施工解决的方法来迎接客户的挑战，SLL公司现在进入建筑设计行业已经90年了，无论是过去，现在还是将来，公司都希望用身后留下的永恒的设计遗产来回报和愉悦客户。

在2003年2月，SLL公司被国际知名的规划、建筑设计、工程和室内设计公司莱奥·A·达利（Leo A Daly）收购。

5　　　　　　　　　　　　　George Heinrich

1　明尼苏达州，明尼阿波利斯，明尼阿波利斯会议中心扩建模型
2　明尼苏达州，Red Wing，Fairview Red Wing医疗中心
3　南加利福尼亚Fort Mill，美国餐饮设备公司
4　明尼苏达州，罗彻斯特，西部数码研究中心
5　南达科他州，埃尔斯沃思空军基地，综合业务设施

● 730 2nd Avenue South, Suite 1100, Minneapolis, Minnesota 55403 USA
Tel: +1 612 338 8741　Fax: +1 612 338 4840

斯莫尔伍德、雷诺兹、斯图尔特、斯图尔特联合公司

marketing@srssa.com www.srssa.com

斯莫尔伍德、雷诺兹、斯图尔特、斯图尔特建筑师事务所（Smallwood, Reynolds, Stewart, Stewart & Associates, Inc.）是一家国际设计公司，致力于为客户提供创新设计，专业领域涉及规划、建筑设计、室内设计、景观设计和图形设计。

公司的165名优秀专业设计师在为公司、商业建筑、医院、住宅、工业、政府和教育方面的客户提供服务方面有非常丰富的经验，完成的项目包括办公楼、高层住宅、宾馆、零售、教育、体育设施、惩教机构、工业建筑、制造厂房和仓库等各种类型。其中120多个项目的优秀设计得到了业内的认可。

1991年在新加坡建立了第一家面向亚洲的地区性建筑设计咨询机构，2002年在上海和北京设立了代表处。得益于对地区事务的积极参与和多个国家的专业人才，SRSS可以为亚洲及中东地区提供全面的大型工程的设计服务。

1　　　　　　　　　　　　Ng Hwee Yong

2　　　　　Robert Miller

3　　　　John Edward Linden

4　　　　　　　　　　John Nye

5　　　　　　　　　　Robert Miller

1　新加坡，绿色城堡住宅区；831614平方英尺的项目，位于新加坡东北部
2　埃及开罗，四季饭店，275个房间，430600平方英尺的豪华商务酒店
3　德国杜塞尔多夫，IBM公司，6层，161000平方英尺的办公楼
4　中国北京，国际企业大厦，17层，968000平方英尺的办公塔楼
5　牙买加Montego湾，里兹 - 卡尔顿大饭店玫瑰大厅，430个房间，5层的豪华度假酒店，紧靠历史古迹玫瑰大厅种植园

● 3565 Piedmont Road, Building One, Suite 303, Atlanta, Georgia 30305 USA
Tel: +1 404 233 5453 Fax: +1 404 264 0929
496 83 Clemenceau Avenue, #14-03 UE Square, Singapore 239920 Tel: +65 6835 4355 Fax: +65 6835 4322

史密斯－米勒＋霍金森建筑师事务所

contact@smharch.com　www.smharch.com

1　　　　　　　　　　　　　　　　　　Paul Warchol

2　　　　　　　　　　　　　　　　　　Erieta Attali

3　　　　　　　　　　　　　　　　　　Michael Moran

　　史密斯－米勒＋霍金森建筑师事务所（Smith-Miller+Hawkinson Architects）是一家以纽约市为总部的建筑与城市规划公司，创建于1983年。事务所设计了一系列的遍及美国的公共和私人工程，包括住宅建设、公司园区、公共交通总站、剧院和博物馆。其作品源于对综合建筑文化的不断研究，这些文化包括建筑历史以及建筑与社会和当代思潮的复杂并不断变化的关系；其作品还来源于对表达综合建筑文化的努力，这种表达通过重新诠释基本设计过程并在传统工艺和前卫技术之间取得平衡来再现。《纽约时报》这样形容他们的作品："证明了工艺、技术和先锋建筑是可以协调共存的。"

4　　　　　　　　　　　　　　　　　　Robert Polidori

5　　　　　　　　　　　　　　　　　　Paul Warchol

1 – 3　科宁玻璃博物馆，纽约科宁（Corning）
4　　　纽约华尔街11号码头渡口交通站
5　　　北卡罗来纳州艺术馆，包括总体规划、圆形剧场
　　　　北卡罗来纳州的瑞雷弗（Raleigh）

● 305 Canal Street, New York, New York 10013 USA Tel: +1 212 966 3875 Fax: +1 212 966 3877

所罗门·E·T·C A WRT 公司

info@solomonetc-wrt.com   www.solomonetc-wrt.com

1   Christoper Irion

2   Christoper Irion

3   Russell Abraham

4   Grant Mudford

所罗门·E·T·C公司的作品主要是住宅建筑以及住宅和城市设计的相互作用。在这个基础上，朝几个方向开始扩展业务，包括大规模的城市规划、管理城市规划的监管体系建设、住宅、商业和公共建筑。公司有15～20名员工，经常同其他事务所进行技能互补的合作。

在美国国内和国外，公司的作品被广泛地展出并在一流的建筑杂志上出版。其作品已经获得了71个设计奖项，包括建筑设计进步奖、美国国家建筑师学会和美国国家规划师学会的各项奖项、住房和城市发展秘书长卓越品质白金奖、新都市主义大会宪章奖。

2002年4月，所罗门E·T·C与以交叉学科解决方案和对环境的关注而得到广泛认可的规划和设计公司——华莱士·罗伯茨与托德合并，成立所罗门E·T·C A WRT 公司。

5   Russell Abraham

1 加利福尼亚州，费尔法克斯，Ornstein-Schatz住宅；南面有格子状外观的走廊
2 加利福尼亚州，费尔法克斯，Ornstein-Schatz住宅；有环保温控装置的室内泳池
3 加利福尼亚州，圣何塞，圣费尔南多101号；四周被建筑环绕的庭院
4 加利福尼亚州，洛杉矶，佛蒙特州乡村广场；街道景观
5 加利福尼亚州，圣何塞，圣费尔南多101号；街道景观

● 1328 Mission Street, 4th Floor, San Francisco, California 94103 USA
Tel: +1 415 575 4722 Fax: +1 415 436 9837

佩奇·萨瑟兰·佩奇建筑师事务所的
劳伦斯·W·斯佩克

rharris@psp.com www.psp.com

2   R. Greg Hursley, Inc

1   R. Greg Hursley, Inc

3   Tim Griffith

劳伦斯·W·斯佩克（Lawrence W. Speck）在麻省理工学院获得了学士和硕士学位，并且在硕士毕业后留校工作了3年。1975年，他开始在奥斯汀的得克萨斯大学服务，在1992—2001年间任教务长。他所在的公司是在1970年代承接住宅项目和1980年代中期承接大型城市规划项目的过程中成长起来的，也是在那时，他开始了同佩奇·萨瑟兰·佩奇的合作。

作为得克萨斯最古老的建筑设计公司，佩奇·萨瑟兰·佩奇拥有超过250名的专业设计师，在奥斯汀、休斯敦、达拉斯和华盛顿特区都设有分支结构。公司承接的项目非常广泛，基本上囊括了世界上各地的各种项目。

劳伦斯·W·斯佩克和佩奇·萨瑟兰·佩奇事务所最终是作为两个独立的合作伙伴，前者有很强的设计能力，后者知名度很高，并拥有在多个公共工程中表现出的雄厚专业实力，设计品质有良好的记录，为了将这两者结合起来，斯佩克作为首席设计师加入了佩奇·萨瑟兰·佩奇事务所。

事务所特定的视角致力于对以下四个领域进行探索：当代都市主义涉及的矛盾、保护所涉及的不同社区、城市和地区所固有的地区性和多样性、实现更大范围可持续发展和通过材料的应用和细节的表现来提高建筑质量。

4   Paul Bardagjy

5   John Edward Linden

1&2 得克萨斯州，Glen Rose，Rough Creek旅店和会议中心
3   得克萨斯州，奥斯汀，计算机科学公司办公楼；外景
4   得克萨斯州，奥斯汀，计算机科学公司办公楼；大堂
5   得克萨斯州，奥斯汀，芭芭拉 - 约旦终点客运大厅，奥斯汀 - 贝里斯罗姆国际机场

● 606 West Avenue, Austin, Texas 78701 USA Tel: +1 512 472 6721 Fax: +1 512 477 3211

斯夸尔及合伙人事务所

pr@squireandpartners.com www.squireandpartners.com

1   Smoothe

2   Peter Cook/VIEW

3   Peter Cook/VIEW

4   Peter Cook/VIEW

5   Squire and Partners

　　斯夸尔及合伙人事务所（Squire and Partners）创建于1976年，在伦敦的核心地区有超过25年的建筑设计、施工管理和建筑更新的丰富经验。

　　事务所提供的服务包括：总体规划、规划、建筑设计、室内设计、空间规划、项目管理和施工设计管理。

　　斯夸尔及合伙人事务所是一家以设计为导向的团队，对于商业开发项目中涉及到的各种复杂因素有深刻的认识。

　　事务所充分利用其团队的聪明才智提升所承接的项目价值。

　　事务所的概念性工作的基础是规划和可持续发展的当代理念，而细部设计的基础则是当今的技术和施工工艺。建筑设计的方案来自于经典的尺度、韵律和比例。

　　斯夸尔及合伙人事务所目前雇佣了95名职员，事务所面向未来的战略重点在于培养青年才俊和在专业领域内持续的资源投入。

1   伦敦，Knightsbridge 199 号；著名的 Knightsbridge 区新豪华住宅区
2   伦敦，Bouverie 街 4 号，Fleet 街附近的新波特兰石砌筑的办公大楼
3   伦敦，西部印度码头，总体规划、戏院、健身俱乐部、住宅区和景观设计
4   伦敦，莱姆豪斯青年俱乐部；莱姆豪斯区新的青年社区俱乐部
5   Millharbour 1 号，位于 Millenium Quarter 显著位置的多用途塔楼

● 77 Wicklow Street, London WC1X 9JY UK Tel: +44 20 7278 5555 Fax: +44 20 7239 0495

布鲁诺·斯塔尼奥建筑师事务所

stagno@racsa.co.cr

Bruno Stagno

布鲁诺·斯塔尼奥（Bruno Stagno）出生于智利，先后在智利和法国学习，1973年移居哥斯达黎加。其设计致力于创造同周边环境和气候相适应的建筑。他的公司承接办公楼、一般建筑、购物中心、学校、银行和酒店。

他的作品和建筑理论在欧洲、美国、中国的多个会议上被展示；他已经出版了三本书和几篇文章。

他的作品获得的奖项包括在7个双年展获得奖项、新西兰的克劳斯（Claus）王子文化及发展基金会奖、法国政府授予的艺术及文学部级骑士勋章、约翰·西蒙·古根海姆纪念基金会研究院基金和美国理查德·诺伊特拉（Richard Neutra）奖提名。

为了完善自身的专业能力，他创建了研究热带建筑的机构，以推广热带建筑。

Bruno Stagno

Bruno Stagno

1 哥斯达黎加，圣荷西，Jy R 大楼，2002 年
2 哥斯达黎加，Escazu，Libro Libre，2001 年
3 哥斯达黎加，罗尔莫瑟（Rohrmoser），Banco 圣荷西，2000 年

● PO Box 680-1007, San José, Costa Rica Tel: +506 233 9084 Fax: +506 255 3084

斯坦卡蒂建筑设计公司

stdesign@stancati.com.br www.stancati.com.br

1

Sergio Israel

2

Tuca Reines

从1980年以来,斯坦卡蒂设计公司已经完成了超过40万平方米的建成项目,建筑规模相当于圣保罗世界贸易中心的两倍。主要负责人工程师马可·安东尼奥和设计师沃玛·斯坦卡蒂的专业经验再加上他们经验丰富的建筑师、工程师和设计师团队,确保了公司的成功。

擅长建筑设计和工程设计的事务所在很广泛的范围内开展业务,从商业建筑、工业建筑、公司建筑到住宅建筑,建筑的规模也是多种多样的。设计的要点在于识别出特定的需求、样式和需要表达的理念,然后才能够为每个个性化的工程提供最好的设计。

斯坦卡蒂建筑设计公司追求的是有创造性、使建筑同周围环境相融合或者是建筑醒目突出的设计方案。公司会预先进行经济性、可实施性和选址的研究,确保在满足客户要求的同时,又能满足客户的预算要求。

3

Tuca Reines

1 巴西里约热内卢,RJ,Telemar 商店
2 巴西坎皮纳斯,SP,咖啡馆与文化空间
3 巴西圣保罗,SP,B2B Telefonica
4 巴西坎皮纳斯,SP,Da Mata 旅馆
5 巴西圣保罗,SP,Cockpit SAP 巴西

4

Tuca Reines

5

Tuca Reines

● Rua Guararapes, 2064 – 16°, CEP: 04561-004, São Paulo SP Brazil
Tel: +55 11 5503 9750 Fax: +55 11 5503 9750

斯坦利·赛托威茨／纳托马建筑师事务所

stanley@saitowitz.com

斯坦利·赛托威茨/纳托马建筑师事务所是一家致力追求卓越设计品质的公司。理论上的优势使得事务所可以为每一个项目创建一个特别的理念，从而为每个特定的建设项目和场所提供独特的设计手法。这种设计方法被认为是"人类地理学"，也是对建筑与场地环境关系的独特认知。

已经完成的项目包括在河滨的加利福尼亚摄影博物馆；Yerba Burna Lofts，旧金山的拥有200个单元的住宅楼；旧金山Natoma街1022号，办公／居住建筑；Petrero Lofts；以及在Stinson海滩、洛斯加托斯、纳巴、阿尔马登、奥克兰、伯克利、旧金山、提布隆、纳巴及戴维斯的住宅项目。

正在进行的项目包括加利福尼亚大学伯克利分校的视觉艺术馆；劳伦斯伯克利实验室里的能源效率和电可靠性实验室；拉霍亚的贝丝·EI犹太教会堂、旧金山的贝丝·肖洛姆犹太教会堂和社区中心。

获得的奖项包括美国建筑师学会在1998年授予的纪念建筑培根奖章、波士顿建筑学会1997年颁发的哈里斯顿·帕克奖、《斯坦利·赛托威茨——莱斯33的建筑》获得美国建筑师学会国际建筑图书专著奖。1997年南非的国家纪念馆委员会将德兰士瓦省住宅宣布为国家标石建筑。

1　Stanley Saitowitz / Natoma Architects Inc.

2　Tim Griffith

3　Tim Griffith

4　Tim Griffith

5　Steve Rosenthal

1　加利福尼亚州，旧金山，贝丝·肖洛姆犹太教会堂
2　加利福尼亚州，旧金山，耶尔巴布埃纳 Lofts 住宅
3　加利福尼亚州，纳帕，奥克斯博（Oxbow）学校
4　加利福尼亚州，纳帕，Lieff 住宅
5　马萨诸塞州，波士顿，新英格兰大屠杀纪念馆

● 1022 Natoma Street #3, San Francisco, California 94103 USA
Tel: +1 415 626 8977 Fax: +1 415 626 8978

503

施陶赫·福斯特建筑师事务所

durban@svarchitects.com　www.svarchitects.com

　　业内领先的现代派设计师施陶赫·福斯特一直致力于本地区的本土建筑设计工作,他在1943年创建的事务所目前已经发展成南部非洲最大的建筑师事务所。

　　据最近对国际建筑设计公司的调查,施陶赫·福斯特建筑师事务所在过去的三年里已经跻身全球顶尖的200家设计公司之列,是非洲最大的设计公司。公司总部设在南非,在莫桑比克和纳米比亚也设有分支结构。公司在零售中心、教育建筑、医院、公司办公建筑和城市设计项目上有独到的经验。

　　事务所赢得了多项荣誉,其中最重要的包括ISAA 2000年卓越奖(德班国际会议中心)、ISAA优异奖和南非地产协会优异奖。

　　事务所的设计理念是在一个框架过程中提供设计方案,在这个框架中,施工、建筑策划和时机的把握能够逐渐发展成一个对工程来讲是适当而独特的解决方案。

1　　　　　　　　　　　　　　　　SVA

2　　　　　　　　　　　　　　　　SVA

3　　　　　　　　　　　　　　　　SVA

4　　　　　　　　　　　　　　　　SVA

5　　　　　　　　　　　　　　　　SVA

1　约翰内斯堡,南非航空公司总部,航空公司园区
2　乌姆塔塔,PRD2办公楼
3　德班,金斯默德(Kingsmead)办公楼的警卫室
4　德班,马古苏托理工学院,演讲厅
5　德班,国际会议中心,ISAA 2000年卓越奖获奖建筑

● PO Box 3720, Durban 4000 South Africa　Tel: +27 31 263 1350　Fax: +27 31 263 1976

斯蒂德－哈蒙德－保罗建筑设计公司

info@shp.com www.shp.com

1   Greg Matulionis

2   Greg Matulionis

3   Greg Matulionis

斯蒂德－哈蒙德－保罗建筑设计公司（Steed Hammond Paul)是一家拥有百年历史的建筑设计公司，提供规划、建筑、室内设计和施工管理一条龙的服务。公司在汉密尔顿、哥伦布、俄亥俄州的辛辛那提设有分支机构。在整个发展历史中，公司承接的项目包括公共和私人两部分。它的实践经验从小规模的建筑改造拓展到上百万美元的建筑设计项目以及获奖的古建筑翻新项目。在过去的五年中，90%的业务是来自老客户的委托。

斯蒂德－哈蒙德－保罗建筑设计公司的组织结构是由客户以及公司的远见"建筑给社区带来灵感"来确定的。公司擅长沟通管理和增值设计，并且对它的市场：教育建筑、公共建筑、休闲设施、商用设施和医疗设施的要求反应迅速。

5   Miles Wolf

1 俄亥俄州，辛辛那提，多诺文艺术中心；室内设计的独特角度能够激发灵感
2 俄亥俄州，辛辛那提，多诺文艺术中心；柔和的尺度让入口同周围的校园建筑融为一体
3 俄亥俄州，费尔菲尔德，费尔菲尔德莱恩公共图书馆；古典的钟楼成为一处独特的风景
4 俄亥俄州，费尔菲尔德，费尔菲尔德莱恩公共图书馆；暖色调的图书馆内部设计使得读者感觉舒适
5 肯塔基州，Ft·托马斯，海兰兹（Highlands）中学，戏剧性的外观同外部建筑融为一体

● 1014 Vine Street, Suite 2100, Cincinnati, Ohio 45202 USA Tel: +1 513 381 2112 Fax: +1 513 381 5121

斯坦伯格集团

www.tsgarch.com

1   John Edward Linden

斯坦伯格集团（Steinberg Group）创建于1953年，是一家建筑设计、规划、建筑策划管理和室内设计公司，承接的建筑项目范围广泛，包括民用建筑、住宅、教育建筑、宗教和商用设施。

公司的办公地点在洛杉矶的硅谷，公司对快速变化的活力社群的需求感知敏锐，同时能够紧跟客户、城镇、历史和社会的需求。事务所致力于提供同社会和谐相处，并丰富人们生活的建筑，最终走出一条迎接复杂的城市和环境挑战的创新而可持续发展的道路。

公司拥有100余名训练有素的建筑师、设计师和支持人员，致力于提供高质量的设计方案，为客户和其他终端用户提供住宅、教育建筑和文化设施的完美体验。公司的目标就是提供超出人们预期的建筑。

2   Marvin Rand

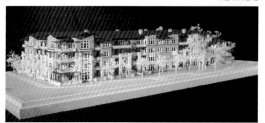

3   John Edward Linden

4   Tom Bonner

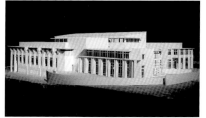

5   Tom Bonner

1   加利福尼亚州，圣何塞，卡希尔（Cahill）公园的阿瓦朗；多用途的社区中心，同周围的建筑融为一体
2   加利福尼亚州，里弗赛德，里弗赛德县历史悠久的乡村法院；获得多个奖项的历史遗迹保护工程
3   加利福尼亚州，普雷亚维斯塔（Playa Vista），喷泉公园
4   加利福尼亚州，帕洛阿尔托，凯悦酒店旁的古典式建筑；新的高尚社区
5   加利福尼亚州，圣何塞，常青谷（Evergreen Valley）大学读书馆和技术教育中心；新的地标建筑

● 60 Pierce Avenue, San Jose, California 95110 USA Tel: +1 408 295 5446 Fax: +1 408 295 5928
606 South Olive Street, Suite 1950, Los Angeles, California 90014 USA Tel: +1 213 629 0500 Fax: +1 213 629 0501

斯特尔建筑师事务所

info@stelleco.com www.stelleco.com

斯特尔建筑师事务所（Stelle Architects）是一家获奖的建筑、规划和室内设计的公司，特别擅长教育建筑、文化设施、公共设施和高品质私人住宅设计。1984年，事务所由美国建筑师学会会员弗雷德里克·斯特尔创建。公司擅长新建筑的设计，同时对于古老建筑的再利用和扩建也是驾轻就熟。在每一个工程中，公司都非常注重形式和功能上简洁，同时满足每一个客户的需求和期望。

事务所承接的工程范围有：从瑞士的锡邵（Seeschau）表达性艺术治疗中心到纽约萨洛港的皮尔森中学的翻修及扩建工程。另外一些实例包括，对纽约的一栋工业建筑进行翻修和扩建，建成了在表演艺术界享有声望的瓦特米尔（Watermill）中心、纽约东汉普顿的自然保护协会总部大楼。目前正在运作的项目包括纽约长岛和瑞士的住宅项目，几间教堂和一个残疾儿童设施的扩建。

1   Jeff Heatley

2   Adrian Keller

3   Jeff Heatley

4   Jeff Heatley

5   Jeff Heatley

1 纽约，火岛，海岸边的住宅
2 瑞士，苏黎世，瑞士住宅
3 纽约，避风（Shelter）岛，岛上住宅
4 纽约，布里奇汉普顿（Bridgehampton），墨西哥馆
   （Mecox Pavilion）
5 纽约，瓦特米尔，瓦特米尔中心

● 48 Foster Ave, PO Box 3002, Bridgehampton, New York 11932 USA
Tel: +1 631 537 0019 Fax: +1 631 537 5116

梁志天建筑设计有限公司

sla@steveleung.com.hk

1   John Kwong

    梁志天（Steve Leung）是一位注册建筑师和室内设计师，1988开始从事建筑设计和城市规划咨询工作。他在1997年重组了他的梁志天建筑设计有限公司和梁志天设计有限公司。公司目前专注于一流的建筑和室内设计项目，总部设在香港。在上海、深圳都设有代表处，可以为中国大陆和国际客户提供服务。

    公司因其致力于在满足最基本需求的情况下，彰显完美的空间运用和光线配合以及审美价值同各种文化元素的融合。设计的重点在于提供舒适的环境。

    涉及的项目包括住宅、商业建筑、饭店和零售商店，这些工程都体现了简约和谐的灵感。

2   Ulso Tsang

4   Ulso Tsang

3   Ulso Tsang   5   Ulso Tsang

    1   中国香港，民生书院
    2   中国香港，科罗雷德住宅
3&4   中国香港，贝尔奇（Belcher）俱乐部房间
    5   中国深圳，米申山住宅

● 24/F, CC Wu Building, 302 Hennessy Road, Wanchai, Hong Kong
Tel: +852 2527 1600   Fax: +852 2527 2071

史蒂文·埃利希建筑师事务所

inquire@s-ehrlich.com   www.s-ehrlich.com

1   Thomas Loof

2   Ehrhard Pfeiffer

3   Steven Ehrlich Architects

4   Adrian Velicescu

5   Tom Bonner

1 加利福尼亚州，圣莫尼卡，坎宁住宅
2 加利福尼亚州，圣莫尼卡，十字路口（Crossroads）学校的保罗·卡明斯图书馆
3 马萨诸塞州，剑桥，Kendall Square 生物技术实验室
4 加利福尼亚州，科斯塔梅萨，Orange 海岸大学艺术中心
5 加利福尼亚州，洛杉矶，罗伯逊分支图书馆

　　史蒂文·埃利希建筑师事务所（Steven Ehrlich Architects）于1979年成立，那时只是一个建筑设计团队，事务所的工作室设在加利福尼亚斑鸠市一间舞厅改建的建筑中。公司目前业务的种类和范围都比较广，包括民用建筑、商用建筑、住宅等。对于每一个项目，公司都能够把现代的形式同先进的技术方案、耐久性、经济合理性和清晰的实施计划结合在一起。

　　事务所因其独特的设计在国际上获得了认可，并且已经获得了70个美国建筑师学会的奖项。1998年Rizzoli国际出版公司出版了《史蒂文·埃利希建筑师事务所》一书，这是对公司不断增长的国际影响力的极好见证。1997年，公司获得了3项美国建筑师学会国家荣誉建筑设计大奖，是自1974年贝聿明公司以后又一获此殊荣的公司。2003年，公司获得了美国建筑师学会颁发的享有声誉的加利福尼亚年度公司大奖。

　　公司的规划和设计员工由包括创建人美国建筑师学会资深会员史蒂文·埃利希和其他三位负责人领导。对于同文化、气候以及场地文脉的特点具有影响的简洁形式的相互关联，每个人都有独特的关注焦点。

● 10865 Washington Boulevard, Culver City, California 90232 USA Tel: +1 310 838 9700 Fax: +1 310 838 9737

斯塔宾斯联合事务所

www.stubbins.us

1   Greg Murphey

2   Timothy Griffith/Esto

4   Chris Barnes

自从1949年创建以来，斯塔宾斯联合事务所（The Stubbins Associates）成功完成的国内国际项目的范围之广实在是非比寻常。事务所提供的专业服务包括可行性研究、建筑策划、总体规划、建筑与室内设计和景观设计，提供的技术支持类服务包括建筑文件管理和施工管理。

公司的规模和组织结构的设计使得设计人员能对项目进行全程参与。每个项目有一名主要负责人和两名助手：项目经理和项目设计师，确保每个项目的连续性、良好的沟通和协调性。

设计过程完全根据用户的需求、期望、功能要求和限制条件进行调节。斯塔宾斯联合事务所是少数几个获得了美国建筑师学会享有很高声望的"建筑设计事务所奖"的公司，处在业内绝对领先的地位，除此以外，事务所承接的工程因其卓越的设计品质还获得了超过160个国内和国际奖项。最著名的几个项目包括纽约的花旗中心、波士顿联邦储备银行、加利福尼亚的罗纳德·里根总统图书馆、柏林议会大厦和日本最高的建筑横滨地标塔楼。

3   INSITE

5   Hedrich-Blessing

1   印第安那州，印第安那波利斯，印地安那州历史协会
2   新加坡，美国大使馆
3   内华达州，拉斯韦加斯，"威尼斯的夏日房舍"度假酒店
4   马萨诸塞州，剑桥，阿姆根（Amgen）中心
5   伊利诺伊，芝加哥，芝加哥大学，生物科学学习中心和朱尔斯·F·耐普医疗研究中心

● 1030 Massachusetts Avenue, Cambridge, Massachusetts 02138 USA
Tel + 1 617 491 6450 Fax: + 1 617 491 7104

唐尼建筑师工作室

info@studiodownie.com   www.studiodownie.com

唐尼建筑师工作室（Studio Downie Architects）于
1993年成立。承接的工程价值涵盖从（25—750）万
英镑的广泛领域，客户包括皇家地理协会、剑桥圣体
节大学。Image银行、现代艺术学院、BAA Lynton、微
软、毕马威华振会计师事务所（KPMG）、古德伍德雕
塑公园、西伦敦训练和企业理事会、康科德(øConcord)
照明公司、英国广播公司资源部、英国航空公司
Heathrow机场有限公司和巴比肯艺术中心。

1994年公司是展览指定的6家参英国皇家建筑师
学会主办，在东京召开由黑川纪章博士和丹尼斯·夏
普教授主持的"英国新兴建筑师"展公司之一。1995
年公司由于在设计的商业有效性上贡献卓越获得一个
国家设计奖项。

1998—2001年，公司被收入建筑基金会的《新建
筑师和新建筑师2》(New Architects and New Architects2)
一书中，这本书包括了英国最好的新兴公司。公司在
2004年4月通过竞争赢得了RGS－IBG工程。

1　　　　　　　　James Morris, Axion Photographic Agency Ltd.

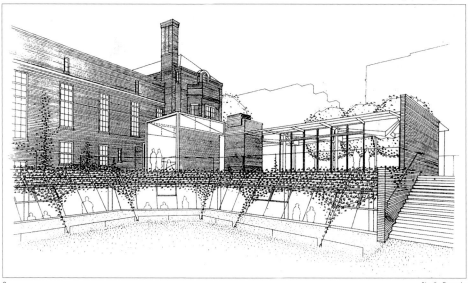

2　　　　　　　　　　　　　　　　　Studio Downie

1　伦敦，皇家地理协会的Ondaatje剧院翻新工程
2　伦敦，皇家地理协会，陈列厅和阅读室

● 146 New Cavendish Street, London W1W 6YQ UK　Tel: +44 20 7255 1599　Fax: +44 20 7636 7883

斯图迪奥斯建筑设计事务所

info@studiosarch.com　www.studiosarch.com

1　Eric Laignel

2　Richard Barnes

3　Michael Moran

4　Melissa Duffy

5　Kerun Ip

斯图迪奥斯建筑设计事务所 (Studios Architecture) 是一家提供建筑设计、室内设计和规划的事务所，在旧金山、洛杉矶、华盛顿特区、巴尔的摩、纽约、伦敦和巴黎都设有分支机构。事务所自从1985年创建以后，就积极从事建筑策划、总体规划、结构设计和教育、民用、公司园区、商业办公建筑的设计、战略规划和室内设计业务。斯图迪奥斯是美国最受尊敬的美国事务所之一，而且被《世界建筑》杂志列为世界75家顶尖建筑设计事务所之一，被《室内设计》杂志列为美国40家顶尖室内设计事务所之一。目前事务所已经获得了130个各类设计奖项，事务所已经被很多建筑杂志、展览和出版物所刊载和展出。

斯图迪奥斯以其能够在有限的建筑预算范围内提供新颖的设计方案而闻名。其设计的一个共有特点就是灵活的空间布局使得建筑可以为多种用途服务。事务所还致力于以人为本的建筑设计，建筑和室内装饰能够使得建筑和人之间相互影响，达到某种程度的平衡。斯图迪奥斯还是可持续设计的先锋，超过400万平方英尺节能型建筑已经完成或者正在进行中。

1　法国，巴黎，布隆博格集团总部，位于巴黎心脏地带56000平方英尺的办公建筑的室内设计
2　加利福尼亚州，芒廷维尤，SGI Crittenden园区，4栋建筑，500000平方英尺的研发园区
3　华盛顿特区，XM 电台的卫星广播设施，位于19世纪的印刷厂仓库中的140000平方英尺的设施
4　加利福尼亚州，旧金山，铸造厂广场，二号建筑，位于第一大街和霍华德大街交点处的4栋大楼的开发项目
5　中国上海，中国工商银行，28层，500000平方英尺高层建筑的室内设计

99 Green Street, San Francisco, California 94111 USA　Tel: +1 415 398 7575　Fax: +1 415 398 7763

斯达奇布雷＋佩普建筑景观设计事务所

snpala@ozemail.com.au

1   Julie Cook

2   Julie Cook

斯达奇布雷和佩普建筑景观设计事务所（Stutchbury and Pape Architecture Landscape Architecture）创建于1981年，事务所的主管和合伙人是景观建筑师菲比·佩普（Phoebe Pape）和建筑师彼得·斯达奇布雷（Peter Stutchbury）。

自从1995年以来，事务所一共赢得了17个澳大利亚皇家建筑学院奖、还赢得了49个地区、州、国家的建筑和环境奖项。2001年事务所同苏特斯（Suters）建筑师事务所合作，获得NSW澳大利亚皇家建筑师学会授予公共建筑的最高奖项：约翰·萨尔曼爵士奖。

事务所的作品多次被澳大利亚和国际刊物发表。彼得·斯达奇布雷的一部专著在2000年出版，随后的几年里，近期的一些工程在《澳大利亚的建筑新方向》杂志上发表。公司的方案在伦敦、纽约、斯图加特、悉尼、阿德莱德和墨尔本展出。

事务所创建时就坚持环境可持续发展的原则。事务所付出的努力得到了广泛的认可，在2001年获得了TAS/弗朗西斯·格林威绿色建筑金奖和拔克西总理奖。

彼得·斯达奇布雷目前是纽卡斯尔大学建筑系的联合教授。

3   Julie Cook

4   Julie Cook   5   Julie Cook

1－5 澳大利亚悉尼，楔形住宅，
      鲸鱼海滩，楔形住宅修建在
      陡峭的山上，可以俯瞰大海
      和悉尼北部的海岸线

● 4/364 Barrenjoey Rd, Newport, New-South Wales 2106 Australia
Tel: +61 2 9979 5030 Fax: +61 2 9979 5367

毛罗·内维斯·诺盖拉建筑师事务所

mnn@studiomnn.com.br　www.studiomnn.com.br

Lourenço & Sarmento Arquitetos

2　　　　　　　　　　　　　　　　　Studio MNN

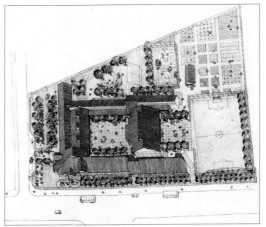

3　　　　　　　　　　　　　　　　　Studio MNN

　　事务所创建于 2000 年 12 月，建筑师毛罗·内维斯·诺盖拉（Mauro Neves Nogueira）负责技术和艺术上的指导。事务所的优秀员工关注于家具设计、室内设计、建筑设计、城市设计等领域，同时也从事建筑文化研究。

　　事务所的目标是给予每一位客户足够的专注，并为每一位客户的需要提供最适合的解决方案。

　　事务所的办公地点位于里约热内卢科巴卡巴那（Copacabana）老街的一栋商业建筑中。

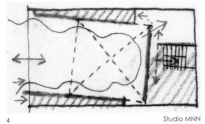

4　　　　　　　　　　　　　　　　　Studio MNN

5　　　　　　　　　　　　　　　　　Celso Brando

1　巴西，萨尔瓦多，巴伊亚，SENAI-BA 技术中心，模型
2　巴西，萨尔瓦多，巴伊亚，SENAI-BA 技术中心，场地设计
3　巴西，罗赖马（Roraima），博阿维斯塔（Boa Vista），方达科·布拉德斯科（Fundacao Bradesco）中学，轴测图
4　巴西，RJ，里约热内卢，阿尼塔·斯沃兹（Anita Schwartz）艺术品陈列室，示意图
5　巴西，RJ，里约热内卢，阿尼塔·斯沃兹艺术品陈列室，入口外景

● Rua Barata Ribeiro 259 Sobreloja, Copacabana, 22040-000, Rio de Janeiro RJ Brazil
Tel: +55 21 2255 7795　Fax: +55 21 2549 5193

苏珊·马克斯曼及合伙人事务所

smp@maxmanpartners.com　www.maxmanpartners.com

苏珊·马克斯曼及合伙人事务所
（Susan Maxman & Partners，Architects）
（SMP）是一家拥有 20 名员工的公司，提
供全套的设计服务。事务所在提供服务的
同时重视倾听客户的意见，形成共识最终
提供有创造性的解决方案。认识到建筑和
建筑实施过程对周边环境的巨大影响，
SMP 在设计过程中不仅注重满足眼前的
项目需求，还力求能满足子孙后代的需
求。在规划和设计的过程中更广泛地考虑
人同自然环境的关系和生态秩序，因为事
务所始终记得美洲原住民的谚语："大地
不是我们从祖先那里继承来的，是我们从
子孙后代那里借来的"。在这种理念的指
导下，SMP 奉行保存而不是消费，支持而
不是破坏，减轻而不是加剧人类对自然环
境影响的设计思路。

Tom Bernard

2

Susan Maxman & Partners, Architects

3

Barry Halkin

4

Peter Olson

5

Catherine Tighe

1　宾夕法尼亚州，牛津，Camp Tweedale；多功能建筑的外观
2　宾夕法尼亚州，费城，位于约翰·海因茨国家野生物庇护区的库萨诺
　　（Cusano）环境教育中心；秋景
3　俄亥俄州，哥伦布，俄亥俄州立大学 Younkin Success 中心；夜景
4　宾夕法尼亚州，费城，朱莉娅·德·布尔戈斯（Julia De Burgos）双语
　　初级中学，庭院一景
5　新泽西州，哈维杉林海滩（Harvey Cedars），度假住宅，外景

● 1600 Walnut Street, 2nd Floor, Philadelphia, Pennsylvania 19103 USA
Tel: +1 215 985 4410 Fax: +1 215 985 4430

苏丝娜 + 马茨建筑师事务所

info@sussna-matz.com www.sussna-matz.com

1   Norman McGrath

2   Hope Wurmfeld

3   Barry Halkin

苏丝娜+马茨建筑师事务所（Sussna +
Matz Architects）的设计努力创造形式的
多样化、图像及组合的跳跃感、优雅的造
型和组合以及点燃思想火花的构思。

客户的梦想和渴望总是能够在方案中
得到体现。使人们感到愉悦，满足和挑战
的空间才有可能使置身空间之中的人得到
发展，并且塑造他们的生活。

4   Massimo Gammacurta

1 新泽西州，罗斯蒙特（Rosemont），获奖的新住宅
2 纽约州纽约市，德威特·斯特恩集团；公司总部的重装
   修，行政会议中心
3 新泽西州，普林斯顿，洛克伍德公司（Rockwood
   Specialties）；新的全球总部，行政会议区
4 新泽西州，普林斯顿大学，狄龙体育场馆设施的重装修，
   斯蒂芬健身中心

• 53 State Road, Princeton, New Jersey 08540-1318 USA Tel: +1 609 924 6611 Fax: +1 609 924 5230

舒特斯建筑师事务所

newcastle@sutersarchitects.com.au　www.sutersarchitects.com.au

1　Greg Callan

舒特斯建筑师事务所(Suters Architects)是一家多专业的事务所，致力于追求卓越的建筑品质，在提供的专业服务的各个方面都成为有创造力的领导者。事务所创建于1958年，现在已经发展成了一家生机勃勃，在国内拥有重要影响的建筑设计公司。除了在悉尼、墨尔本、纽卡斯尔和布里斯班设立分支机构以外，还与英国、美国和马来西亚的建筑设计公司拥有广泛的合作关系。事务所已经成功的展示了承接地区、国家和国际项目的能力。

2　Bart Maiorana

3　Tim Williams

4　Roger Hanley　　5　Alan Chawner

1　新威尔士，猎人谷 (Pokolbin)，Lindemans Ben Ean 葡萄酒酿造厂，古老酿酒厂的重新装修
2　新南威尔士，威廉斯敦 (Williamtown)，BAE 系统公司，先进的战斗机生产设施，包括停机棚、车间、商店和办公室
3　阿塔格 (Etage)，城区改造项目，改造和重新利用原先的一座 4 层的医院建筑
4　新南威尔士，布罗肯希尔 (Broken Hill)，布罗肯希尔医院，拥有 80 个床位的医院
5　新南威尔士，纽卡斯尔大学，生命科学研究大楼

● 16 Telford Street, Newcastle, New South Wales 2300 Australia　Tel: +61 2 4926 5222　Fax: +61 2 4926 5251

SVPA 建筑师事务所

design@SVPA-architects.com   www.SVPA-architects.com

1　Archigraphica, Johnathon Clayton

2　Dale Photographics

SVPA 建筑师事务所创建于 1953 年，是一家私人所有的 S 公司（就是所谓的 subchapter 'S' 公司，是美国公司的一种组织形式，目的是为了避免双重征税。译者注）从事专业领域设计建筑设计、规划、景观设计和室内设计。它已经接手了超过 3000 宗的业务，其中 80% 的业务归功于满意客户的再次惠顾。

事务所目前有 21 名经验丰富的专业人员，每个项目都有直接的负责人，确保项目能够在指定的时间和预算之内顺利完成。SVPA 满足客户特殊需求的能力有目共睹。

3　Cameron Campbell

4　Cameron Campbell

1　艾奥瓦州艾奥瓦市，艾奥瓦州大学，Pomerantz 中心，5 层，建筑面积大约为 72000 平方英尺
2　艾奥瓦州，培拉，培拉公司总部，81325 平方英尺，3 层办公设施，565 平方英尺的标志性入口广场
3　艾奥瓦州，厄班代尔，Rain and Hail 保险股份公司，3 层 909000 平方英尺的总部大楼
4　艾奥瓦州，西得梅因，Wells Fargo 住房抵押贷款公司，6 层 435000 平方英尺的办公大楼
5　艾奥瓦州，西得梅因，SVPA 建筑师事务所；SVPA 的办公大楼获得了艾奥瓦 Blue Flame Gas 奖一等奖

5　Russ Ver Ploeg, AIA

● 1466 28th Street, Suite 200, West Des Moines, Iowa 50266 USA
Tel: +1 515 327 5990　Fax: +1 515 327 5991

斯沃巴克合伙人设计公司

vswaback@swabackpartners.com www.swabackpartners.com

　　斯沃巴克（Swaback）合伙人设计公司现有45名员工，拥有一支由建筑师、规划师和室内设计师组成的多领域专家团队。其中不少员工在商业建筑、公共建筑、度假住宅和社区整体规划等方面获奖，拥有很高的声誉。

　　公司在加利福尼亚、亚利桑那、科罗拉多、新墨西哥、得克萨斯、密苏里、密歇根、威斯康星、伊利诺伊、印第安那、肯塔基、北卡罗来纳、南卡罗来纳和佛罗里达等州都有合作伙伴。在俄罗斯、日本、墨西哥和沙特阿拉伯等国家也有合作伙伴。

　　承接的公共和私人规划项目包括从邻里单元到整个社区的各项内容，面积从1000—9600英亩不等，广泛分布在威斯康星、亚利桑那、犹他、加利福尼亚、夏威夷、新墨西哥州等地。商业和公共设施项目包括画廊、酒店和度假村、游人中心、休闲设施以及乡村俱乐部。

　　公司的三位合伙人是美国建筑师学会资深会员、美国高级注册规划师弗农·D·斯沃巴克（Vernon D. Swaback），美国建筑师学会会员、美国高级注册规划师约翰·E·萨瑟（John E.Sather）和美国建筑师学会会员约恩·C·伯恩哈德（Jon C.Bernhard）。

1　　　　　　　　　　　　　Swaback Partners

3　　　　　　　　　　　　　Swaback Partners

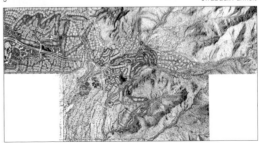

2　　　　　　　　　　　　　Swaback Partners

5　　　　　　　　　　　　　Swaback Partners

4　　　　　　　　　　　　　Swaback Partners

1　公司总部
2　定制住宅（custom residence）
3　亚利桑那 巴尔的摩酒店
4　教堂
5　DC 大牧场总体规划

● 7550 East McDonald Drive, Suite A, Scottsdale, Arizona 85250 USA
Tel: +1 480 367 2100 Fax: +1 480 367 2101

斯沃尼·德雷珀建筑师事务所

mail@swaneydraper.com.au

斯沃尼·德雷珀（Swaney Draper）建筑师事务所创建于1987年，从那时起已经完成了一批公共、商业和住宅项目，获得了许多奖项，事务所的不少作品已经被广泛发表。事务所由于其使用创新解决方案和成功解决复杂问题的能力在业界得到了认可。

事务所一直避免在建筑样式上标新立异，而是更关注基本问题，这使得事务所在过去的十年里能够保持一致的工作作风和持久的品质。

同时，事务所长期致力于发展环境和社会可持续发展的建成环境。能源、资源和材料的有效利用以及经济高效的设计是事务所设计哲学的原则。

斯沃尼·德雷珀事务所的建筑设计过程具有探索性，并致力于解决方案。设计过程被认为是对每个工程的本质进行研究和探索的机会，研究的对象广泛，包括施工过程、环境、场地和文化。这种做法使得设计人员对空间、光线、材料和结构保持持续的兴趣，进行不断的探索。

最后完成的作品其主体是创新的、解决问题的同时也是风格各异的，但是在质量和细节上维持了一贯的水准。

1   Peter Hyatt

2   Tim Griffith

3   Trevor Mein

4   Peter Hyatt

5   Trevor Mein

1 澳大利亚，墨尔本，Herald and Weekly Times Carpark，1988年
2 澳大利亚，墨尔本，丘奇住宅，2000年
3 澳大利亚，墨尔本，钟聚集的领域，Birrarung Marr 公园，2001年
4 澳大利亚，谢珀顿室内水上运动中心，谢珀顿，1997年
5 澳大利亚，墨尔本，Wadhurst Redevelopment，墨尔本文学院，2000年

● Level 9, 376 Albert Street, East Melbourne, Victoria 3002 Australia
Tel: +61 3 9417 6162 Fax: +61 3 9419 4480

斯旺克·海登·康奈尔建筑师事务所

gursel.a@shca.com   www.shca.com

　　斯旺克·海登·康奈尔（Swanke Hayden Connell）建筑师事务所的前身是1906年在纽约创建的 Walker and Gillette 建筑师事务所。事务所在建筑设计和室内设计方面获得了国际性的认可，通过设在纽约、伦敦、巴黎、伊斯坦布尔、佛罗里达州、迈阿密、华盛顿、新泽西、和康涅狄格州斯坦福德的分支机构为客户提供专业服务。

　　事务所提供建筑设计、室内设计、战略性规划和重建/翻新方面的服务。事务所的客户包括公司、银行、金融机构、保险公司、律师事务所、通信传媒机构、房地产开发商、医疗机构、政府机关和非营利性机构。

Gunduz Kayra

3　　　　　　　　　　　　　Gunduz Kayra

2　　　　　　　　　　Gunduz Kayra

4　　　　　　　Mehmet Acar

5　　　　　　　Mehmet Acar

土耳其，伊斯坦布尔，LS 银行 A.S.总部大楼
　　1　塔楼的细部
2&3　大型零售商店
　　4　塔楼的全景
　　5　室外细部

● 295 Lafayette Street, New York, New York 10012-2701 USA Tel: +1 212 226 9696 Fax: +1 212 219 0488

斯沃特建筑师事务所

www.swattarchitects.com

斯沃特（Swatt）建筑师事务所创建于1975，事务所由于在建筑设计、规划和室内设计上的卓越表现，多次获奖。

事务所提供的服务种类多样，客户群广泛，设计的工程项目范围也很广，从旧金山的两栋砖石建筑的改造到独特而高技巧的私人住宅。

事务所相信，最成功的建筑项目首先能够满足客户和使用者的需求，然后将最适用的技术、材料和追求建筑价值最大化的设计策略融合在一起。

1   Richard Barnes

2   Cesar Rubio

3   Russell Abraham

4   Cesar Rubio   5   Cesar Rubio

1   加利福尼亚，波托拉瓦利，库哈维（Kohavi）住宅，入口处
2   加利福尼亚，帕洛阿尔托（Polo Alto），私人住宅，入口和起居室
3   加利福尼亚，拉斐特（Lafayette），Swatt住宅，起居室和阳台
4   加利福尼亚，帕洛阿尔托，私人住宅；长廊和庭院中的楼梯
5   加利福尼亚，帕洛阿尔托，私人住宅；餐厅和其上的书房

● 5845 Doyle Street, Suite 104, Emeryville, California 94608 USA   Tel: +1 510 985 9779   Fax: +1 510 985 0116

悉尼斯建筑师事务所

info@sydnessarchitects.com　www.sydnessarchitects.com

悉尼斯建筑师事务所（Sydess Architects, P.C.）是一家提供全面服务的公司，致力于提供卓越的设计方案。事务所的工程经验相当广泛，包括住宅项目、教育和文化设施、商业写字楼、酒店、零售中心、社区总体规划和多用途开发项目。

事务所不希望设计方案带有个人风格或者个人特征，而是希望通过充分分析工程去寻找机会和方法来满足项目的目标和目的。鼓励客户参与设计过程，包括每个项目可供选择方案的研究。

事务所在一系列的国际和地区竞争中获胜，并且有幸赢得一些客户再次委托的业务。事务所拥有一批有丰富专业经验的专业人员，可以为客户提供完善的建筑设计服务，同时确保每次委托任务的准确准时。

2　Heliostudio

3　Justin Van Soest

1　Jaime Ardiles-Arce

4　Miao Zhi Jiang　　5　JMC Communities

1　中国上海，上海丽晶酒店，五星级酒店的大堂，室内设计有Hirsch Bedner设计公司设计
2　佛罗里达州，圣彼得斯堡，佛罗里达滨水住宅；独栋住宅
3　纽约，摩根银行，正面外立面和大厅的重新设计
4　中国上海，上海丽晶酒店，五星级酒店
5　佛罗里达州，圣彼得斯堡，弗洛伦西亚；产权式公寓楼

● 1150 Avenue of the Americas, New York, New York 10036 USA Tel: +1 212 719 4777 Fax: +1 212 719 4433

辛迪斯建筑师事务所

hertzaia@syndesisinc.com www.syndesisinc.com

David Papazian

David Hertz

Tom Bonner

美国建筑师学会建筑师戴维·赫兹（David Hertz）和辛迪斯（Syndesis）的工作特点是多学科的关注，其服务范围包括住宅和商业建筑的施工/产品设计、家具设计、公共雕塑到材料的开发和制造（一种称为 Syndecrete®，预制轻质混凝土铺面材料）和环境咨询等。

辛迪斯建筑师事务所一贯关注在施工过程中使用环保和节约材料，并在这方面有独到的经验。戴维·赫兹和辛迪斯事务所作品的特点是最大限度地使用自然通风和自然光，在提供舒适居所的同时和室外部保持紧密的联系。

事务所的作品在国际出版物和展览上频频亮相，很多电视节目也予以介绍，使得广大民众对事务所在环保方面的努力也有一定的了解。

David Hertz

Tom Bonner

1 俄勒冈州，亚查茨（Yachats），盖瑞尔（Garell）住宅区，3500平方英尺的住宅坐落在雅察茨河岸上
2 加利福尼亚州，洛杉矶，Mendelsohn/Zien广告公司，15000平方英尺的大型广告公司的承租人改造项目
3 加利福尼亚州，威尼斯，McKinley住宅；为建筑师设计和建造的家园
4 加利福尼亚州，布伦特伍德，海湾住宅扩建部分，已有的现代化住宅的又一间主卧室
5 加利福尼亚州，洛杉矶，Lehrer住宅；7500平方英尺用于环保材料和建造方法的示例研究

● 2908 Colorado Ave, Santa Monica, California 90404 USA Tel: +1 310 829 9932 Fax: +1 310 829 5641

T·R·哈姆扎和杨经文建筑师事务所

trhy@trhamzahyeang.com www.trhamzahyeang.com

该事务所（T.R.Hamzah&Yeang Sdn. Bhd.）是一家特点鲜明的建筑设计和规划公司，其设计作品因为对生态环境的关注而著称。事务所在欧洲、亚洲和美国都承接过项目，这些项目包括新加坡国家图书馆大楼，马来西亚15层的梅西尼亚加（Mesiniaga）大楼（IBM特许经营权）和墨西哥城的帕拉马斯（Palomas）塔楼。

在杨经文博士和哈姆扎的带领下，事务所作品屡次被国际媒体报导。杨经文博士是很多本权威生态设计图书的作者，包括《摩天大楼》(Bioclimatic Skyscrapers)(Ellipsis出版社，1998）和《有关摩天大楼生物气候的考虑》(John Wiley&Sons出版社，1996）。

事务所大量建成项目也获得了很多奖项，包括1997年和1999年的RAIA（澳大利亚皇家建筑师协会）大奖，1995年，Mesiniaga大楼获得的阿卡汗建筑奖和其他很多奖项。

1   K.L. Ng Photography

2   K.L. Ng Photography

3   K.L. Ng Photography

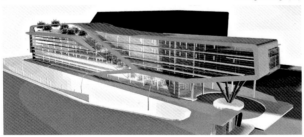

4   K.L. Ng Photography

5   K.L. Ng Photography

1   北京 WTSC
2   新加坡，国家图书馆大楼
3   UMNO 大楼
4   Mewah 石油大楼
5   马来西亚 UMNO 大楼

 8, Jalan 1. Taman Sri Ukay, 68000 Ampang, Selangor, West Malaysia
Tel: +60 3 4257 1966   Fax: +60 3 4256 1005

塔班里格鲁建筑师事务所

info@tabanlioglu.com.tr www.tabanlioglu.com.tr

1   Enis Ozbank

2   Tabanlioglu Architecture

3   Tabanlioglu Architecture

事务所 1956 年由 H·塔班里格鲁（Hayati Tabanlioglu）博士创建。从那时起事务所负责了土耳其许多主要的国内建筑设计，包括 E·阿塔蒂尔克（Erzurum Ataturk）大学，伊斯坦布尔的阿塔蒂尔克文化中心和阿塔蒂尔克机场。

伊斯坦布尔阿塔廊伊旅游服务中心是事务所另外一个早期作品，其中的风雨商业街廊购物中心在 1989 年获得 ICSC 欧洲设计一等奖。1990 年 M·塔班里格鲁在维也纳完成学业以后回到土耳其，开始同 H·塔班里格鲁博士一同工作。至 1994 年 H·塔巴林格鲁博士去世前，二人合作的项目包括伊斯坦布尔多干（Dogan）新闻中心、卡罗塞尔（Carousel）购物中心、医院等。M·G·塔班里格鲁（Melkan Gursel Tabanlioglu）在 1995 年加入事务所。

从那时起，事务所已经在国内和国际上完成了很多新闻中心、写字楼、购物中心、医院、机场、会议中心、工厂和内部装饰项目。

5   Manoel Nunes

4   Cemal Emden

1 土耳其，安卡拉，多干印务中心
2 土耳其，伊斯坦布尔，伊斯坦布尔市政大楼和市政厅：竞赛项目一等奖
3 土耳其，伊斯坦布尔，萨利帕扎里（Sallipazari）航运和旅游服务综合设施工程
4 土耳其，伊斯坦布尔，Dogan 新闻中心
5 德国，汉挪威，2000 年世博会土耳其展馆

● 145-147/4-5 Mesrutiyet Caddesi Tepebasi, 80050 Istanbul, Turkey
Tel: +90 212 251 2111 Fax: +90 212 251 2332

山口隆建筑设计公司

ya@yamaguchi-a.jp　www.yamaguchi-a.jp

山口隆（Takashi Yamaguchi）1953年出生于京都。从京都大学毕业后，曾在安藤忠雄建筑设计公司工作。1988成为ARX的创始人之一，ARX是一个研究建筑理论的国际性组织。1996年他创建了山口隆建筑设计公司。从2002年以来还在早稻田大学任教，并且是日本IMDC的成员。

他曾多次获奖，包括1992年为德国新首都柏林举行的施普雷河湾（Spreebogen）国际比赛中进入决赛、1999年在18世纪回顾获得的朝仓大奖、2001年赞歌大奖赛第一名（美国建筑师学会，国际建协）。

他还先后在荷兰的艾恩德霍芬技术大学（2000年）、京都大学（2000—2003年）、美国麻省理工学院、哈佛大学（2001年）和中国清华大学任教（2002年）。

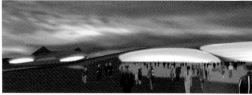

1　Takashi Yamaguchi & Associates

2　Takashi Yamaguchi & Associates

3　Takashi Yamaguchi & Associates

4　Takashi Yamaguchi & Associates

5　Takashi Yamaguchi & Associates

1　大埃及博物馆，国际建筑设计大赛
2　光庙（light temple）
3　日本，东京，玻璃寺庙
4　世界贸易中心重建工程
5　日本东京，白庙

● Fusui Building, 1-3-4 Ebisunishi Naniwa-ku, Osaka 556003 Japan
Tel: +81 6 6633 3773　Fax: +81 6 6633 5175

丹下健三（Urbanists-Architects）

www.tangeweb.com

1   Tange Associates

2   Osamu Murai

著名的日本建筑师丹下健三是城市和建筑设计领域的先驱者，他已经在这一领域耕耘了60年。

丹下健三的城市和建筑设计项目不仅仅局限于日本，在超过30多个国家里都有他的作品成为地标性建筑。由于他的成就，他已经获得了大量的国际奖项以表彰其独特设计和高质量的工作。从他多年积累的经验中，丹下和他的同事已经形成了对城市和建筑设计之间以及任何社会关系的深刻理解，从而可以更好地突出作为个体的人和他的个性的重要性。通过个人和社会之间的持续对话，他们在继续表达自己的新颖创意。

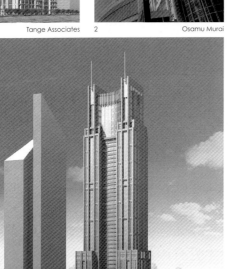

3   Tange Associates

4   Koji Horiuchi

5   Osamu Murai

1 中国，台北，President 集团总部大楼；南立面外景
2 日本，东京，东京 Dome 酒店；客房塔楼的外景
3 中国，上海，上海银行塔楼；南立面外景
4 意大利，米兰，德国宝马汽车公司意大利总部大楼；流线型外观的陈列室
5 日本，东京，FCG 总部大楼；大型框架的上部构造外景

● 24 Daikyo-cho Shinjuku-ku, Tokyo, Japan Tel: +81 3 3357 1888 Fax +81 3 3357 3388

塔佩联合设计有限公司

www.tappe.com

Sam Sweezy

塔佩建筑设计有限公司（Tappé Associates Inc.）是一家多次获奖并提供全面服务的公司，它和客户都认为建筑和空间应该能够影响在建筑中工作和到访的人们，并据此做出与之相应的方案。

公司创建于1979年，它的前身是1962年 T·塔佩（Tony Tappé）创建的一家公司。目前，公司有40名专业人员，包括11名注册建筑师。公司可以为各种工程提供全套的施工方案，规划和设计服务。

公司承接多种类型的建筑设计项目，包括其擅长的教育建筑、机构设施和市政设施等。自1992年以来，公司获得了27个公共项目工程，工程总金额6亿美元，并且为19个公共设施项目提供了设计服务。

公司在各种建筑词汇、各种场地环境和文脉的情况下都能游刃有余地开展服务。公司的解决之道就是，让将来使用和居住在其中的人们充分参与到设计方案构思和评估的过程中来。

Peter Vanderwarker

Sam Sweezy

Greg Dysart

Meliti D. Dikeos

1 马萨诸塞州，梅休因，内维斯纪念图书馆；翻新后的大阅览室
2 马萨诸塞州，柏林纪念学校；管理部门旁边的走廊
3 马萨诸塞州，伍斯特，伍斯特公立学校；入口处的拱廊
4 马萨诸塞州，牛顿市，卡洛尔盲人中心；入口门廊的外部细节
5 马萨诸塞州，剑桥，麻省理工学院 Hayden 图书馆；全天开放的学习室

● Six Edgerly Place, Boston, Massachusetts 02116 USA Tel: +1 617 451 0200 Fax: +1 617 451 3899

特德·韦尔斯的简约

ted@tedwwells.com   www.tedwwells.com

特德·韦尔斯 (Ted Wells) 设计的每个作品——房屋、花园、室内、修道院，都有一个共同的主题：简洁。他轮流在位于加利福尼亚和西班牙的工作室工作。关于他的电视节目《美国家庭时尚》(America's Homestyles)在美国的家居与花园电视网节目中仍然可以看到，他的书《简单的生活》(Living Simple) 在 2004 年发表。他相信安静、简单可以创造城市以及有意义和充实的空间。对于他的客户来说，重要的不是要让别人印象深刻，而是要表达自己。

1   Anton Getty

2   Anton Getty

3   Anton Getty

4   Anton Getty   5   Anton Getty

1   加利福尼亚州，拉古那 (Laguna) 海滩，蒙兹 (Munoz) 住宅，Cor-ten结构钢架和玻璃窗

2   加利福尼亚州，拉古那海滩，蒙兹住宅，花园的走廊，内部景观

3   加利福尼亚州，拉古那尼克 (Laguna Niguel)，西蒙住宅的温室，木制的立柱，石质的屋顶，玻璃、铜和锌

4   加利福尼亚州，拉古纳尼古尔 (Laguna Niguel)，Westgreen的私人小礼拜堂，巨石、无框的窗户和Cor-ten钢框架

5   加利福尼亚州，Orange Park Acres，Double R Ranch 住宅，以石灰涂抹的院子入口

● 30942 Westgreen Drive, Laguna Niguel, California 92677 USA Tel: +1 949 495 6009 Fax: +1 949 495 6149

泰佩建筑设计有限公司

info@teeplearch.com　www.teeplearch.com

1　Michael Awad

2　Tom Arban

3　Tom Arban

4　Tom Arban

5　Tom Arban

自从泰佩建筑设计有限公司（Teeple Architects Inc.）在1989年创建起，公司凭借大量的公共建筑、商业建筑和住宅项目包括社区、休闲中心、图书馆、大学建筑中的创新设计和杰出服务创建了良好的声誉。公司以能够在充分满足每一位客户的具体要求和愿望前提下保证设计的优秀品质和空间质量，并以此而著称。

公司的设计目标是在建筑概念同建筑的日常用途和居住功能之间建立紧密的联系。公司能够根据场地的特点、周围环境、预算和客户的要求提供创造性的设计方案，这也是公司的特长。在这个日趋专业化的年代，公司认为不断的建筑设计实践非常重要，并坚持在商业建筑、公共设施和住宅建设等领域内广泛开展业务，其尺度范围从大尺度的规划、重要公共设施工程、城市设计研究到小尺度的室内细部设计等都包含在内。

公司还在一些专题，比如建筑场地、景观空间、空间多样化、透明空间方面进行了探索。这些专题都通过微妙的材料纹理和对细部的特别关注来表达。

1　安大略，阿贾克斯（Ajax），阿贾克斯中心图书馆
2　安大略，埃托比科克（Etobicoke），依顿维尔（Eatonville）公共图书馆
3　安大略，多伦多，多伦多大学，研究生宿舍楼，和Morphosis有限公司合作的项目
4　安大略，多伦多，约克角大学的荣誉学院与接待中心
5　安大略，皮克灵，皮克灵西部分校图书馆和社区中心

● 5 Camden Street, Toronto M5V 1V2 Canada Tel: +1 416 598 0554 Fax: +1 416 598 1705

特格特建筑师事务所

mk@teget.com eu@teget.com www.teget.com

事务所由建筑师 M·屈蒂克居奥卢（Mehmet Kutukcuoglu）和 K·亚赞（Kerem Yazgan）在 1996 年创建，很快就获得了国家建筑竞赛一等奖。在第一个四年里，事务所在土耳其的首都安卡拉提供建筑设计服务。2000 年，E·乌恰尔（Ertug Ucar）代替 K·亚赞成为事务所的合伙人，公司迁到了现在的办公地点伊斯坦布尔。

在建立之初，事务所就广泛参与各种建筑设计工程。项目包括从机场到单身家庭住宅等许多类型，部分工程已经完成，部分还在建设中。事务所以其能够为具有挑战性的问题提供新颖的解决方案和大胆应用建筑材料而著称。事务所先后在一系列的国家和国际建筑、规划比赛中获奖。

特格特（Teget）建筑师事务所系统构建中等规模建筑的能力日趋成熟，使得事务所能够更好地控制自己设计的工程。在从事专业的设计事务的同时，事务所还从事学术和艺术相关的活动。

1   Teget

2   Teget

3   Teget

4   Teget

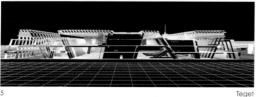

5   Teget

1&2   土耳其，安卡拉，住宅，1998 年
3   土耳其，伊兹密尔，伊兹密尔港口区规划竞赛项目，2001 年
4   土耳其，安卡拉，欧佩尔（Opel 大厦），1998 年
5   土耳其，达拉曼（Dalaman）国际机场竞赛项目，1999 年

● 1/9 Kiblelizade Sokak, Beyoglu 34430 Istanbul, Turkey Tel: +90 212 244 2243 Fax: +90 212 244 2273

郑如恒建筑师事务所

tjhas@magix.com.sg

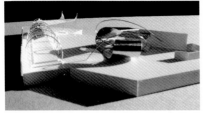

1 Teh Joo Heng Architects

　　郑如恒（Teh Joo Heng）建筑师事务所由郑如恒在2000年4月创建，那时他已经有了12年的从业经验。

　　事务所是一家面向设计的公司，即使是常规的建筑项目，公司也专注于提供充满想像力和创新精神的解决方案，因此公司所接手的每个项目都充满了清新的风格。

　　其设计宗旨要求设计者对每个设计中遇到的问题都要严谨地去论证，从而发掘出创造性的解决方案。整个设计的过程既尊重传统的建筑环境和文化遗产，也为引入新的技术创造了可能性。设计方案表现出强烈和清晰的建筑形式和空间，既满足了客户的期待，也丰富了建筑知识体系和建成环境。

　　一个建筑师要亲历亲为，同时还要具有精湛的职业和学术经验，这是最重要的。

2 Teh Joo Heng Architects

3 Teh Joo Heng Architects

4 Teh Joo Heng Architects

5 Teh Joo Heng Architects

1 新加坡公共，娱乐场所，将动态的空间同刻板的公共住宅融合在一起
2 新加坡，25 Bin Tong 公园，清晰的空间和形式通过虚实手法来表现
3 马来西亚，科伦坡，EISB 公司总部。公司内部交叉的空间和自成一体的垂直景观
4 NTUC 总部设计竞赛（三等奖）。高层建筑设计的反思
5 新加坡，63/65 翠绿山，雕塑的外形同室内保留的直线条形成对比

● 140 Robinson Road #05-09 Chow House, 068907 Singapore Tel : +65 6372 1110 Fax: +65 6372 1398

TEK（坦豪舍尔－埃斯特森－卡佩尔）建筑师事务所

info@tek-arch.com　www.tek-arch.com

2　　　　　　　　　　　Brian Rose

1　　　　　　　　　　　Brian Rose

　　TEK的基本观点是建筑设计应该是变革的启动者。通过严格的研究和艺术修养过程，建筑可以加强或者重新定义个人和他们周围环境的关系。基于这一信念，TEK坚信每个人都可以获得建筑和空间对自身活动的支持、对行为的启发和对感官的愉悦。

　　创建于2002年的公司是经验丰富的纽约建筑设计师C·坦豪舍尔（Charles Thanhauser），J·埃斯特森(Jack Esterson)和M·卡佩尔（Martin Kapell）合作的产物。三人合作接手了表演艺术团体、非盈利组织、零售商和大学的工程。他们已经设计了私人豪华住宅、无家可归者的简易住房、公司办公楼和社区医疗中心等大量建筑。TEK的努力已经获得了美国和国际一些主要出版物的认可，同时赢得了大量的奖项。为了他们的设计理念的扩展和扎实基础，事务所的三位负责人都在从事建筑教育和建筑著作写作等方面的工作，同时还参与一些非盈利团体的组织和管理工作。

3　　　　　　　　　　　Brian Rose

4　　　　　　　　　　　　　　　　　　　　TEK

1　纽约州，布鲁克林，布鲁克林大学计算机中心；布鲁克林大学的新入口亭
2　纽约州，纽约市，Maurice Villency 旗舰店，曼哈顿旗舰店有一个街区长，是高端的现代家具零售商
3　纽约州，布鲁克林，布鲁克林大学计算机中心；24小时的计算机研究设施
4　纽约州，布鲁克斯，Throgg's Neck 社区中心，公共社区中心，有健身房、教室和计算机设施
5　纽约州，纽约市，尚奇广告公司（M&C Saatchi），主要广告公司的动态 Loft 办公室室内

5　　　　　　　　　　　Chun Y Lai

● 19 Union Square West, New York, New York 10003 USA Tel: +1 212 929 3699 Fax: +1 212 929 9718

TH & IDIL 建筑设计、规划和咨询有限公司

thidil@ttnet.net.tr

TH & IDIL 建筑设计、规划和咨询有限公司1987年由T·巴什布（Tamer Basbug）、H·厄兹巴伊（Hasan Ozbay）和B·伊迪尔（Baran Idil）创建。公司总部在安卡拉，在伊兹密尔也设有分支机构。大部分目前已经完成的项目属于公共建筑和城镇规划，一般都是设计竞赛赢得的项目。公司在设计竞赛中的战绩极佳，在12次竞赛中夺冠，总共赢得了70多个奖项。

公司最著名的工程包括安卡拉的外交部大楼及其附属建筑、伊斯坦布尔的Gaziosmanpasa政府大楼、伊兹密尔的乌拉（Urla）市政厅、安卡拉的奥斯提姆（Ostim）商务中心、乌法（Urfa）的哈兰（Harran）大学校园、巴基斯坦的伊斯兰堡的土耳其大使馆、奥度（Ordu）的巴里卡塔西（Baliktasi）饭店、伊兹密尔的乌拉住宅发展项目、安卡拉的哈提柏谷鲁（Hatipoglu）住宅区、丹尼兹利（Denizli）EGS公园的会展中心、安塔利亚（Antalya）的卡雷卡布石区（Kalekapisi）的规划项目、埃拉泽（Elazig）的城市规划和托卡（Toka）的城市规划项目。

1　TH & IDIL

2　TH & IDIL

3　TH & IDIL

4　TH & IDIL

5　TH & IDIL

1　土耳其，加济安泰普（Gaziantep）的市政厅
2　土耳其，乌法，哈兰大学校园
3　土耳其，安卡拉，外交部大楼
4　巴基斯坦，伊斯兰堡，土耳其大使馆
5　土耳其，伊斯坦布尔，费迪（Fatih）政府大楼

● 10/6 Piyade Sokak, Cankaya, 06540 Ankara, Turkey Tel: +90 312 439 5943 Fax: +90 312 439 6236

西奥·戴维建筑师事务所 / TDA-KAL

tdanyc@aol.com   www.newyork-architects.com/tdanyc

1   Theo. David

西奥·戴维（Theo.David）建筑师事务所致力于在为每一位客户提供全面而专业服务的同时，充分满足客户在时间上的需求，提供最有想像力的方案。

事务所由美国国家建筑师学会资深会员西奥海瑞斯·戴维（Theo Haris David）领导。戴维先生是普拉蒂学院建筑系的教授，作为建筑师和教育家，他在国际范围内享有盛誉。他的建筑获得过城市、州、国家和国际各种级别的奖项。

在纽约大都市区已经完成的工程涵盖了从精密的医疗设施到私人住宅、教堂、公司内部装修、零售商店、古建筑复原和城市住宅等各个方面。

自从加入 TDA/KAL 并将总部设在塞浦路斯的尼科西亚后，西奥·戴维建筑师事务所已经设计完成了公司、公立学校、民用建筑、体育场馆、工业设施和住宅区等大量项目。事务所还在塞浦路斯、中东和西非开展了全面的住宅项目开发和旅游总体规划业务。

事务所设计过程中最重视的就是去理解客户微妙的需求。在设计过程中，方案、设计和实施各个阶段，客户都可以直接参与。设计师必须在施工阶段亲身参与，以精确地实现每个项目的具体要求。

2   Theo. David

3   Theo. David

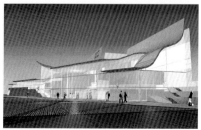

4   Y. Kythreotis

塞浦路斯，尼科西亚，G.S.P Pancypria 体育馆
1 体育馆全景
2 南面入口
3 细部
4 塞浦路斯国家剧院（竞赛项目），塞浦路斯，尼科西亚，入口外景

● 170 Duane Street, Suite 2C, New York, New York 10013 USA Tel: +1 212 226 0788 Fax: +1 212 226 7724
Cyprus Tel: +357 2249 9464 Fax: +357 2231 6506

汤普森·瓦伊沃达联合建筑设计有限公司

bob@tvapdx.com www.tvapdx.com

1　　　　　　　　　　　　Strode Eckert Photographic

2　　　　　　　　　　　　Strode Photographic

4　　　　　　　　　　　　Strode Photographic

汤普森·瓦伊沃达（Thompson Vaivoda）联合建筑设计有限公司是一家提供全面服务的建筑、总体规划和室内设计的公司，总部位于俄勒冈的波特兰。公司创建于1984年，已经获得了建筑设计和施工方面的50个建设项目。公司在为客户提供高层次服务方面拥有良好的声誉。公司的声誉还因为其擅长在各种制约因素之中寻找平衡的解决方案，使得客户达到在功能、费用和审美方面的目标，并且获得满意的效果。

公司搜寻所有和项目相关的社会、人文、社区方面的影响；公司鼓励客户的积极参与，这种协作方式使得最终的设计方案来自双方共识。自从1987年以来，公司就是耐克公司的合作伙伴。在15年中，通过耐克世界园区中的200万平方英尺各种各样的建筑，诠释了耐克公司的品牌，并把耐克公司的品牌和企业文化融为一体。公司还为爱立信，Procter & Gamble 和一家在俄勒冈新创建的银行完成的类似项目。公司善于把社区、文化、品牌、个性这些抽象概念融合在一起，并通过建筑和设计来表达，使置身其中的人们产生共鸣，这也是其竞争力的所在。

3　　　　　　　　　　　　Strode Photographic

5　　　　　　　　　　　　Strode Photographic

1　俄勒冈州，波特兰，Marlyn Moyer 冥想礼拜堂；北面的立面，植根于自然景观的人造建筑

2　俄勒冈州，比弗顿，耐克世界园区；东边的立面，Mia Hamm 中心

3　俄勒冈州，比弗顿，耐克世界园区；泰格·伍兹中心的休息室

4　得克萨斯州，普莱诺，爱立信北美总部；二楼沐浴在自然光线下的起居室

5　俄勒冈州，波特兰，福克斯塔楼；从先驱广场看去的东部的立面

● 920 SW Sixth Avenue, Suite 1500, Portland, Oregon 97204 USA
Tel: +1 503 220 0668 Fax: +1 503 225 0803

汤普森、文图勒特、斯坦巴克联合建筑师事务所

www.tvsa.com

1 　　　　　　　　　　Brian Gassel

汤普森、文图勒特、斯坦巴克（Thompson, Ventulett, Stainback）联合建筑师事务所（TVS）创建于1968年，现在已经成长为一家拥有260名专业人员的公司。通过设在亚特兰大和芝加哥两地的分支机构，事务所可以提供规划、建筑设计和室内设计的服务。TVS坚韧不拔追求设计的卓越品质，使得事务所在近30年的发展历史中成就显著。

事务所获奖工程种类非常广泛，包括写字楼、公司总部、零售中心、酒店、度假设施和表演艺术中心等。TVS还是会议和展览中心设计的佼佼者，已经承接了超过35个会议中心的设计业务。

最近，为了表彰事务所对建筑设计业所作的贡献，以及通过恒久不变的卓越设计品质来塑造环境理念的突出表现，事务所获得了美国建筑师学会2002年建筑设计事务所奖。事务所还是Insight联盟的一员，为世界范围内的客户提供服务。

2 　　　　　　　　　　Brian Gassel

3 　　　　　　　　　　Brian Gassel

5 　　　　　　　　　　Brian Gassel

1　犹他州，盐湖城，盐宫会议中心；圆柱形的塔楼使得主入口更加突出
2　佐治亚州，卡特斯维尔（Cartersville），王子大街公司办公楼，绿色环保的公司设施
3　伊利诺伊州，芝加哥，麦科米克会议中心，世界上最大的会议和商业展览中心
4　佐治亚州，亚特兰大，联合包裹服务总部，世界级的公司内部景观
5　华盛顿特区，新华盛顿会议中心，230万平方英尺的会议中心是华盛顿特区的新地标

● 2700 Promenade Two, 1230 Peachtree Street NE, Atlanta, Georgia 30309 USA
Tel: +1 404 888 6600 Fax: +1 404 888 6700

泰伊建筑设计公司

patrick@tighearchitecture.com　www.tighearchitecture.com

创建于2000年的泰伊（Tighe）建筑设计公司致力于揭示一系列外部因素内隐含的规则。建筑是在对所有决定因素充分理解的基础上发展出来的。建筑不是一种样式而是一个过程，这个过程受到诸如客户、场地、预算、文化、社会和环境的影响。

从创建伊始，该公司已经从美国建筑师学会获得了若干奖项，其中包括2个国家级奖项。公司的作品在《建筑实录》、《建筑文摘》、《室内设计》、《拉美建筑师》和《拉美时代》等杂志上发表。

1

Art Gray

2

Art Gray

3

Art Gray

4

Art Gray

5

Art Gray

1&2　得克萨斯州，威姆博利（Wimberley），特拉汗（Trahan）工厂
3　加利福尼亚州，洛杉矶，雅各布斯地下室
4&5　加利福尼亚州，西好莱坞，柯林斯画廊

● 171 Pier Ave, #472, Santa Monica, California 90405 USA Tel: +1 310 450 8823 Fax: +1 310 450 8273

托马斯·塔维拉设计事务所

tomas.taveira.sa@ip.pt　www.tomas-taveira-proj.pt

1　　　　　　　　　　　　　　　　Ana P. Carvalho

2　　　　　　　　　　　　　　　　Tomás Taveira

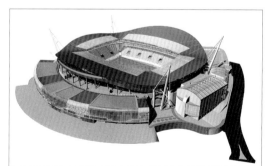

4　　　　　　　　　　　　　　　　Tomás Taveira

托马斯·塔维拉设计事务所（Tomas Taveira）的业务通过逐步发展，目前已包括了建筑设计的许多不同领域。最近接手的项目包括产品设计、广播建筑设计、大型城市住宅规划，体育场和像地铁站这样的大型公共交通项目。最近还独立承担了里斯本博览会公园（EXPO Park）新城区（1998年的世博会在此举办）发展项目的专用住宅设计工作。

本页展示的这5个项目代表了公司在最近四年承接的一部分项目。公司致力于在"自由风格"领域发展，将雕塑、油画和适度高技术这些古典和现代的元素融合在一起。

尽管一些当代建筑师的审美观都很难涉及所有的建筑项目及其功能，但公司的目标依然是将自己在建筑艺术上的想像力贯穿到各种建筑的设计中去。

3　　　　　　　　　　　　　　　　Tomás Taveira

1　葡萄牙 Leca do Balio 的 Noronha 之家
2　葡萄牙里斯本一家电视台信息节目的布景
3　葡萄牙里斯本住宅项目
4　葡萄牙里斯本一个俱乐部的体育场
5　葡萄牙里斯本 Olaras 的 Olaras 地铁站

5　　　　　　　　　　　　　　　　Ana P. Carvalho

● Av. da República n° 2-1° , 1050-191 Lisboa, Portugal Tel: +351 21 313 8770 Fax: +351 21 313 8794

通巴斯联合设计有限公司

meletitiki@hol.gr www.tombazis.gr

1   Nikos Danielides

2   Dimitris Kalapodas

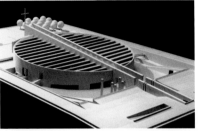

3   Tombazis Associates

4   Nikos Danielides

　　1963年，通巴斯联合设计有限公司（Alexandros N.Tombazis and Associates Architects）创建于希腊雅典。该公司现在承接建筑设计、城镇规划、生物建筑设计及低能耗设计、室内设计和家具设计等业务。公司现有雇员70余人。

　　公司的作品共获得85个国家和国际竞赛的奖项。除了希腊以外，公司还在塞浦路斯、迪拜、中东地区、葡萄牙、荷兰、保加利亚、罗马尼亚和乌克兰开展业务。公司的图纸设计和文档编制已经实现了计算机化和网络化。

　　公司在1998年8月18日通过了ISO 9001质量认证体系在建筑设计和咨询方面的认证。公司还是Henllenic咨询公司联合会的成员。

1　希腊雅典船运公司办公楼，大楼的两翼并行排列，中间是封顶的中庭
2　圣三一教堂，葡萄牙法蒂玛（Fatima）国际建筑设计邀请赛一等奖，多功能的大厅可以容纳1000名朝圣者
3　希腊雅典2004年雅典奥运会乒乓球和韵律操馆，两排观众席，弯曲的屋顶形成别致的景观
4　希腊雅典阿斯普罗皮克斯（Aspropyrgos），希腊石油精练厂总部大楼，梳状建筑，有四周被环绕，但是露天的前厅
5　希腊罗德岛米拉马勒（Miramare）风景区旅游综合建筑；使用了当地风格的海边度假设施

5   Alexandros N. Tombazis

● 27, Monemvasias Street, GR-151 25 Polydroso-Athens, Greece Tel: +30 210 680 0690 Fax: +30 210 680 1005

托米拉建筑设计有限公司

info@arktom.fi   www.arktom.fi

1　　　　　　　　　　　　Tommila Architects Ltd.

　　托米拉建筑设计有限公司（Tommila Architects Ltd.）位于芬兰的赫尔辛基。公司业务主要集中在多功能建筑、商用设施、办公楼和城市规划。一般来说这些工程的过程是先收集功能性的需求，并且分几个阶段来实现。不少工程都是通过国家和国际的建筑设计竞赛获得的。每个工程从开工到完成有一名经理在主管总设计师托米拉的指导下负责全程跟踪管理，这种管理模式在多个工程中已经被证实行之有效。

　　公司的设计理念是建筑设计的实现要满足不断变化的社会需求。每个工程的功能性因素和经济性因素都会被反复权衡，设计给出的建筑表达方式要很好地反映时代特点。公司同国际上各个领域的专家都保持积极的合作关系。通过对自然采光、自然通风和节能等方面先进技术的应用，公司得以参与到一些以合理、灵活、高效和合理功能为终极目标的工程中来。

2　　　　　　　　　　　　　　Voitto Niemelä

3　　　　　　　Tommila Architects Ltd.

1　瑞典斯德哥尔摩基萨塔（Kisata），IBM总部大楼扩建工程；连接走道的景色
2　芬兰，艾斯波市（ESPOO），凯拉聂密（Keilaniemi），Radiolinja集团总部；从海上总部大楼看去的景观
3　瑞典，斯德哥尔摩，波登（Putten），波登住宅和办公区，外部夜景
4　芬兰，埃斯波，马丁归拉（Matinkylä），大苹果（Iso Omena）多功能城市中心；主通道景观

4　　　　　　　　　　　　　　　Jussi Tiainen

● Kuusiniementie 5, 00340 Helsinki, Finland Tel: +358 9 477 8100 Tel: + 358 9 477 81011

森俊子建筑师事务所

staff@tmarch.com

Nana Watanabe

1981年，森俊子（Toshiko Mori）在纽约市创建了她的公司。在她的整个职业生涯中，作为建筑师的她在每个工作开始的时候，更愿意把自己当作一个艺术家，她把每个工程都当作特定空间的装置。一家川玖保玲（Commes des Garcons）品牌的小专卖店在1981年成为了在纽约一系列陈列室和小商店的概念性室内设计的开端。

在她24年的建筑师生涯中，她参与的工程从佛罗里达州、缅因州、康涅狄格州、纽约市和以色列的住宅到缅因州的博物馆以及纽约、缅因州的公共工程；从佐治亚州的古老磨坊翻新工程，纽约哈德逊河边船库的设计到纽约博物馆现代艺术和蒙特利尔美术馆陈列设计。最近，她为纽约布法罗的达尔文·D·马丁住宅设计的新游客中心在设计竞赛中脱颖而出，马丁住宅由弗兰克·劳埃德·赖特设计。

自1995年起，她就是哈佛设计学院的建筑设计教授，并且在2002年成为建筑系的系主任。她最近的一本书名字是《非物质／极端物质》，2002年由Grorge Braziller出版，主要内容来自她在哈佛设计学院的研究和展览的内容。

1

Antoine Bootz

4

Paul Warchol

2

Paul Warchol

3

Paul Warchol

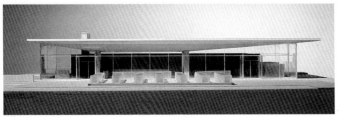

5

Reid Freeman

1　缅因州库欣（Cushing），住宅，修建在水塘边的私人住宅

2　佛罗里达 墨西哥湾凯西Key的民居，私人客房，属于原有的保罗·鲁道夫（Paul Rudolph）住宅

3　纽约，现代艺术的结构和表皮博物馆

4　纽约三宅一生（Issey Miyake）我要褶皱（Pleats Please）商店，纽约市区的一间零售商店

5　纽约布法罗的达尔文·D·马丁住宅的游客中心，弗兰克·劳埃德·赖特住宅综合建筑的游客中心

● 145 Hudson Street, 4th Floor, New York, New York 10013 USA
Tel: +1 212 274 8687 Fax: +1 212 274 9043

特里登特建筑师事务所

tridente@tridente.com.au

特里登特建筑师事务所（Tridente Architects）是一个紧密协作的设计团队，它的目标就是在现代建筑设计中追求卓越。其经手的项目体现了严谨的设计以及为满足客户需求充满创意的解决方案，在建筑设计业内得到了高度的认同，获得了许多由澳大利亚皇家建筑师协会和私人公司颁发的奖项。

特里登特建筑师事务所同客户、专业咨询人员和设计成员紧密合作，从而在预算允许的范围内提出合适的解决方案。仔细的调查研究和创造性的设计过程总是能够获得超出人们预期的效果。

1 Peter Fisher

2 Peter Fisher

3 Peter Fisher

5 Richard Humphreys Photography

4 Peter Fisher

1 雕塑庭院景观，美术陈列室和住宅区的过渡区
2 住宅厨房的内景
3 可以看到城市景观的平台
4 住宅入口处的楼梯
5 艺术陈列室的内景

● 203 Melbourne Street, North Adelaide, South Australia 5006 Australia
Tel: +61 8 8267 3922 Fax: +61 8 8267 4946

TRO 设计公司

info@troarch.com   www.troarch.com

Jeffrey Jacobs/Architectural Photography Inc.

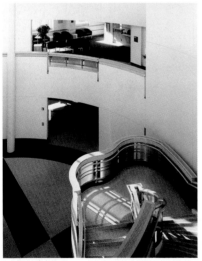

Scott McDonald/Hedrich-Blessing

TRO设计公司（TRO/The Ritchie Organization）是一家拥有240名员工的规划和设计公司，公司擅长于公共卫生设施、高级住宅区、商业和教育设施的规划和设计。公司提供的服务包括可行性研究、建筑设计、规划、室内设计和工程设计。公司总部设在波士顿，同时在伯明翰、萨拉索塔和孟斐斯设有办事处。自从1909年创建以来，公司已经为超过500位客户提供过服务，参与的项目总值超过了80亿美元。

优秀的客户服务以及对不断变化的设计需求的透彻理解是TRO公司的商业理念的核心。高度的责任感、可用性、信守承诺、顺畅的沟通和团队的投入是公司在项目交付过程中成功的基础。

公司和客户一起工作，共同制定卓越的标准，用灵活、充满想像力和高质量设计的服务满足客户的需求。公司的成功可以用高达90％的顾客回头率来度量。

Scott McDonald/Hedrich-Blessing

Timothy Hursley Photography

George Cott

1 明尼苏达州和怀俄明州，Fairview 湖地区医疗中心，在出院和入院设施内的一个小教堂
2 康涅狄格州，哈特福德，圣弗朗西斯医院和医疗中心；入口处的圆形大厅和附近的等待区域
3 康涅狄格州，哈特福德，圣弗朗西斯医院和医疗中心
4 亚拉巴马州，卡尔曼（Cullman），卡尔曼教会地区医疗中心；一个 218000 平方英尺的增建医疗中心
5 佛罗里达州，萨拉索塔，塔特尔小学；能容纳800名学生的独立式小学

● 80 Bridge Street, Newton, Massachusetts 02458 USA Tel: +1 617 969 9400 Fax: +1 617 558 0331

545

TSP 建筑设计和规划有限公司

admin@tsparchitects.net www.tsparchitects.net

1   TSP Architects + Planners Pte Ltd

TSP 建筑设计和规划有限公司（TSP Architects + Planners Pte Ltd）是一家有很长执业历史的实体，该公司在新加坡、马来西亚、印度尼西亚、文莱、泰国和中国香港都有成功的建筑和城市设计项目。该公司在 1946 年创建的时候的名字是 E.J.Seow。经过几十年的稳步成长，公司在 1988 年改名为 TSP 建筑设计和规划有限公司。为了便于进一步开展多方面的业务，在 1995 成为一家注册公司。由于公司完善的质量保证体系，在 1997 年获得 ISO9001：1994 认证，并且在 2002 年最终获得 ISO9001：2000 认证。

公司在公共设施和住宅项目设计竞赛中胜出，并且从法定机构和新加坡建筑师协会获取过若干奖项。

2   TSP Architects + Planners Pte Ltd

3   TSP Architects + Planners Pte Ltd

4   TSP Architects + Planners Pte Ltd

1   新加坡，瓦利公园公寓楼；从游泳池看到的建筑外景
2   电力和电子工程学院，新加坡工业专科学校，从行人角度看到的水平连接建筑的外景
3   新加坡，教育部皇后大道（Queensway）中学，从入口处看到的建筑顶部的外观
4   新加坡，法国大使馆，建筑的悬空部分和电梯

● 30 Robinson Road, Robinson Towers, #08-01, Singapore 048546 Tel: +65 6225 0606 Fax: +65 6323 0353

汗·图默特肯

mimarlar@mimarlar.com www.mimarlar.com

汗·图默特肯（Han Tümertekin）1958年出生于伊斯坦布尔，1976—1982年在伊斯坦布尔技术大学学习建筑，1986—1988年在伊斯坦布尔大学完成硕士学业，毕业论文的题目是：伊斯坦布尔目前的历史古迹保护与实践。

在阿迈特·古岗恩工作室和伯恩斯坦建筑设计工作室的工作使他获得了早期的经验。

1986年，他创建了密马拉·塔萨瑞姆（Mimarlar Tasarim），自任设计总监。自从1995年以后，他还在伊斯坦布尔的伊迪兹（Yildiz）技术大学担任助教。

他承担的工程和他在执业及执教中做出的贡献一样都获得了大众的关注。1995年和2000年他获得了国家建筑奖。

他的主要作品有：伊斯坦布尔鲁滨逊漂流记（Robinson Crusoe）书店、伊斯坦布尔塔克西姆（Taksim）技术品陈列室、Çagalhöyük 的 Çagalhöyük 的考古博物馆、阿瓦西克（Ayvacik）的B2住宅、伊斯坦布尔的欧普特蒙（Optimum）住宅区、伊斯坦布尔的阿泰克（Aytek）住宅区以及阿姆斯特丹的经济银行。

1　　　　　　　　　　Han Tümertekin

2　　　　　　　　　　Han Tümertekin

3　　　　　　　　　　Han Tümertekin

4　　　　　　　　　　Han Tümertekin

5　　　　　　　　　　Han Tümertekin

1　土耳其 Çerkezköy，ATK 住宅区；入口处的廊柱
2　荷兰，阿姆斯特丹，经济银行；入口正面
3　土耳其阿瓦西克，B2住宅，正面
4　土耳其 Ömerli，欧普特蒙住宅区；正面
5　土耳其 Çagalhöyük，Çagalhöyük 考古博物馆；场地设计

● Çinarli Çesme Sokak Günlük Çikmazi No 1 Kuruçesme 80820, Istanbul, Turkey
Tel: +90 212 358 2760　Fax: +90 212 358 2762

范贝克尔与博斯 UN 工作室

info@unstudio.com　www.unstudio.com

范贝克尔与博斯建筑工作室由 B · 范贝克尔（BanVan Berkel）和 C · 博斯（Caroline Bos）于 1988 年创建。1998 年公司改名为 UN 工作室，UN 工作室代表在建筑设计、城市发展和技术设施等方面专家的联合网络。从那时起，UN 工作室创建了一个顾问机构，以便整合专家们的聪明才智和创造性思路并注入设计项目中。

UN 工作室承接的项目有大有小。提供的服务包括技术绘图服务、项目监理、设计咨询。承接的工程有诸如高架桥、桥梁、隧道等民用技术设施、写字楼、大学的研究中心、诸如音乐厅和博物馆等公用建筑、包括私人住宅区、房地产等住宅建筑和城市规划。

UN 工作室承接的范围还包括：从为 Alessi 设计的咖啡用具、茶具到标准门窗的工业设计项目。

1　　　　　　　　　　　　　Christian Richters

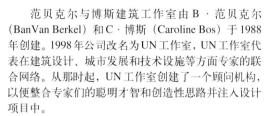

2　　　　　　　Christian Richters　3　　　　　　　　　　　　Christian Richters

4　　　　　　　Christian Richters

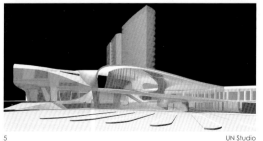

1　荷兰，Hei Gooi，Möbius 住宅，1993—1998 年
2　荷兰，奈梅亨，Het Valkhof 博物馆，1995—1998 年
3　荷兰，乌得勒支，乌得勒支大学的核磁共振设施，1997—2000 年
4　荷兰，鹿特丹，伊拉兹马斯大桥，1990～1996 年
5　荷兰，阿纳姆市中心，总体规划，1996～2007 年

5　　　　　　　　　　　　　　　　　　　UN Studio

● Stadhouderskade 113, 1073 AX Amsterdam, Netherlands Tel: +31 20 570 2040 Fax: +31 20 570 2041

鲁迪·乌藤哈克建筑设计公司

arch@uytenhaak.nl　www.uytenhaak.nl

1

Theo Uytenhaak

2

Luuk Kramer

3

Theo Uytenhaak

4

Luuk Kramer

5

Theo Uytenhaak

　　鲁迪·乌藤哈克（Rudy Uytenhaak）建筑设计公司能够根据客户的特定实际需求提供合适和创新的设计方案，并因此而享有勇于探索和富有创造力的声誉。公司承接的项目在种类和规模上有很大的不同，从室内设计（包括室内改造）、功能型建筑、住宅到公共空间和城市设计。

　　公司的员工在研究过程、决策和执行过程中主动而富有远见。

　　解决复杂的问题是公司前进的动力源泉之一。有个性、敏感和有智慧的建筑是公司的理想。建筑是可以用它同周围环境的关系、复杂程度和它的体量来描述。

　　在一个不断发展、人口密集且已开发的国家，通过井井有条的规划来创造空间、控制尺度，并保持协调使复杂的建筑变得简单明晰是非常重要的。

1　荷兰，阿姆斯特丹，Hoop，Liefde en Fortuin
2　荷兰，艾恩德霍芬，层叠的建筑，大学校园中的实验大楼
3　荷兰，Almere，托马蓝（Tourmaline）；公寓楼
4　荷兰，阿帕多恩，文化中心；多功能中心；剧院、娱乐设施和艺术教育场所
5　荷兰，阿姆斯特丹，Droogbak，住宅区项目

● Schipluidenlaan 4, 1062 HE Amsterdam, Netherlands Tel: +31 20 305 7777 Fax: +31 20 305 7778

瓦洛德·ET·皮斯特建筑师事务所

info@valode-et-pistre.com　www.valode-et-pistre.com

　　瓦洛德·ET·皮斯特建筑师事务所（Valode et Pistre Architectes）是一家国际性的建筑设计公司，在城市设计、室内设计和工程服务方面拥有丰富的经验。

　　该公司在1980年创建时有四个不同的实体组成：法国的瓦洛德·ET·皮斯特建筑师事务和VP·格林（VP Green）建筑师事务所；西班牙的瓦洛德与皮斯特建筑师事务所和波兰的瓦洛德与皮斯特建筑师事务所。

　　对D·瓦洛德（Denis Valode）和J·皮斯特（Jean Pistre）来讲，一个建筑工程对业主和使用者来说是一种社会行动，是基于创造性的研究和思考的行动，是根据工程所处的场所和特定的规划而进行的创新行动。

　　在这种思想的指导下，公司通过设计的项目建立起了自己的声誉：波尔多的现代艺术博物馆、巴黎附近欧奈苏布瓦市（Aulnay sous Bois）的欧莱雅工厂、雷诺公司技术中心、壳牌石油和法国航空总部、拉·德方斯的莱昂纳多·达芬奇大学、巴黎贝西区的圣艾米利昂（Cours Saint-Emilion）和最近承建的位于拉·德方斯的T1塔楼。

　　今天，得益于自身的专业经验，公司在许多国家都有设计和建成项目，包括：法国、西班牙、意大利、英国、波兰、捷克共和国、匈牙利、俄罗斯、黎巴嫩、摩洛哥和墨西哥。

1　　　　　　　　　　　　　　　　Georges Fessy

2　　　　　　　　　　　　　　Georges Fessy

3　　　　　　　　　　　　　Valode et Pistre

4　　　　　　　　Georges Fessy　　5　　　　　　　　Georges Fessy

1　法国，Gouvieux，Cap Gemini Ernst&Young 大学
2　法国，巴黎，欧莱雅工厂
3　法国，巴黎，拉·德方斯，T1塔楼
4　法国，巴黎，法国航空公司总部
5　法国，波尔多，CAPC现代艺术博物馆

● 115, Rue du Bac, 75007 Paris, France Tel: +33 1 53 63 2200 Fax: +33 1 53 63 2209

瓦斯科尼建筑师事务所

agence@claude-vasconi.fr   www.claude-vasconi.fr

克洛德·瓦斯科尼（Claude Vasconi）1964年毕业于斯特拉斯堡国立高等工艺学校（斯特拉斯堡国立应用科学学院的前身译者注）。1982年获得法国国家建筑大奖。1991成为法国国家建筑师学会会员，1996年成为德国建筑师协会的荣誉会员。

他把建筑学的概念同对于城市的思考融合在一起，他的这种尝试在他参与的大型项目中得到了体现。这些大型项目包括文化设施（Vélizy的L'onde、兰斯的会议中心、牟罗兹的la Filature表演中心、蒙比利艾市的le Corum）、办公建筑（巴黎的Périsud、卢森堡的Dexia银行、卢森堡的总商会、Brenoble的司法部大楼）和大型购物中心（柏林的Hallen am Borsigturm购物中心）。

克洛德·瓦斯科尼已经得到了公众的广泛关注，他的作品经常在欧洲、美国和南非展出。

他还参与了一些国际竞赛、研讨会和建筑奖的专家委员会的工作。

1   Jürgen Hohmuth

2   G. Fessy

3   A. Martinelli

5   Airdiasol/Rothan

4   Wilmar Koenig

1   柏林，Borsig 商务和娱乐中心
2   兰斯，会议中心
3   牟罗兹，la Filature 表演中心
4   柏林，Borsig 商务和娱乐中心
5   雷达站，Grand Ballon des Vorges

● 58 rue Monsieur Le Prince, F-75006 Paris, France Tel: +33 1 5373 7475 Fax: +33 1 5373 7450

瓦西里科·豪斯曼联合设计有限公司

generaldelivery@vasilkohauserman.com　www.vasilkohauserman.com

1　Craig Dugan/Hedrich-Blessing

2　Bob Shimer/Hedrich-Blessing

3　Bob Shimer/Hedrich-Blessing

瓦西里科·豪斯曼联合设计有限公司（Vasilko. Hauseman and Associates，Inc.）是一家拥有规划师、建筑师和室内设计师的建筑和室内设计公司。

该公司专注于自身的业务，能提供高质量服务并保持与客户长久的良好关系，并且因此而感到自豪。

该公司提供的服务包括建筑和室内设计、总体规划、策划和空间规划、现有建筑和场地评估、环境图设计和艺术品规划、家具挑选和说明、施工文档和施工管理等。

该公司乐于接受非常独特、独一无二的项目挑战。公司设计有：运动中心、会议中心、学生活动中心、公司餐厅、餐饮中心、计算机机房、咖啡网吧、实验室、学生宿舍、公司总部的庭院、健身中心、托儿所、技术教室、礼堂、商场、停车场和一些比较特殊的工程比如濒危动物栖息地设计。

公司的理念是：不管工程规模和复杂程度如何，我们都会以饱满的热情和全力的投入来完成。一个成功的项目需要满足客户的预算、日程安排以及设计的期望。

4　Craig Dugan/Hedrich-Blessing

5　Craig Dugan/Hedrich-Blessing

1　伊利诺伊州，芝加哥，200咖啡厅，Aon中心，布莱克斯通（Blacstone）集团大楼中的公司餐厅
2　伊利诺伊州，芝加哥，芝加哥大学，USITE/Crerar计算集群和咖啡网吧，充满艺术氛围的计算实验室
3　伊利诺伊州，芝加哥，芝加哥大学，哈钦森公共厅（Hutchinson Commons），休闲中心和主餐厅
4　伊利诺伊州，芝加哥，DePaul大学，林肯公园学生中心
5　密歇根州，南菲尔德市，3000区域中心大厦，大厅入口

● One IBM Plaza, 330 North Wabash Avenue, Suite 2123, Chicago, Illinois 60611-3603 USA
Tel: +1 312 755 9800　Fax: +1 312 755 9806

文丘里、斯科特·布朗联合设计有限公司

info@vsba.com www.vsba.com

1   Matt Wargo for VSBA

2   Julie Marquart for VSBA

在开业的39年里，文丘里、斯科特·布朗（Venturi, Scott Brown）联合设计有限公司（VSBA）已经在建筑设计和规划这个领域赢得了国际性声誉，成为了这一领域的领导者。公司在从城市和校园规划、公共设施、商用设施、教育设施到展览设计、装饰艺术等方面都具有丰富的经验。公司经手的项目都有一个共同特点：对于复杂和矛盾的问题能够提供新颖的解决方案。

由于设计方案产生于明确的要求和项目所处的环境，公司通过对客户的价值体系、传统、操作程序和场地的具体特点进行仔细考虑，使自己完成的每一个方案都有鲜明的特点。

VSBA的设计在关注细节和功能上达到的卓越品质淋漓尽致地表现在其遍布美国、欧洲、亚洲的400多个项目上，这些项目有：伦敦的国家艺术画廊的塞恩斯伯里附属楼、西雅图的技术博物馆、法国图卢兹的一个地方立法和行政中心、日本的金泽市日光Kirifur饭店和日光市附近的温泉。此外，公司还完成了75个教育设施工程包括校园及其周边的规划、实验室、校园中心、图书馆、博物馆、表演区、宿舍和体育设施。VSBA的客户包括：普林斯顿大学、哈佛大学、耶鲁大学、达特茅斯学院、加利福尼亚大学洛杉矶分校、巴德大学、密歇根大学、俄亥俄州立大学、肯塔基大学和宾夕法尼亚州大学。

3   Matt Wargo for VSBA

4   Matt Wargo for VSBA

5   Matt Wargo for VSBA

美国新泽西州，普林斯顿，普林斯顿大学，第一校园中心
1   北面入口的拱廊
2   南面外观
3   200个水平布置沙发和邻接现有建筑的会议室
4   东南面外观
5   中庭里水平布置的餐厅

● 4236 Main Street, Philadelphia, Pennsylvania 19127-1696 USA
Tel: +1 215 487 0400 Fax: +1 215 487 2520

韦尔默朗／欣德建筑师事务所

info@vharch.com www.vharch.com

1   Ben Rahn/Design Archive

2   Ben Rahn/Design Archive

自从韦尔默朗／欣德（VERMEULEN/HIND）建筑师事务所1992年由F·韦尔默朗（Fred Vermeulen）和M·J·欣德（Mary Jo Hind）创建以来，一直服务于重要的医疗和教育等方面的客户并且持续成长。依托公司在肿瘤医疗设施设计上的专业经验，该事务所不断探索新的解决方案以满足技术上的需求，并为满足病患者的需要寻求发展和进步。目前事务所已经拥有20名职员，能为一定范围内的工程提供全套的建筑设计、室内设计、景观和城市设计服务。

事务所刚刚完成文索尔（Winsor）地区癌症中心，这是一个新的、耗资1680万美元占地73000平方米的获奖设施。该中心被称为"慈善的和现代化的设施"，该中心拥有3个高能放射治疗室、可容纳31个病人进行化疗、放射治疗，还设有检查和咨询的病房和诊疗室。该建筑还包括医疗方面的图书馆、研究室、教室、会议设施和一个经过景观设计的花园。

事务所已经完成和正在实施一些用于肿瘤治疗的地区性癌症中心，它们是格兰德河、哈密尔顿、金斯敦、伦敦、尼亚加拉河和温莎。

3   Ben Rahn/Design Archive

温莎地区癌症中心
1 从两层的化疗治疗室看到的被水环绕的花园
2 儿童等待室的外观，石灰石覆盖的立面和桃木的窗框
3 西侧间断的突出物使得建筑周围的环境和谐相处
4 大厅中部的壁炉可以使进入中心的人内心平静
5 自然激发放射治疗等候区

4   Ben Rahn/Design Archive

5   Ben Rahn/Design Archive

● 15 Foundry Street, Dundas, Ontario L9H 2V6 Canada Tel: +1 905 628 1500 Fax: +1 905 628 6300

维克托·莱维建筑设计事务所

vlevy@ulb.ac.be

当维克托·莱维（VICTOR LÉVY）在图腾工作室获得了相关领域的经验后，于1989年创建了自己的公司。

他的成功作品包括Film Message、布鲁塞尔的Tintin商店、Herge基金会、活动视频（Action Video）工作室、66号塔楼、Dunn&Hargitt大厦和博提奥（Bertiau）药房。

大量的出版物和展览中介绍了他的作品，这使得他受到越来越多的公众关注。

事务所的设计风格是简洁的概念和形式、考究的材料和对于细部的关注。

1   Marie-Françoise Plissart

3   Fabien de Cugnac

2   Marie-Françoise Plissart

4   Fabien de Cugnac

5   Fabien de Cugnac

1&2   比利时，布鲁塞尔，KATZ小木屋；丛林中的小屋
3   比利时，布鲁塞尔，活动视频工作室；经过翻新的厂房改建而成
4&5   Bertiau药房，比利时，布鲁塞尔；药房的内部装修

● Avenue de l' université 92, B-1050 Brussels, Belgium Tel: +32 2 647 3216 Fax: +32 2 640 4978

维利斯合伙人设计公司

vilpa@centras.lt www.arch.lt/vilpa

1　　　　　　　　　　　　Raimondas Urbakavicius

该公司成立于10年前,是立陶宛最好的设计公司之一。公司的业务包括建筑设计和室内设计。公司对于每一个项目都进行彻底的研究,为客户提供最优的建筑设计方案。

在充分考虑建筑周边环境和当地建筑传统的情况下,公司试图通过承接的工程来具体体现建筑目的的理念。

公司的建筑师特别关注体量和色彩之间的关系以及设计上的细节。结构概念通过建筑清晰地展现出来,有时可以让人体会到其中优雅生动的设计元素。

在新项目启动前,公司的建筑师都会组建一个独立专家组成的团队。这些专家都是一些特定领域的专家,他们的专业经验可以使得设计方案更加优秀。这种协作方式常被称作"优秀爵士乐队的即兴表演"。

通过这种协作,公司可以同时准备多个版本的设计解决方案。这使得设计师和顾客可以一同选择一个最适合的设计方案。

2　　　　　　　　　　　　Raimondas Urbakavicius

3　　　　　　　　　　　　Raimondas Urbakavicius

5　　　　　　　　　　　　Raimondas Urbakavicius

4　　　　　　　　　　　　Raimondas Urbakavicius

1　立陶宛,黄色小别墅,南部高地
2　立陶宛,考那斯区,Kacergine 的凉亭,南部高地
3　立陶宛,考那斯区,Azuolynas公园的运动中心,模型的外观,正在施工中
4　立陶宛,考那斯区,桔黄色的网球中心
5　立陶宛,Kalviai 湖中的小别墅

● Vilniaus 22, LT-3000, Kaunas, Lithuania Tel: +370 6998 5454 Fax: +370 3742 3232

文森特·范杜伊森建筑师事务所

vincent@vincentvanduysen.com　www.vincentvanduysen.com

1　Vincent Van Duysen Architects

文森特·范杜伊森建筑师事务所的建筑和内部装饰特点鲜明：是简单和感性的混合体，是对原始形式和紧凑空间的偏爱。这种风格可以用一长串的形容词来形容：单调的、简单的、直白的、纯粹的、初级的、精华的、最小的、安静的、宁静的和无拘无束的。

建议、认识和回忆混合而成的原材料经过逐渐地过滤和梳理最终达到一个几何上的稳定平衡点，对于文森特·范杜伊森的设计师来讲设计方案就是这个过程的最终产物。在进行建筑物翻新的时候，建筑师关注的焦点是揭示原始结构的空间，而不是使用简化法的设计进行装饰，这种设计更看重的是造型和需要表达的价值。

公司的设计作品数量繁多，这些作品风格多样，遍布世界各地，从家具设计到住宅、公寓、商店和办公楼的室内设计，以及单身家庭住宅的规划。

2　Vincent Van Duysen Architects　　3　Vincent Van Duysen Architects

5　Vincent Van Duysen Architects

1　椅子，为意大利的 B&B 公司设计，文森特·范杜伊森收藏之一
2　比利时 市政厅翻修
3　比利时 私人住所
4　比利时，安特卫普，Copyright 艺术及建筑书店的内部装修
5　比利时，梅赫伦（Waregem），鳄鱼纺织品公司的办公大楼

4　Vincent Van Duysen Architects

● Lombardenvest 34, 2000 Antwerp, Belgium　Tel: +32 3 205 9190　Fax: +32 3 204 0138

VOA 合伙人设计有限公司

mtoolis@voa.com   www.voa.com

Nick Merrick/Hedrich-Blessing

2   Steinkamp/Ballogg, James Steinkamp

3   Steinkamp/Ballogg, James Steinkamp

VOA 合伙人设计有限公司（VOA Associates Incorporated）创建于 1969 年，总部设在芝加哥，在佛罗里达州的奥兰多市、华盛顿特区、俄亥俄州的哥伦布市、巴西的圣保罗市都设有分支结构。

VOA提供的服务非常全面，涵盖设施规划、总规、建筑设计、景观设计和室内设计等许多领域。公司在国际范围内开展各种业务，包括：学院和大学设施、公共设施总体规划、公司总部设施、写字楼、律师事务所、金融设施、住宅、酒店等住宿服务设施、公共卫生设施、政府机关和交通相关的设施建设。公司在多个领域的成功经验使得公司获得了丰富的设计思路和资源，进而确保公司为客户提供优质服务。老客户同公司的持续合作说明公司的设计宗旨和有效的工程管理得到了客户的认可。

4   VOA Associates Incorporated

1 伊利诺伊州，芝加哥，投资管理公司；大堂和接待区
2 伊利诺伊州，斯普林菲尔德，自然资源部；湖水映照下的大楼
3 印第安那州，特雷霍特，罗斯—纽曼技术学院，白色礼拜堂；傍晚从水上看去的景色
4 威斯康星州，阿普尔顿，劳伦斯大学学生宿舍楼；坐落于富克斯河边的宿舍楼西南角的壮丽景观
5 哥伦比亚，圣达菲波哥大（Santafe de Bogota），Compensar远东会议；从东南看去的广场和帐篷式建筑，背景是安第斯山脉

5   Enrique Guzmán

● 224 South Michigan Avenue, Suite 1400, Chicago, Illinois 60604 USA
Tel: +1 312 554 1400 Fax: +1 312 554 1412

沃克和马丁建筑师事务所

david@walkerandmartin.co.uk www.walkerandmartin.co.uk

WAM是在1995年由D·沃克（David Walker）和S·马丁(Stuart Martin)创建的。事务所创建之初就秉承简单和克制的设计思想，虽然在不断成长，但这个思想始终没有变。事务所现在已经承接了巴塞罗那、丹麦和英国等欧洲客户的各个种类的工程，总值达到了500万英镑。

事务所为亲自实践的不拘一格的方式感到骄傲，会仔细倾听客户的想法，把经过充分研究的需求列表作为设计基础，并在此基础之上逐步发展成一个有趣而且新颖的设计方案。事务所相信产品的最终质量来自设计概念和设计实施的质量。

WAM相信一个成功的项目来自充满活力的协同工作、来自沟通、理解合作和设计者的天分。

D·沃克和S·马丁作为团队的一员，能够汲取他人的精华，在客观条件非常恶劣的情况下完成高质量的设计方案，并由此获得了咨询顾问、客户和施工方的尊敬。

1　　　　　　　　　　　　　　　　　　　　WAM

2　　　　　　　　　Morley von Sternberg

3　　　　　　　　Philip Vile

4　　　　　　　　　　　　　Philip Vile

5　　　　　　　Morley von Sternberg

1　剑桥郡，彼得伯勒，托马斯·库克全球服务中心；高科技控制中心，附属建筑中有一个可扩展的训练室和小餐厅
2　伦敦，特鲁里街，阿拉姆家私陈列室；大家私零售商的旗舰店的重新装修工程
3　伦敦，依斯顿（Euston）路，Allgoods，家私五金店的陈列室
4　伦敦，Thirza Kotzen的创作室，伦敦外国艺术家工作室的翻新工程
5　伦敦，枫树路，托马斯·库克总部；位于伦敦市中心的复杂重装修工程，使得公司总部焕然一新之外更显庄重本色

● Morelands Building, 9-15 Old Street, London EC1V 9HL UK Tel: +44 207 253 8624 Fax: +44 207 253 8625

威斯·兰利·威斯建筑设计有限公司

dlangley@wlwltd.com　www.wlwltd.com

　　从威斯·兰利·威斯在1977年创建公司以来，参与的项目非常广泛，但公司的重点还是在非盈利的客户方面：多家庭成员住宅、公共设施如教堂、图书馆、学校，还有部分商业项目。

　　已经完成的项目包括芝加哥艺术学院的三个项目、艾奥瓦州塞达拉皮兹寇伊学院的技术博物馆和图书馆、伊利诺伊州布卢明顿的伊利诺伊卫理公会教徒礼拜堂、伊利诺伊皮奥里亚市的威斯敏斯特长老会教堂。最近接手的一些项目包括Cullterton Loft家庭住宅、一座五层的建筑、温内特卡（Winnetka）公理会教堂的附属建筑、芝加哥南卢普区（South Loop）的南卢普区公寓楼、芝加哥西部的底波拉复原工程和芝加哥Bronzeville附近的Wabash YMCA。

　　威斯·兰利·威斯曾经因为住宅项目荣获美国建筑师学会奖。其作品在美国和其他国家被发表和展示。公司在住宅项目方面有良好的历史记录，为许多社区集团提供了强有力的支持。最重要的是事务所同客户一起挖掘项目中的机会。

1　Steve Hall/Hedrich-Blessing

2　Karant + Associates, Jamie Padgett

3　Steve Hall/Hedrich-Blessing

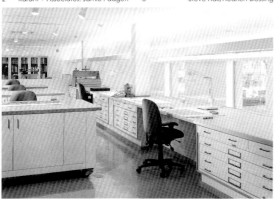

4　Wayne Cable, Cable Studios

5　Steve Hall/Hedrich-Blessing

1　伊利诺伊州，芝加哥，芝加哥 City Day 学校
2　艾奥瓦州，Waverly，沃特堡（Wartburg）大学，Wartburg 礼拜堂
3　伊利诺伊州，温内特卡（Winnetka），温内特卡公理会教堂。基金礼堂的中庭
4　伊利诺伊州，芝加哥，留学生之家；零星散布的住宅
5　伊利诺伊州，芝加哥，芝加哥艺术学院，Allerton 会堂翻新工厂，印刷品和绘画保护实验室

● 9 West Hubbard Street, Chicago, Illinois 60610 USA Tel: +1 312 642 1820 Fax: +1 312 527 5377

韦尔斯·麦克尔彻建筑师事务所

hq@wellsmackereth.com www.wellsmackereth.com

我们不喜欢在建筑设计上循规蹈矩，我们认为好的设计方案不应该有任何先入为主的前提。虽然我们对于所谓的"房屋风格"的观念弃置不用，但是我们发现每个工程后面都有一种恰当的解决方法，这些方法都是基于以下一些普遍的原则：

只从建筑本身出发来设计出的干巴巴、毫无活力的建筑会使我们变得冷漠。我们认为建筑是活的有机体，它们会对居住其中的人们的情绪产生影响，并对人们的活动提供支持。

在我们的作品具有现代和抽象派内在特质的同时，我们希望通过特别的材料、强烈的色彩、材料的质地、纹理和光纤来产生戏剧化的空间效果。

我们抛弃了现代主义者认为设计不应该参考其他时期和文化的教条，我们不露痕迹地引用有时会带来小小的幽默感。

1   Keith Parry

3   Wells Mackereth Architects

4   Henry Bourne

2   Richard Davies

5   Chris Gascoigne

1 伦敦，Pringle 旗舰商店，地面空间的内部视觉效果
2 英国，伦敦，Stone Island/CP 商店，意大利运动服装公司的一家旗舰店的内景
3 英国，伦敦，Triyoga 摄影棚，其中一个主要摄影棚的内景
4 英国，伦敦，西街酒吧，运动的雕塑和下面的酒吧
5 伦敦，河滨公寓，有河景的、位于中间层的浴室

● Unit 14 Archer Street Studios, 10-11 Archer Street, London W1D 7AZ UK
Tel: +44 20 7287 5504 Fax: +44 20 7287 5506

WESKetch 建筑设计事务所

wk@wesketch.com   www.wesketch.com

1   A Harrison, WESKetch Architecture

2   ELF Multimedia, Loren Fisher

3   ELF Multimedia, Loren Fisher

5   Jay Rosenblatt Photography

WESKetch 建筑设计事务所（WESKetch Architecture）提供全面的环境设计，从红线范围内到墙面粉刷都进行设计。通过有组织的流程进行意见收集、沟通和创新，WESKetch将同环境互相呼应的可持续设计方式同传统建筑结合起来。此外，WESKetch还提供工程设计、室内设计和景观设计等专业服务。

设计小组对每个项目的场地都会仔细研究，了解场地的所有背景材料。有了对场地的过去、现在和未来全面的了解，结合业主需求，设计小组将会仔细地研究每个潜在的设计方案，最终形成结合了客户的审美偏好、建筑场地和开发程序的设计方案。

WESKetch的设计始终坚持保护环境的原则，注重采用替代能源，绿色建筑外立面材料，重视太阳能、可再生资源和回收材料的应用。将大量环保材料与艺术构思、传统手工艺的精巧融合在一起，形成迷人的、经得起时间考验的优秀建筑。

4   Jay Rosenblatt Photography

1   翼幅，新泽西州；将一个多层的农场建筑改造成 shingle style 的家
2   苹果树，新泽西州；扩建的玻璃家庭活动室
3   小别墅，新泽西州；最初是一个车库，现在已经是一个吸引人的度假小别墅
4   水之边缘，新泽西州；使用最新建筑科技建造的传统的欧洲手工艺人的家
5   松林，新泽西州；翻新后的这个房屋具有法国诺曼底都铎王朝时代典雅风格

● 1932 Long Hill Road, Millington, New Jersey 07946 USA Tel: +1 908 647 8200 Fax: +1 908 626 9197

水景设计公司

teresa.powell@wetdesign.com www.wetdesign.com

1   Ira Kahn

2   Ira Kahn

水景设计公司（Wet Design）善长在世界各地进行水景设计，已经成为创新设计和技术的领军团体。它们为建筑，景观和城市设计提供水景的开发。

无论是在城市、商业区、学校还是居民区的环境中，专门为之设计的水景都能够给参观者带来愉快的感受和宁静的或者戏剧性的体验。

3   Ira Kahn   4   Ira Kahn

5   Ira Kahn

1 加利福尼亚州，洛杉矶，洛杉矶音乐中心
2 加利福尼亚州，洛杉矶，加利福尼亚广场，水的庭院
3 加利福尼亚州，卡尔斯巴德，卡尔斯巴德公司店铺
4&5 内华达州，拉斯韦加斯，Bellagio 喷泉

● 90 Universal City Plaza, Universal City, California 91608 USA Tel: +1 818 769 6200 Fax: +1 818 763 8559

威尔基＋布鲁斯建筑师有限公司

info@wilkieandbruce.co.nz

1   Stephen Goodenough

威尔基＋布鲁斯建筑师有限公司（Wilkie＋Bruce Architects Ltd）创建于1982年，是克赖斯特彻奇（新西兰一城市，译者注）一家颇具实力的公司，共有10名员工，两位主管分别是A·威尔基（Alun Wilkie）和A·布鲁斯（Alec Bruce），还有一名助理J·贝内特（John Bennett）。

公司的声誉稳步上升，目前已经被公认为克赖斯特彻奇地区的一家主要的建筑师公司。将概念转化为技术细部的设计能力，在工程成本控制和计划方面的经验，以及强有力的管理能力、清晰的决策、良好的职业素养、诚实守信都是该公司信誉的基础。

公司的主要业务集中于商业、公共、教育、住宅、还包括室内布置业务。老客户不断的业务委托不但说明了良好的客户关系，也印证了公司提供的优秀设计方案。公司一直引以为傲的是形成了主动的工作关系来实现客户的目标。最关键的一点是采取了将合理的可建造分析同高效施工结合在一起的策略。这保证了工程可以在通常比较紧的工期要求同时又有成本限制的情况下顺利完成。

公司已经荣获了一些新西兰建筑师协会的设计奖项。

2   Stephen Goodenough

4   Stephen Goodenough

3   Stephen Goodenough

5   Stephen Goodenough

1   克赖斯特彻奇的爵士乐工艺专科学校
2   克赖斯特彻奇，Nam Yee 零售业发展公司
3   克赖斯特彻奇，阿马街，4号住宅
4   克赖斯特彻奇，耶稣基督大学的美术和技术大楼（与迈尔斯·沃伦爵士合作设计）
5   克赖斯特彻奇，肯尼迪会馆

● 307 Durham Street, PO Box 25-141, Christchurch, New Zealand Tel: +64 3 379 7739 Fax: +64 3 379 5478

威尔金森·艾尔建筑师事务所

info@wilkinsoneyre.com　www.wilkinsoneyre.com

1　Graeme Peacock

2　Timothy Soar

3　Edmund Sumner

威尔金森·艾尔建筑师事务所（Wilkinson Eyre Architects）是英国首屈一指的建筑师事务所，拥有一批获得国家级和国际级大奖的获奖工程。

该事务所在众多市场领域：交通、艺术、商业、基础设施、大规模总体规划、桥梁设计、工业、办公、零售、休闲、教育、文化、住宅，都有样板工程；在构件和系统的设计中也颇有建树。

威尔金森·艾尔建筑师事务所极为注重各种技术和材料的应用，以及对建筑的整个外部环境的了解。在设计的过程中，通过同委托人在工程伊始就开始的紧密沟通，建立起清晰的工作流程和明确的通报机制。

事务所的设计得到了广泛的认可，赢得了大量媒体、公众和专业人士的称赞，并获得了大量奖项，其中包括史无前例一个接一个的成功：2001年的Magana工程和2002年的盖茨黑德千禧年（Millennium）大桥设计获得了英国皇家建筑师学会斯特林建筑设计大奖。该事务所的声誉建立在对于质量、建设过程和做到物有所值的承诺的基础上，主要客户同他们的重复合作就印证了这一点。

4　Hayes Davidson

5　Ben Luxmoore

1　英国，盖茨黑德，盖茨黑德千禧年大桥；大桥实景，远处是历史悠久的泰恩河大桥
2　英国伦敦，斯特拉特福地区火车站；夜间外景
3　英国，罗瑟勒姆，马格纳，夜间外景
4　英国，伦敦，女皇国家大楼；晚间夜景
5　英国，布里斯托尔，布里斯托尔探索中心；外景

● Transworld House, 100 City Road, London E2 8LP UK Tel: +44 20 7608 7900 Fax: +44 20 7608 7901

威廉斯·博格建筑设计公司

intray@williamsboag.com.au

1   Tony Miller

2   Tony Miller

威廉斯·博格建筑设计公司（Williams Boag Pty Ltd Architects）1975年在墨尔本成立，在成立后的27年中，公司在商业建筑、公用设施、仿古建筑、住宅建设等领域均有建树，完成的工程量多达5200万澳元。威廉斯·博格建筑设计公司以设计为导向，通过主动充分的协商，使得在方案形成的过程中，业主、股东和设计师都有同样的发言权。在这个互相协商的框架内，威廉斯·博格在可能的范围内把设计的质量做到最好。公司的表现得到了认可，迄今为止已经获得了19个奖项，其中包括城市设计方面国家级的沃尔特·伯林·格里芬（Walter Burley Griffin）奖和1994年获得的维多利亚建筑勋章，最近还获得了斯德哥尔摩可持续发展城市合作2002大奖。

3   Tony Miller

    威廉斯·博格共有20名员工，该公司是全国联盟的一员，该联盟由五家公司组成，拥有120名员工，分布在墨尔本、悉尼、澳大利亚首都地区、达尔文、布里斯班和佩斯。

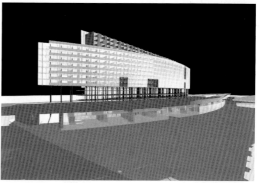

4   Williams Boag Pty Ltd

5   Tony Miller

1 墨尔本，Monash 科学中心；教育和展览设施，应用了环保理念
2 墨尔本，布莱克威尔亚洲科技公司；一家国际出版公司的室内建筑设计项目
3 墨尔本皇家公园都市营地；市区公园居住设施和活动空间
4 墨尔本弗林德斯河沿岸设计；城市混合用途开发设计建议
5 墨尔本McClelland 陈列室，获奖的现代派艺术陈列室的近代艺术部分陈列室

● Level 7, 45 William Street, Melbourne, Victoria 3000 Australia Tel: +61 3 8627 6000 Fax: +61 3 8627 6060

威廉森－庞德斯建筑师事务所

www.wparchitects.com

1　　　　　Jeffrey Jacobs Architectural Photography

2　　　　　Jeffrey Jacobs Architectural Photography

3　　　　　Jeffrey Jacobs Architectural Photography

4　　　　　Jeffrey Jacobs Architectural Photography

威廉森－庞德斯建筑师事务所（Williamson Pounders Architects，PC），于1990年在田纳西州的孟菲斯成立，为市政、宗教、教育、和商业方面的客户提供规划、建筑设计和室内设计服务。公司成员包括首席设计师，美国建筑师学会会员，J·F·威廉森（James F.Williamson）、美国建筑师学会会员，L·R·庞德斯（Louis R.Pounders）以及15名建筑师和后勤人员。

致力于为业主提供卓越、优良的服务，WPA已经成为中南部处于领先地位的设计公司之一。WPA近期承担的项目包括：里奇曼自然中心（Lichterman Nature Center）、都市宗教交流协会总部大楼（Metropolitan Inter－Faith Association headquarter）、伯奇·朴特和詹森律师事务所、孟菲斯芭蕾舞团和圣托马斯·莫尔天主教教堂。

WPA的设计还发表在《L'Arca》，《Chiesa Oggi》和《Stone World》等杂志上。最近10年，公司已经获得了近40个地区、州、AIA（美国建筑师学会）分会的奖项、多宗教论坛的宗教技术和建筑奖、芝加哥Atanaeum奖、尤金Potente奖和Sr. Liturgical设计比赛大奖。

5　　　　　Jeffrey Jacobs Architectural Photography

田纳西州孟菲斯，都市宗教交流协会总部大楼
1　正面夜景
2　主大厅
3　会议室通往带天窗的庭院
4　自然光通过天窗进入会议室
5　第二大厅直接通往 loading area 负载区域

● 88 Union Avenue, Suite 900, Memphis, Tennessee 38103 USA Tel: +1 901 527 4433 Fax: +1 901 527 4478

WATG 建筑设计事务所

honolulu@watg.com   www.watg.com

WATG建筑设计事务所被认为在酒店和度假设施的设计和规划方面上处于世界领先地位。1945年创建以后，WATG在纽波特比奇（Newport Beach）、洛杉矶、西雅图、奥兰多、火奴鲁鲁、伦敦和新加坡都设有办事处。成功完成的项目遍及世界6大州120多个国家和地区。

WATG在城市、度假酒店、产权式度假房产、零售设施、餐饮娱乐中心、娱乐设施、高尔夫球场、俱乐部会所、多功能建筑和会议中心的规划、设计和翻新方面具有非常丰富的经验。

公司的理念是尊重所在国、地区和地区独特的环境和文化遗产，和当地的建筑师一同工作，为当地生活和文化做出积极的贡献。

WATG同加利森建筑师事务所（Callison Architects）以及TVS一起，都是在全球居于领导地位的Insight联盟的成员。

1   Cormier/Malinowski/Insite

2   Milroy & McAleer

3   Ken Kirkwood

4   Doug Peebles   5   George Apostolidis

1   威尼斯的度假赌场酒店，同TSA合作，当选为全球最佳酒店
2   海特Kauai度假酒店，屡次被来宾评为北美最好的度假酒店
3   死海Movenpick度假酒店，被认为是世界最佳旅游目的地
4   波拉岛酒店，被列为世界最佳小型酒店之一
5   吉隆坡文华东方酒店，入住率和收入均在业界处于领先地位

• 700 Bishop Street, Suite 1800, Honolulu, Hawaii 96813 USA Tel: +1 808 521 8888 Fax: +1 808 521 3888

温特斯吉尔设计公司

info@wintersgill.net www.wintersgill.net

1   John David Begg

2   Peter Grant

3   Peter Cook

4   Peter Cook

该公司成立于1980年，从创建伊始就致力于把公司建设成管理完善，以提供优质服务著称的设计公司。温特斯吉尔设计公司（Wintersgill）从不拘泥于教条的解决方案，相反，是通过仔细的分析以及同客户的密切沟通寻找合适的方案，客户的利益和认可是每个工程的基础。公司根据客户的需要提供客观的建议。

随着时间的推移，公司的技术能力和经验不断提升，这也使得公司的业务范围不断扩大，包括室内设计、空间规划、场地调整、城市设计、总体规划、平面图形设计、项目管理、古建筑保护和规划咨询。公司的整个设计流程已经实现了计算机化，有能力在世界的任何一个地方开展设计服务。

1 英国伦敦，海德思哲（Heidrick & Struggles）国际公司，办公室内景
2 英国诺丁汉，Wagamama旅店
3 英国谢泼顿，圣马克学校
4 巴基斯坦伊斯兰堡，英国最高代表处签证中心
5 伦敦梭霍区，Broadwick街办公楼开发

5   John David Begg

● 110 Bolsover Street, London W1W 5NU UK Tel: +44 20 7580 4499 Fax: +44 20 7436 8191

王董建筑设计有限公司

wongtung@wtpl.com.hk　www.wongtung.com

1　　　　　　　　　　　　　　　　　　Wong Tung & Partners

2　　　　　　　　　　　　　Tsai King Yan

王董建筑设计集团于1963年在中国香港成立，1984年注册成为有限公司（Wong Tung & Partners Limited）。为扩展王董设计集团之国际业务，王董国际有限公司于1975年成立。该设计集团在中国内地的业务于1978年开始，目前已在北京、上海、广州及深圳设有办事处。1993年，王&董计算机辅助绘图公司成立。而在1996年3月王董国际有限公司与其他机构合资，在北京成立了中天王董国际工程设计顾问有限公司。

该设计集团提供的服务相当全面：从大的综合社区开发到单体建筑项目的设计和规划。

1996年7月，公司在香港开展的建筑咨询服务获得了香港质量保证机构授予的ISO9001认证。

3　　　　　　　　　　　　　　　　Wong Tung & Partners

4　　　　　　　　　　　　Keith Chan

1　中国香港，香港影城
2　中国香港，港龙航空及中国民航大楼
3　中国，华为科研生产基地
4　中国，金海湾花园
5　中国香港，逸寿湾

5　　　　　　　　　　　Keith Chan

● 5/F Cityplaza 3, Taikoo Shing, Hong Kong　Tel: +852 2803 9888　Fax: +852 2513 1728

GWA 有限公司

www.gwa-architects.com

1   Gin Wong Associates

2   Paul Turang

    GWA 有限公司是一家建筑设计和规划公司，成立于 1974 年。GWA 涉及的领域包括大公司总部，银行、零售、教育、机场设施、旅店和旅游设施的建设。在过去的 29 年中，GWA 完成的项目金额已经超过了 10 亿美元。

    除了提供全面的建筑设计和规划服务，公司还会对整个建设流程提供全方位的咨询服务：从建筑选址、项目报批、工程施工、平面设计到艺术品选择。GWA 还为许多工程提供了室内设计服务。

    许多客户保留了在美国和世界其他地方同 GWA 合作的优先权。GWA 完成的项目遍及美国多个州以及像中国、印尼、韩国、新加坡和中国台湾这样的太平洋沿岸的国家和地区。

3   Tom Engler

4   Gin Wong Associates

5   Jack Boyd

1   韩国，仁川，仁荷大学图书馆
2   美国，加利福尼亚，科斯特梅萨，南加利福尼亚州汽车俱乐部；建筑面积 750000 平方英尺
3   韩国仁川国际机场凯悦酒店，拥有客房 600 间
4   美国，加利福尼亚，加登格罗夫，水晶教堂钟楼；同资深美国建筑师学会会员菲利普·约翰逊合作
5   美国，加利福尼亚，米高梅/联美公司总部，贝弗利山

● 4465 Wilshire Boulevard, Suite 100, Los Angeles, California 90010 USA
Tel: +1 323 938 4422 Fax: +1 323 938 4114

五合国际建筑设计集团

rhopton@woodhead.com.au www.woodhead.com.au

1927 年创建于阿德莱德的五合国际建筑设计集团（Woodhead International）是一家国际性建筑设计公司。在澳大利亚有 7 个办事处，在亚洲的中国、新加坡、马来西亚有 5 个办事处。

公司成功的秘诀在于拥有一套国际化的评估体系，可以确保公司的系统、流程、技术手段和设计方案保持超一流的水准，从而保证公司可以为客户提供国际级水准的产品和服务。

另外一个很重要的举措是公司有计划地开展研究和培训，同时能够和经济、市场影响、发展趋势同步，进而影响市场的需求。

为了真正理解客户的需求并增强公司对于市场动态的敏感性，公司投入了大量的资源建立了一个由众多联系人和商业合作伙伴组成的动态的支持网络。公司已经成为著名的向亚洲提供专业建筑设计服务的供应商，公司的海外收入在过去五年中已经增长了 320%。

1　John Gollings

2　Woodhead International

4　Woodhead International

3　Jim Fitzpatrick

5　Woodhead International

1　西澳大利亚，Karijini 国家公园游人接待中心；获奖项目；整体外形类似一只巨蜥
2　中国北京，航空航天大学二号楼；高科技智能写字楼
3　南澳大利亚格莱内尔格（Glenelg），Holdfast 海滨开发项目；一个大型的海滩开发项目
4　中国，山东济南，山东大厦内部装修；700 间客房，5 星级酒店
5　中国，山东济南，山东塔楼的 2500 座的国际会议大厅；世界上最大的音乐厅之一

● 343 Pacific Highway, North Sydney, New South Wales 2060 Australia
Tel: + 61 2 9964 9500 Fax: + 61 2 9964 9683

伍兹·巴戈特建筑师事务所

thought.design@woodsbagot.com www.woodsbagot.com

伍兹·巴戈特建筑师事务所（Woods Bagot）的独到之处在于它将思想同设计很好的融合在一起。

事务所的建筑设计、室内设计、城市规划和景观设计都从业主开始。

尽力理解业主的意愿、业主在商业上的要求、业主特殊的要求和文化取向，并据此形成正确的策略框架。

将聪明才智和深思熟虑融合在一起形成的设计，使得建筑不仅在精神上使人振奋，而且在商业上也能够得到认可。

事务所的愿望是将"思考的设计模式"贯穿到整个项目发展的策略中，这将创造出令人印象深刻的空间和建筑。

成立于1869年的伍兹·巴戈特建筑师事务所已经成为世界领先的设计公司，在澳洲、亚洲、以及伦敦、迪拜均设有分公司。事务所通过该网络为全球客户服务。

1   Mr Marcus

2   Martin van der Wal

5   Martin van der Wal

3   Eric Sierins

4   James Morris Photography

1　泰国，曼谷，KPMG
2　澳大利亚，悉尼，Optus NDMC
3　澳大利亚，堪培拉，澳大利亚统计局大楼
4　英国，伦敦，Banque Paribas
5　澳大利亚，悉尼，Amadeus GTD 澳大利亚分公司

● Level 10, Wynyard Green, 11-31 York Street, Sydney, New South Wales 1220 Australia
Tel: +61 2 9249 2500 Fax: +61 2 9299 5592

WZMH 建筑师事务所

www.wzmh.com

WZMH的立业之本在于它的创新设计、专业能力和充满活力的领导团队。公司在国内和国际上享有盛誉，不仅仅体现在它所获得的大量奖项，还表现在它所得到的大量回头客的青睐。

公司创建于1961年，其业务基本涉及了建筑设计的各个过程，从总体规划、场地评估、可行性研究、贯穿概念性设计到绘图阶段，直至最终的选择建筑室内装修所需的各种材料和设备。

公司同时拥有领导多领域团队的丰富经验，这有助于解决日前客户所面临的越来越复杂和专业化的环境、技术和法律问题。公司在多伦多和上海设有办事机构，拥有22位合作伙伴，能获得雄厚的专业人才和技术支持人员的保障。

公司完成超过200栋建筑，包括主要的公共设施、企业设施、休闲度假设施、零售和写字楼项目、住宅和教育建筑。

除了在加拿大实施的项目，公司在国际市场实施的项目也有显著增长，从华沙的加拿大大使馆、鹿特丹的千禧年（Millennium）塔楼、马萨诸塞州的波士顿交易大厦（Exchange Place）、刚刚完工的80000m²的上海证券交易大楼到阿联酋以及整个中东地区的大量建筑。

1　Steven Evans

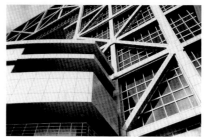

2　Brian Andrew

3　ARCHITEKTURA - murator

4　WZMH Architects

1　加拿大安大略多伦多，Scotia宫
2　中国上海，上海证券大楼
3　波兰华沙，加拿大大使馆
4　加拿大魁北克，休伯特街，加拿大太空技术顾问处

● 95 St. Clair Avenue W, Suite 1500, Toronto, Ontario M4V 1N6 Canada
Tel: +1 416 961 4111　Fax: +1 416 961 3176
Shanghai Centre, Suite 504A West Tower, 1376 Nanjing Road W, Shanghai 200040 PRC

亚斯基及合伙人建筑师事务所

general@yasky.co.il

该公司1955年由建筑师、教授A·亚斯基（Avranham Yasky）创建，目前已经成为以色列一流的建筑和城市设计公司。公司致力于追求技术创新和设计的卓越品质，公司的设计师在达成客户的目标和保证使用者方便性的同时，能够为客户提供功能和创造性融为一体的独具匠心的设计方案。

公司的业务从城市总体规划到单个项目的建筑设计。多年以来，亚斯基及合伙人建筑师事务所经手设计和实施的项目包括：公司总部设施、大学校园、科研设施、公共建筑、医疗保健设施、大型购物设施、运动休闲设施、写字楼和规模不等的住宅项目。目前公司的业务遍及以色列、欧洲和非洲。

在过去的47年里面，亚斯基及合伙人建筑师事务所的建筑师赢得了大量的设计竞赛，获得了很多专业奖项，比如雷诺兹（Reynolds）建筑设计大奖。

1   Yaki Assayag

2   Yaki Assayag

3   Yaki Assayag   4   Yaki Assayag   5   Yaki Assayag

1   以色列特拉维夫，Smolarz 大礼堂，特拉维夫大学的新礼堂
2   以色列特拉维夫，欧普拉住宅塔楼，特拉维夫海滩的商用和住宅塔楼
3   以色列特拉维夫，铂金（Platinum）塔楼，特拉维夫的办公塔楼入口大厅
4   以色列特拉维夫，阿尔鲁夫塔楼，特拉维夫城区的一座新建的办公塔楼
5   以色列赫兹尼亚，海洋套房酒店，地中海海滩上的套房酒店

• 6 Meitav Street, Tel-Aviv 67898 Israel Tel: +972 3 568 1515 Fax: +972 3 568 1516

安井建筑设计及工程有限公司

ysano@yasui-archi.co.jp   www.yasui-archi.co.jp

安井建筑设计及工程有限公司（Yasui Architects）是创办于1924年的从事建筑及工程设计的公司，创办人是著名的建筑师安井武雄（1884—1995年）。现在公司内部专业员工309人，包括177名注册建筑师（一级建筑师）。公司由首席建筑师佐野善彦领导。安井建筑设计及工程有限公司提供规划、建筑设计、建筑监理、室内装修、都市及区域发展计划和咨询服务。咨询服务包括环境评估、可行性研究、更新、CM、PM和FM。

1   Yasui Architects & Engineers

2   Yasui Architects & Engineers

3   Yasui Architects & Engineers

5   Yasui Architects & Engineers

4   Yasui Architects & Engineers

1　日本爱知县春日井文化中心，1999年
2　东京平成 （Heiseikan），东京国家博物馆，1999年
3　东京森信托丸之内大楼，正在建造中，1999年
4　冲绳，那霸机场国内厅，1999年
5　大阪，JR Takatuki 车站北部都市再发展计划，正在建造中，2004年

● 2-4-7 Shimamachi, Chuo-ku, Osaka 540-0034 Japan Tel: +81 6 6943 1371 Fax: +81 6 6941 4094

塞德勒合伙人建筑师事务所

mail@zgpa.net www.zgpa.net

塞德勒合伙人建筑师事务所（Zeidler Partnership Architects）的总部设在多伦多，在卡尔加里、西棕榈滩、柏林、北京和伦敦都设有分支机构。塞德勒合伙人建筑师事务所在建筑设计、城市规划和室内设计等各个方面都具有实际的工程经验。凭借像哥伦布海洋生物科技中心（巴尔的摩）、雷蒙德·F·科拉维斯演艺中心（西棕榈滩）和多伦多伊顿中心这样的工程，公司在国际上赢得了极高的声誉。

公司相信一栋建筑必须满足业主在功能上和经济上的要求，同时还应该给它的使用者和一般大众带来积极的情感共鸣。对于业主、雇员们以及主要城市环境这三方面的责任，必须有多年的成功经验才能够达成。最终的结果一部分是必备的功能，另外一部分应该具有创新性，因为建筑应该给人带来愉悦的体验而不仅仅是完成任务。

Zeidler Partnership Architects

2   Zeidler Partnership Architects

3   Zeidler Partnership Architects

4   Zeidler Partnership Architects

5   Zeidler Partnership Architects

1 英国伦敦，金丝雀码头，DS-8，25万平方英尺的多用途建筑
2 加拿大，多伦多，儿童医院中庭；获奖工程，拥有572张病床的医院大楼
3 加拿大温哥华，温哥华海滨的标志性多用途建筑
4 美国，巴尔的摩，哥伦布海洋生物中心；马里兰大学的研究和教育设施
5 墨西哥，墨西哥城，市长大楼（Torre Mayor），位于城市主干道的55层写字楼

● 315 Queen Street W, Toronto, Ontario M5V 2X2 Canada Tel: +1 416 596 8300 Fax: +1 416 596 1408

ZGF 合伙人建筑师事务所

www.zgf.com

1
Timothy Hursley

2
Timothy Hursley

3
Timothy Hursley

　　ZGF 合伙人建筑师事务所（Zimmer Gunsul Frasca Partnership）是一家拥有 385 名员工的建筑、规划和室内设计公司。公司由于其大量的设计实践获得了国内的广泛认可。公司的专长在于能够仔细研究每个修建场地的特点，使得建筑同周围的环境保持和谐，甚至能够加强并改善建筑同周围环境的关系，使得建筑能够和周围的环境能够真正的融为一体。

　　ZGF 在俄勒冈的波特兰州、华盛顿的西雅图、加利福尼亚州的洛杉矶和华盛顿特区都设有分支结构，这使得公司能够参与到美国国内各种各样的公共和私有项目，这些项目包括机场、活动中心、地区运输系统、商业发展项目、高层建筑、企业园区、医疗及相关研究设施、科研设施、教育设施、博物馆。公司的作品获得了超过 250 个国家级和地区级的奖项，包括美国国家建筑师学会授予设计公司的最高奖项：建筑设计公司奖。

4
Timothy Hursley

5
Nick Merrick/Hedrich-Blessing

1　俄勒冈州，波特兰，波特兰国际机场航站楼发展项目，12 万平方英尺有顶棚的附属车行设施
2　俄勒冈州，波特兰，Dombecher 儿童医院，26 万平方英尺的儿童医院，建筑的主体跨过了一个人性通道
3　犹他州，盐湖城，盐湖城后期圣徒教会教堂会议中心，21000 个座位的会议中心的内景
4　加利福尼亚州，洛杉矶，加利福尼亚科学中心，项目一期提供了 245000 平方英尺的展览和授课空间
5　华盛顿，雷蒙德（Redmond），微软西雷蒙德园区，自助餐厅在园区的中心

● 320 SW Oak, Suite 500, Portland, Oregon 97204 USA Tel: +1 503 224 3860 Fax: +1 503 224 2482

宗格建筑师事务所

us@zongarch.com www.zongarch.com

1 Lim Suat Teng

宗格建筑师事务所（Zong Archtiects）创建于1999年，是一家年轻而负责的公司，以提供跨学科的建筑设计解决方案而著称。该公司提供建筑设计、室内设计、艺术品、展览和产品设计服务。

公司希望为客户做出积极的贡献，满足其在建筑上的需求并达成愿望。

通过整合他们在建筑设计的程序和产品上的价值观，公司的最终目标是以自身多层次的学科知识为客户提供多种设计的可能性。

2 Lim Suat Teng

3 Jancy Rahardja

4 Jancy Rahardja

1 马六甲，Jau 住宅；从主卧室的阳台上看到的起居室的内部景观
2 马六甲，Jau 住宅；三层小楼的正面外观
3 新加坡，Chuan 阁楼住宅；有 9 个单元的有阁楼的两层台屋
4 马六甲，Klebang 8，高级公寓；模型

● 2 Leng Kee Road, #05-11 Thye Hong Centre, 159086 Singapore Tel: +65 6226 0211 Fax: +65 6223 1128

索 引

582

ONE THOUSAND ARCHITECTS ONE THOUSAND ARCHITECTS ONE THOUSAND ARCHITECTS